Michael Bonvalot

DIE FPÖ –
PARTEI DER REICHEN

mandelbaum *kritik & utopie*

Umschlagbild: Nathan Spasić, Bildbearbeitung: Nathan Spasić, Tanja Boukal
Satz & Umschlaggestaltung: Michael Baiculescu
Druck: Primerate, Budapest

Inhalt

Vorwort des Autors

„Das Problem ist nur, dass die FPÖ immer als soziale Heimatpartei wahrgenommen wird. Unsere wirtschaftlichen Ideen gehen so in der Öffentlichkeit unter." Diese Klage stammt nicht von irgendwem. Hier berichtet der Nationalratsabgeordnete Bernhard Themessl, langjähriger Industrie- und Wirtschaftssprecher der Partei, von seinen Sorgen.

Im Anschluss spricht Themessl Klartext in diesem Interview für die *Vorarlberger Nachrichten* im August 2016. Er verortet die FPÖ als wirtschaftsliberale Partei und präsentiert einen Forderungskatalog, der es in sich hat.

Der FPÖ-Wirtschaftsmann möchte weg von Kollektivverträgen, die in Österreich unter anderem die Mindestlöhne, das Urlaubs- und Weihnachtsgeld sowie die Arbeitszeiten regeln. Er kritisiert die Finanzierung der SchülerInnenfreifahrt durch den Familienlastenausgleichsfonds. Und schließlich fordert er eine Senkung der Lohnnebenkosten für Betriebe – und damit weniger Budget für Sozialleistungen. Die Interviewerin fragt nach: „Sollte in der Folge auf gewisse Leistungen verzichtet werden?" Die Antwort ist eindeutig: „Wir fordern seit Jahren mehr Eigenverantwortung. Österreich muss sich von der Vollkaskomentalität verabschieden."[1]

Könnte es sich um einen Ausrutscher oder eine Einzelmeinung handeln? Die FPÖ ist doch die „Soziale Heimatpartei"? Doch ein Blick hinter die Kulissen zeigt ein ganz anderes Bild.

Eine Vielzahl von Texten, Resolutionen und Aussagen von FPÖ-PolitikerInnen – beginnend mit Obmann Heinz-Christian

Strache – bestätigen: Der blaue Wirtschaftsexperte hat nur öffentlich bestätigt, wie die FPÖ tatsächlich tickt.

Die FPÖ war lange Zeit nicht daran interessiert, ihre wirtschaftspolitischen Positionen einer breiteren Öffentlichkeit zu präsentieren. Kein Wunder: Viele ihrer WählerInnen wären überrascht, wie sehr die Partei ihren Wünschen und Interessen widerspricht.

Die Präsidentschaftswahl hat eine kleine Trendwende eingeläutet. Offensichtlich will die FPÖ vermehrt bürgerlich-konservative Schichten ansprechen. Das bedeutet im Falle einer Regierungsbeteiligung weniger enttäuschte WählerInnen und höhere Stabilität. Seitdem ist die FPÖ ein wenig offener, was ihre wirtschaftspolitischen Vorstellungen und Ziele betrifft.

Doch immer noch gilt: Die FPÖ hält sich beim Thema Wirtschaft gern bedeckt – und das offensichtlich bewusst. Oft wird mit wenig verständlichen Worthülsen gearbeitet, vieles bleibt vage, und Rassismus dient als Ablenkung, wenn im Parlament wieder einmal gegen soziale Verbesserungen gestimmt wird.

Der Hauptteil dieses Textes ist der aktuellen Wirtschaftspolitik der FPÖ gewidmet. Gestaltet ist er in Form eines alphabetischen Nachschlagewerks. So können die Positionen der FPÖ zu bestimmten Fragen einfach und schnell überprüft werden.

Im Anschluss folgen Überlegungen zu einem möglichen strategischen Umgang mit der FPÖ. Bisher erfolgte die Auseinandersetzung mit der FPÖ zumeist im Zusammenhang mit ihren rassistischen Positionen und regelmäßig wiederkehrenden „Einzelfällen". Ein Erfolg dieser Strategie ist allerdings nicht zu bemerken. Das sollte nicht verwundern: Der Rassismus der FPÖ ist ihren WählerInnen bekannt und in vielen Fällen ein zentrales Wahlmotiv. Die FPÖ ist bei diesem Thema schlüssig.

Weniger schlüssig ist sie beim Thema Wirtschaft. Der sozialradikale Anstrich der Partei entspricht in keiner Weise ihren tatsächlichen wirtschaftspolitischen Forderungen. Immer wieder versucht die Strache-FPÖ auch, sich von der schwarz-blau/orangen Sozialabbau-Regierung zwischen 2000 und 2006 abzugrenzen. Wir werden sehen, dass das ein Propaganda-Trick ist. Die heutigen Positionen entsprechen weitestgehend jenen der Haider-FPÖ.

Eine Regierungsbeteiligung der FPÖ würde heute das gleiche bedeuten, was sie ab 2000 bedeutet hat: Sozialabbau, Umverteilung nach oben, Geschenke an Reiche und UnternehmerInnen. Norbert Hofer, Bundespräsidentschaftskandidat der FPÖ, hat es gesagt: „Sie werden sich wundern, was alles gehen wird."[2]

Woher die Informationen für dieses Buch stammen 9

Dieses Buch arbeitet vor allem mit Originalquellen. So können sich LeserInnen selbst ein Bild über die Positionen der Freiheitlichen machen. Vor allem handelt es sich um folgende Texte:

– „Handbuch freiheitlicher Politik". Dieses ausführliche Programm ist die zentrale politische Grundlage der FPÖ. Zuletzt 2013 aktualisiert. Als wichtigster Autor gilt Norbert Hofer.[3]

– „Parteiprogramm der Freiheitlichen Partei Österreichs ‚Österreich zuerst'". Das aktuellste Programm der FPÖ aus dem Jahr 2011.[4]

– „Freiheitliches Impulsprogramm. Wirtschaft". Das Wirtschaftsprogramm der FPÖ aus dem Jahr 2010.[5]

– Das FPÖ-Wirtschaftsprogramm 2017 mit dem Titel „Fairness. Freiheit. Fortschritt."[6]

– „Mut zur Wahrheit". Eine Publikation des Atterseekreises der FPÖ aus 2015[7]

– Regierungserklärungen und Maßnahmen von Regierungen mit FPÖ-Beteiligung in Bund und Ländern

– Positionen der Vorfeldorganisationen der FPÖ für UnternehmerInnen und Lohnabhängige

– Parlamentsdebatten und -abstimmungen

- Anträge, Presseaussendungen, Interviews, Positionspapiere und Artikel der FPÖ
- Positionen des FPÖ-nahen Hayek-Instituts
- Das programmatische Buch „Für ein freies Österreich. Souveränität als Zukunftsmodell" von Michael Howanietz. Herausgegeben wurde das Buch 2013 vom FPÖ-Parlamentsklub in der Verantwortung von Norbert Hofer. Sowohl Hofer als auch Strache haben dazu Vorworte verfasst.[8]
- Jörg Haiders „Die Freiheit, die ich meine". Dieses Buch ist 1993 erschienen und kann als zentrales Manifest der Haider-FPÖ und ideologische Vorbereitung der Politik unter Schwarz-Blau/Orange verstanden werden.[9]

Auch eine Reihe von Sekundärquellen war hilfreich. Genannt seien an dieser Stelle stellvertretend Herbert Auingers „Die FPÖ. Blaupause der Neuen Rechten in Europa" (Wien 2017), Publikationen der Seite *stopptdierechten.at* sowie unveröffentlichte Notizen der Politikwissenschaftlerin und Autorin Kathrin Gloesel. Manche Sekundärquellen, die im Internet kursieren, sind beim Abstimmungsverhalten der FPÖ im Parlament ungenau. Bei Unklarheiten über die Position der FPÖ wurde auf die stenographischen Protokolle des Nationalrats und auf Presseaussendungen der Partei zurückgegriffen.

Alle Onlinequellen stehen auf der Seite www.mandelbaum.at/buch.php?id=825 als Link zur Verfügung und können von dort abgerufen werden.

Deutschnationale Eliten nach 1945: Vom VdU zur FPÖ

Zusammenbruch und Neuformierung

Die Niederlage im Zweiten Weltkrieg bedeutete für das deutschnationale Lager eine enorme Zäsur. In der Monarchie und der ersten Republik gab es noch mehrere konkurrierende Parteien und Fraktionen, doch spätestens ab 1934 repräsentierte de facto ausschließlich die NSDAP Österreichs Deutschnationale.[10]

Organisationen wie die Großdeutsche Volkspartei oder die steirische Heimwehr lösten sich weitgehend in der NSDAP auf. Dieser Prozess beschleunigte sich ab 1934. Im Februar dieses Jahres hatten die Christlich-Sozialen nach dem Sieg über die linksoppositionellen Teile der ArbeiterInnenbewegung und der Sozialdemokratie eine faschistische Diktatur errichtet.[11] Alle zu diesem Zeitpunkt noch legalen Parteien wurden verboten.

Obwohl auch der christliche Austrofaschismus immer wieder deutschnationale und antisemitische Positionen einnahm, war die NSDAP der glaubwürdigere deutschnationale Faschismus. Mit dem sogenannten Anschluss an Nazi-Deutschland war 1938 der Prozess der Integration abgeschlossen, das „Dritte Lager" in der NSDAP vereint. Dieser bis heute in der FPÖ verwendete Begriff für Deutschnationale soll den Anspruch untermauern, die dritte wesentliche politische Strömung neben Sozialdemokratie und Christlich-Sozialen zu sein. Dabei wird zumeist geflissentlich unterschlagen, dass ab 1934 die NSDAP dieses „Dritte Lager" repräsentierte.

Die Niederlage des Faschismus stellte den Organisations-
aufbau weiterhin überzeugter Nazis vor Probleme. Mit dem
NS-Verbotsgesetz war der Wiederaufbau der NSDAP und ihrer
Teilorganisationen untersagt worden. Somit mussten liberale Aushängeschilder gefunden werden, um die Zulassung einer deutschnationalen Partei zu ermöglichen. 1949 konnte mit dem Verband
der Unabhängigen (VdU) eine neue Partei des Dritten Lagers
gegründet werden. Im Vorfeld hatten die maßgeblichen Grün-
der Herbert Kraus und Viktor Reimann eine liberale Ausrichtung
vorgegaukelt. Ab der zweiten Reihe war die Zielgruppe klar (und
spätestens 1953/54 wurden dann auch die liberalen Hüllen fallen
gelassen).[12]

Alten Nazi-Kreisen war es darum gegangen, die Parteiführung als Schutzschirm zu benutzen. Sobald die Umstände und
die Siegermächte des Zweiten Weltkriegs ein offenes Auftreten
erlaubten, sollte zur alten „deutsch-bewussten Politik" zurückge-
kehrt werden, wie etwa Fritz Stüber erklärte, Nationalratsabgeordneter für den VdU und späterer langjähriger Aktivist in NS-affinen Organisationen.[13]

Die Zulassung des VdU hatte zumindest zwei Paten: Im
beginnenden kalten Krieg suchten die Westalliierten unter ehemaligen Nazis nach Verbündeten. Es ist kein Zufall, dass die Parteig-
ründung am 26. März 1949 in der amerikanischen Besatzungszone
in Salzburg, einer traditionellen Hochburg der Deutschnationalen, erfolgte.[14] Die Sozialdemokratie hingegen hoffte auf eine Spaltung des bürgerlichen Lagers.

Für die SPÖ ging das Liebäugeln mit einer neuen Nazi-Par-
tei allerdings gründlich schief. Bei den Nationalratswahlen 1949
nahm der VdU sowohl der SPÖ als auch den ehemals Christlich-
Sozialen, nunmehr ÖVP, jeweils acht Mandate ab und zog mit insgesamt 16 Mandaten ins Parlament ein.

Soziale Basis und Programm des VdU

Ein Blick auf die soziale Basis des VdU ist durchaus interessant. Bereits die NSDAP in Österreich „prägte ein Überhang von Gebildeten – Studenten, freie Berufe, öffentlicher Dienst waren weit überrepräsentiert. Dem Bevölkerungsanteil entsprachen die Angestellten und Bauern, deutlich unterrepräsentiert waren die Arbeiter. Der Klassencharakter der NSDAP war etwas diffus – in Richtung ‚Volkspartei' deutend –, weit entfernt von einer Arbeiterpartei."[15] Auch eine Studie über mehr als 1300 illegale NSDAP-Mitglieder während des Austrofaschismus in Wien bestätigt diese Analyse. Sie zeigt, dass die frühen NS-Anhänger in der Hauptstadt „relativ am stärksten in den bürgerlichen Bezirken vertreten [waren] und nicht etwa in den Arbeitergegenden."[16]

Ähnliches kann für die Zusammensetzung des VdU nach der Niederlage des NS-Regimes gesagt werden. Einzig in Oberösterreich konnte sich die Partei auf eine ArbeiterInnenbasis stützen. Bei den Betriebsratswahlen im Metallwerk Ranshofen in Braunau am Inn kam der VdU auf 35 %, in der VOEST (den ehemaligen Hermann-Göring-Werken) und in den Stickstoffwerken sogar auf 47 % und 55 %.[17] Bei den Wahlen von 1949 erhielt der VdU in Linz herausragende 21% der Stimmen, bundesweit waren es „nur" 11,67 %.

Politisch stand die Partei dem Großkapital nahe. „Sieht man freilich näher hin, bleibt nur ein magerer Ordo- und Wirtschafts-Liberalismus übrig, anti-staatswirtschaftlich eingestellt und für eine Leistungsgesellschaft kämpfend."[18] Dieses Programm reichte freilich aus, um Teile der Industrie in Oberösterreich und Südösterreich für die neue Partei zu interessieren; diese Industrie finanzierte dann auch den Parteiaufbau, wie Parteigründer Kraus berichtet.[19] Wahlplakate aus dieser Periode zeigen die wirtschaftspolitische Ausrichtung. So lautete der zentrale Slogan des VdU für die Wahl 1949 „Recht, Sauberkeit, Leistung".[20] Ein anderes Plakat beklagte, dass SPÖ und ÖVP immer stärker an der Steuerschraube drehen würden.[21]

Die Unterschiede in der Positionierung vor allem zwischen den eher sozialpolitisch orientierten OberösterreicherInnen und anderen lokalen Parteiorganisationen sorgten bereits damals für „unentwegte Streitereien in der Führung mit nachfolgenden Parteiausschlüssen".[22] Der Einfluss der Partei unter Oberösterreichs IndustriearbeiterInnen schwand bald, die meisten WählerInnen wechselten zur Sozialdemokratie (wobei nicht davon ausgegangen werden kann, dass sich damit automatisch auch ihre politischen Überzeugungen geändert hätten). Viele Bauern, die in der ersten Republik „großdeutsch" gewesen waren, wechselten zur ÖVP.[23]

Ein wesentlicher Faktor für den schleichenden Niedergang des VdU war die Integration der Nazis in die Großparteien SPÖ und ÖVP, bei denen es auch größere Aufstiegschancen und mehr zu verteilen gab, etwa Wohnungen oder Jobs. (In geringerem Ausmaß versuchte auch die stalinistische KPÖ, mit der Gründung der „Nationalen Liga" ihren Teil vom Nazi-Kuchen zu bekommen, blieb dabei aber nach eigenen Angaben relativ erfolglos.[24]) Für den VdU blieben traditionelle deutschnationale und oft protestantisch geprägte Hochburgen in Oberösterreich (vor allem im Innviertel, in Wels und Steyr),[25] Kärnten und Vorarlberg.

Die Gründung der FPÖ

Aus dem VdU ging über die Vereinigung mit der neu gegründeten „Freiheitspartei" in den Jahren 1955 und 1956 die FPÖ hervor, die Freiheitliche Partei Österreichs. Auf „liberale" Aushängeschilder wurde nun verzichtet. Der Gründungsparteitag stand unter dem Motto „Glaube – Treue – Opferbereitschaft", ein klares Signal an die Nazi-Basis.[26]

Der erste Obmann der Partei, Anton Reinthaller, war 1938 Landwirtschaftsminister in der Nazi-„Anschluss"-Regierung

Seyss-Inquart gewesen und bis 1945 Unterstaatssekretär in Berlin.[27] Zusätzlich hatte er den Ehrenrang eines SS-Brigadeführers. Reinthallers Andenken wird in der FPÖ bis heute hochgehalten – so hielt Manfred Haimbuchner, der Obmann der FPÖ Oberösterreich, im November 2016 eine Rede unter einem Bild des ehemaligen SS-Führers.[28]

In den folgenden Jahren schwankte die Partei zwischen einem „wirtschaftsliberalen" und einem „nationalen" Profil. In sozialen Fragen konnte es in der Praxis nicht zu weit nach links gehen, dafür sorgte die soziale und politische Basis. Diese setzte sich aus mehreren (und sich teils überschneidenden) Komponenten zusammen: dem elitär-bürgerlich-burschenschaftlichen Milieu, deutschnationalen (oft protestantischen) Schichten im bäuerlichen Raum, dörflichen und kleinstädtischen Eliten, industriellen Finanziers sowie FreiberuflerInnen, höheren BeamtInnen und kleinen Selbstständigen. Diese Zusammensetzung war der beste Garant für eine ebenso nationale wie wirtschaftsfreundliche Ausrichtung der FPÖ.

Nach dem Tod Anton Reinthallers 1958 beerbte ihn Friedrich Peter. Während des Zweiten Weltkriegs war er Angehöriger der berüchtigten 1. SS-Infanteriebrigade gewesen. 1956 erklärte er in der SS-Zeitschrift „Wiking-Ruf": „Ich bin nicht jenem Kreis zuzuzählen, der ‚gepreßt und gezwungen' wurde, sondern ich bekenne auch heute, daß ich freiwillig gegangen bin. Und dem Vaterland zu dienen, war zu keiner Zeit eine Schande."[29]

Die FPÖ will sich integrieren

Ab 1960 wollte die FPÖ koalitionsfähig werden. Parteiobmann Peter sprach von der Notwendigkeit, dafür „auch mit Freimaurern und Juden am selben Tisch (zu) sitzen."[30] 1964 meinte Peter erstmals, dass Nationale und Liberale gemeinsam in der FPÖ Platz hätten.[31]

Gleichzeitig ließ sich der rechte Flügel der Sozialdemokratie eine mögliche Koalition mit den Deutschnationalen einiges kosten. Franz Olah, Präsident des Gewerkschaftsbundes, finanzierte die FPÖ aus Gewerkschaftskassen mit einer Million Schilling, kaufkraftbereinigt wären das heute mehr als 460.000 Euro. Eine interessante Parallele zur aktuellen Politik: Um nicht auf die ÖVP als Koalitionspartnerin angewiesen zu sein, wurde die extreme Rechte von Teilen der Sozialdemokratie hofiert. Olah, nebenbei österreichischer Repräsentant der NATO-Untergrundorganisation Gladio,[32] brachte diese Episode kein Glück. Er wurde aus der SPÖ ausgeschlossen und gründete mit der „Demokratischen Fortschrittlichen Partei" eine eigene Rechtsaußen-Partei, die nach wenigen Jahren zusammenbrach.

Während Friedrich Peter einer Koalition mit der SPÖ aufgeschlossen gegenüber stand, orientierten sich andere Kreise der Partei klar auf die ÖVP. Für diese Strömung stand vor allem Alexander Götz, ab 1964 Vizebürgermeister der steirischen Landeshauptstadt Graz, zwischen 1973 und 1983 Bürgermeister. Seine Wahl in dieses Amt erfolgte aus der dritten Position (16,9 % bei der Gemeinderatswahl 1973, 24,9 % bei der Wahl 1978) mit den Stimmen der ÖVP.[33] Götz propagierte in der Bundes-FPÖ das „Grazer Modell" – eine Bürgerblock-Regierung mit den Konservativen. Kurzzeitig übernahm er sogar die Bundespartei und wurde nach der Nationalratswahl 1979 Klubobmann im Parlament. Während des Wahlkampfes hatten FPÖ und ÖVP gehofft, gemeinsam die absolute Mehrheit der Sozialdemokratie zu brechen, was allerdings misslang. Als Parteiobmann folgte ihm 1980 Norbert Steger nach. Später sollte sich Götz mit Jörg Haider wegen seiner Luxuspension überwerfen. Für die Strache-FPÖ stellte sie kein Problem dar: Bei den Grazer Gemeinderatswahlen 2017 kandidierte Götz auf einem hinteren Listenplatz.[34]

Teile der Nazis brechen weg

Jüngeren burschenschaftlichen Kreisen aus dem Ring Freiheitlicher Studenten (RFS) war die neue Linie ab Beginn der 1960er Jahre allerdings zu weichgespült. Sie gründeten 1966/67 mit der Nationaldemokratischen Partei (NDP) eine offen neonazistische Alternative.[35] Erster Vorsitzender wurde Norbert Burger, Mitglied der einschlägig bekannten Burschenschaft Olympia, Südtirol-Terrorist und ehemaliger Vorsitzender des RFS.[36]

Die NDP wurde die bestimmende Kraft des österreichischen Neonazismus, 1980 feierte sie ihren größten Erfolg, als Norbert Burger bei der Bundespräsidentschaftswahl 3,2 % der Stimmen erreichte.[37] In weiterer Folge sank der Stern der Partei: Es gab Spaltungen, militantere Gruppen wurden attraktiver, vor allem aber zogen viele Nazis die Haider-FPÖ vor. 1988 wurde der NDP-Trägerverein schließlich wegen Wiederbetätigung aufgelöst.

Burger sollte immer wieder Einfluss auf die Politik der FPÖ nehmen. So erklärte Jörg Haider in einem Interview mit dem *Profil* im Februar 1985 nach mehrmaligen Nachfragen zur NS-Diktatur: „Wenn Sie so wollen, dann war es halt Massenmord." Um „die Wogen zu glätten", wie Burger sagte, kam es zu einem Geheimtreffen mit Burger und NS-affinen nationalen Granden der FPÖ wie Otto Scrinzi und Kriemhild Trattnig. Burger berichtete später darüber: „Haider hat sich von den Aussagen im *Profil*-Interview distanziert und weitgehend unsere Positionen eingenommen."[38]

Auch für die Sozialisation von Heinz-Christian Strache spielte Burger eine wesentliche Rolle. Strache war lange Zeit mit Burgers Tochter verlobt, später bezeichnete er den NDP-Gründer als „eine Art Vaterersatz".[39]

Der liberale Flügel scheitert

1980 übernahm Norbert Steger die Obmannschaft der FPÖ. In einer Kampfabstimmung setzte er sich knapp gegen seinen nationalen Kontrahenten Harald Ofner durch, der in jüngeren Jahren in neonazistischen Organisationen aktiv gewesen war.

Hier standen einander zwei Lager gegenüber: Steger wollte die FPÖ in Richtung der wirtschaftsliberalen deutschen FDP umformen, während Ofner den nationalen Charakter der FPÖ betonte.[40] Als die SPÖ von Bundeskanzler Bruno Kreisky unter anderem als Folge eines angekündigten Sparpakets („Mallorca-Paket") 1983 die absolute Mehrheit verlor, holte sie die FPÖ als Juniorpartnerin in die Regierung. Der „liberale" Steger wurde Vizekanzler der Regierung Kreisky, der „nationale" Ofner Justizminister.

18   Steger war ein Mitbegründer des (neo)liberalen Atterseekreises. 1986 wurde der Kreis aufgelöst, ehe er im Oktober 2012 vom oberösterreichischen „FPÖ-Landespartieobmann"[41] [sic!] Manfred Haimbuchner wiederbelebt wurde. (Über die politischen Positionen dieses neuen Kreises werden wir später mehr hören.) Steger konnte seine Vorstellungen zur Zukunft der FPÖ nicht durchsetzen und geriet unter immer stärkeren Druck der nationalen Parteibasis. Dieser Konflikt sollte aber nicht wirtschaftspolitisch verstanden werden. Hier ging es vor allem um den Umgang mit dem NS-Erbe der Partei. Bis heute zeigten und zeigen die Programme der FPÖ eine klar unternehmerInnenfreundliche Ausrichtung.[42]

Die Episode Steger war bald vorbei. Im September 1986 wurde auf dem Innsbrucker Parteitag der Kärntner Landesobmann Jörg Haider zum neuen Bundesparteiobmann gewählt. Es begann die Ära der FPÖ, so wie wir sie heute kennen.

Warum die FPÖ eine rechtsextreme Partei ist

Die FPÖ ist seit ihrer Gründung eine rechtsextreme Partei mit einem starken Flügel, der einmal mehr, einmal weniger offen mit dem Nationalsozialismus sympathisiert. Diese Definition orientiert sich am Rechtsextremismus-Forscher Willibald Holzer, der sich im „Handbuch des österreichische Rechtsextremismus" ausführlich damit beschäftigt hat.[43] Holzer nennt als Wesensmerkmale rechtsextremer Parteien unter anderem:

– Bezug auf Volk und Volksgemeinschaft
– Ethnozentrismus, Ethnopluralismus und die Ausgrenzung des Fremden
– Antiliberalismus, Antipluralismus, Autoritarismus
– Antisozialismus
– Wunsch nach einem starken Staat
– Feindbildkonstrukte und Sündenböcke
– Nationalisierung der Geschichtsbetrachtung
– Demagogie, Gewaltakzeptanz, Gewaltlatenz
– Autoritäre Organisationsform

Für die FPÖ treffen diese Merkmale überwiegend zu. Die FPÖ ist aber keine klassisch faschistische Partei, die im Straßenkampf das Korsett der bürgerlichen Demokratie sprengen und stattdessen eine faschistische Diktatur errichten will. Es ist aber auch nicht ausgeschlossen, dass sich aus der FPÖ oder Teilen dieser Partei eine solche Formation entwickeln könnte.

Gleichzeitig sei an dieser Stelle auf die Problematik des Extremismus-Begriffs und der „Extremismus-Theorie" hingewiesen. Diese suggeriert, dass es eine neutrale Mitte und zwei extremistische Ränder gäbe, die sich nicht voneinander unterscheiden ließen. Hier fehlt einerseits jede Analyse der Politik der sogenannten „Mitte" – etwa die mörderische Festung Europa oder der Überwachungsstaat. Auch die Veränderbarkeit politischer Diskurse fällt dabei unter den Tisch: Viele Positionen, die heute in der „Mitte" angekommen sind, hätten vor wenigen Jahren noch als weit rechts gegolten.

Andererseits findet eine Gleichsetzung von „weit links" und „weit rechts" statt. Es ist allerdings ein Unterschied, ob das Ziel des politischen Handelns eine egalitäre Gesellschaft mit gleichen Rechten und Möglichkeiten für alle darstellt oder ob die Zielvorstellung ein autoritärer Staat ist, der Menschen auf Basis ihrer Herkunft, Hautfarbe, Religion oder sexuellen Orientierung bewertet und unterdrückt. Hier wird dennoch – auch in Abgrenzung zu Begriffen wie „rechtspopulistisch", „nationalsozialistisch" oder „(neo)faschistisch" – für die Freiheitlichen der Begriff „rechtsextrem" verwendet. Er fasst von den vorhandenen Begriffen am präzisesten die politische Ausrichtung der FPÖ.

Die Wende von Innsbruck: Jörg Haider wird Parteiobmann

Unmittelbar nach seiner Wahl zum Bundesparteiobmann hatte Jörg Haider möglicherweise vor, weiterhin mit der SPÖ in der Regierung zu bleiben. Als Indiz dafür gilt seine Innsbrucker Parteitagsrede, in der er vor allem die ÖVP massiv attackierte.[44] Die Strategie ging allerdings nicht auf. Die SPÖ beendete die Koalition mit der FPÖ und kündigte Neuwahlen an. Bei den Wahlen vom 30. November 1986 zeigten sich erstmals die Auswirkungen des Haider-Kurses: Die FPÖ konnte ihre Stimmen von 4,75 % auf 9,73 % fast verdoppeln. Die Stimmen dürften dabei sowohl von der SPÖ als auch von der ÖVP gekommen zu sein. Die SPÖ verlor zwar insgesamt deutlich mehr als die ÖVP, aber auch die Grünen gewannen 3,46 % dazu und konnten erstmals in den Nationalrat einziehen.

Erste Zielgruppe: Die WählerInnen der ÖVP

In den ersten Jahren unter Haider dürfte die FPÖ vor allem Stimmen von der ÖVP gewonnen haben. Das entsprach auch ihrer damaligen Zielgruppe: elitäre Gruppen wie traditionell deutschnationale AkademikerInnen, FreiberuflerInnen, soziale AufsteigerInnen, Bürgerliche, denen die ÖVP zu wenig radikal (neoliberal) war.[45] Exemplarisch die Wahlen zum Wiener Gemeinderat 1987 und 1991:

1987 sah es so aus:

SPÖ 54,9 %, ÖVP 28,4 %, FPÖ: 9,7 %, Grüne: 4,4 %

1991 dann der Erdrutschsieg der FPÖ:

SPÖ: 47,69 %, FPÖ: 22,58 %, ÖVP: 18,10 %, Grüne: 9,11 %
Die SPÖ verlor rund 7 %, die ÖVP rund 10 %. Gleichzeitig gewann die FPÖ über 12 %, die Grünen hatten ein Plus von rund 4,5 %. Die Wiener Grünen standen relativ weit links, Zugewinne von der ÖVP mag es gegeben haben, doch dürften diese in einem überschaubaren Rahmen geblieben sein. Die gewonnen Stimmen der Grünen kamen vermutlich großteils aus der SPÖ. Die FPÖ gewann somit mit hoher Wahrscheinlichkeit vor allem auf Kosten der ÖVP. Die Einbrüche in traditionelle konservative Schichten sollten sich später – und bis heute – fortsetzen. Bei der Nationalratswahl 1999, der die Regierungsbeteiligung der FPÖ folgte, sollen 33% der Selbstständigen und FreiberuflerInnen die FPÖ gewählt haben – ein deutlich überdurchschnittlicher Wert.[46]

Erweiterung der Basis: Die FPÖ entdeckt die Arbeiterinnen

Doch bald veränderte sich die Ausrichtung der FPÖ. Nun legte sie den Fokus auf die arbeitende Bevölkerung und somit auf Schichten, die bisher vor allem im städtischen Raum in erster Linie die Sozialdemokratie gewählt hatten, teils aber zunehmend von ihr enttäuscht waren. Die Gründe dafür erklärte der ehemalige FPÖ-Staatssekretär Eduard Mainoni, ein langjähriger Wegbegleiter Haiders:

„Wir waren damals so eine Art Yuppie-Truppe, also mittleres Management, Selbstständige, junge Unternehmer. Damit sprach man ein Potenzial an, das nur sehr begrenzt ist, mit dem man vielleicht 8 bis 10 Prozent erreichen kann. Deshalb gab es dann die Überlegung, wie man jetzt weiter vorgeht. Sind wir in der Lage, uns auch als breite Partei zu formieren? Dann mussten wir uns natürlich um neue Wählerschichten umschauen und das sind vor allem die C-und D-Wählerschichten. (…) C bedeutet Fachausbildung bzw. Hauptschulabschluss, D sind ungelernte Kräfte. A sind Akademiker, B sind Maturanten, C und D sind die untere Schicht. Aber die machen eben die Masse aus. Und die anzusprechen, war für uns relativ leicht. Denn bei den Akademikern und bei den Yuppies muss man immer messerscharf argumentieren, während es bei den C-und D-Wählerschichten um eine Grundstimmung geht. (…) Die Entscheidung war dann schnell klar. Wir gehen als Massenpartei auf die C-und D-Wählerschichten, als Alternative zu den Sozialdemokraten. (…) Das ist uns dann auch gelungen, wobei uns natürlich einige Mitstreiter abhandengekommen sind, die eher noblen Politiker."[47]

Dementsprechend änderte sich die Rhetorik. Der damalige Nationalrat Reinhart Gaugg sprach davon, dass die FPÖ den „Klassenkampf wiederaufnehmen" werde und kritisierte den „Gewerkschaftsboss, der im Wiener Luxus-Penthouse" sitze.[48] Die FPÖ wetterte nun gegen „Bürokraten" und „Bonzen", während der anständige kleine Mann, der fleißig arbeite und brav Steuern zahle, um sein Glück betrogen werde.[49] Vor allem die hohen Bezüge der SpitzenfunktionärInnen der Arbeiterkammer und des ÖGB waren ein wiederkehrendes und dankbares Agitationsthema für die FPÖ und Jörg Haider. Schließlich wurde sogar eine eigene Gewerkschaft gegründet. Dieser Versuch kann allerdings als gescheitert betrachtet werden. (Mehr dazu im Abschnitt über die ArbeitnehmerInnen-Organisationen der FPÖ).

Mit dem Zusammenbruch der stalinistischen Staaten kamen verstärkt Menschen aus Osteuropa und der ehemaligen Sowjetunion nach Österreich. Die FPÖ griff rassistische Grundstimmungen auf und verstärkte sie einerseits in Richtung sozialer Spaltung, andererseits in Richtung der Propagierung einer nationalen Volksgemeinschaft. („Die Ausländer" nehmen „uns" die Arbeitsplätze weg). „Erfinden Sie eine Gesellschaft, die nur aus zwei Gruppen besteht: Den WIR und den ANDEREN", beschreiben Walter Ötsch und Nina Horaczek diese Form der Agitation.[50]

Passend zu dieser Politik mobilisierte die FPÖ für das rassistische Volksbegehren „Österreich zuerst", das im Jänner 1993 unterzeichnet werden konnte. Dazu nochmals Mainoni:

> „Alle politischen Parteien, sogar ein Teil der Wirtschaft, funk-
> tionieren über die Angst, über das Geschäft mit der Angst.
> (…) Und wir haben von vornherein gesagt, dass war unsere
> Doppelstrategie, wenn wir das in Österreich zum Thema
> erheben, haben wir Sympathien, haben wir ein Wählerkli-
> entel, das zutiefst verunsichert ist und wieder zu den C-und
> D-Wählerschichten gehört. Nicht umsonst haben wir auch
> das Volksbegehren gemacht. Das war genau in dem Umbruch
> von der Yuppie-Gruppe hin zu den Massenwählern."[51]

Das Volksbegehren war ein doppelter Erfolg für die Freiheitlichen.
Einerseits hatten sie mit über 400.000 Unterschriften eine erfolgreiche Mobilisierung geschafft und ein Thema besetzt. Andererseits sollte die Koalitionsregierung aus SPÖ und ÖVP in weiterer Folge die meisten Forderungen des Volksbegehrens umsetzen.
Ab 1994 verstärkte die FPÖ ihre Kritik an der EU. Zuvor war die
Partei pro-europäisch eingestellt gewesen, nicht zuletzt, weil das
eine nähere Zusammenarbeit bzw. Verbindung mit Deutschland
bedeutet hätte. Während die FPÖ bei ihren Wahlkämpfen die
soziale (und die altbekannte rassistische) Karte spielte, hatte das
tatsächliche Programm der Partei eine völlig andere Schlagseite.

Die Zeiten ändern sich: Der neue Rechtsextremismus in Westeuropa

Ab Mitte der 1980er Jahre nimmt in vielen Ländern Westeuropas die Bedeutung rechtsextremer Parteien drastisch zu. Teilweise verändert sich auch ihre politische Ausrichtung, wie im Falle der FPÖ. Die burschenschaftlich geprägte Altherrenrunde umgibt sich mit der Aura einer modernen rechten Partei für ArbeiterInnen – und schafft es dabei, im Kern eine burschenschaftlich geprägte Altherrenrunde zu bleiben. **25**

In Österreich leitet der Haider-Flügel der FPÖ den Aufstieg zur Großpartei ein. In Frankreich erstarkt der Front National, eine 1972 aus mehreren kleineren faschistischen und monarchistischen Organisationen gegründete Sammelpartei. In Deutschland erhalten die rechten „Republikaner" 7 % bei den Europawahlen 1989.

Die 1980er Jahre gelten nicht für alle Länder gleichermaßen als Startpunkt. Bereits in den 1970ern waren in Skandinavien die Fortschrittsparteien aufgetaucht, die als rechte Anti-Steuer-Parteien agierten. In Dänemark verschwand die Fortschrittspartei bald wieder (und wurde als rechtsextreme Wahlpartei von der Dänischen Volkspartei ersetzt), in Norwegen ist die Partei bis heute ein relevanter Faktor. In Italien gab es mit dem Movimento Sociale Italiano (MSI, Soziale Bewegung Italiens) seit 1945 durchgehend eine stark verankerte faschistische Partei, die später größtenteils in der Forza Italia von Silvio Berlusconi aufging. In den Ländern, in denen faschistische Militärdiktaturen erst kurz davor gefallen waren (Portugal und Griechenland 1974, Spanien 1975), traten die alten faschistischen Apparate nun als konservative Parteien auf oder vermischten sich mit diesen. Für neue Rechtsparteien gab es weder Raum noch Basis.

Dennoch stellen die 1980er Jahre einen Bruch dar. Der lange Wirtschaftsaufschwung nach dem Zweiten Weltkrieg ging zu Ende. Die westeuropäische Konjunktur geriet ins Stottern, soziale Verwerfungen nahmen zu. Gleichzeitig wurden die traditionellen Parteien schwächer. Mit den Grünen entstand eine neue Strömung, die vor allem in jenen Ländern erfolgreich wurde, in denen es nach 1945 keine starken Linksparteien gab, also etwa Österreich oder Deutschland.

Nach dem Zusammenbruch der stalinistischen Staaten schlitterten auch die traditionellen „Kommunistischen" Parteien Westeuropas ab 1989 in eine tiefe Krise. Diese hatten vor allem in Frankreich und Italien eine wesentliche Rolle im Parteienspektrum gespielt. Gleichzeitig begann in der Sozialdemokratie eine Ausrichtung auf neoliberale Rezepte, den sogenannten „Dritten Weg". In vielen Ländern setzten sozialdemokratisch geführte Regierungen Sparpakete durch, etwa in Großbritannien, Deutschland oder Österreich. Auch die konservativen Parteien waren lange nicht mehr so stabil wie nach dem Zweiten Weltkrieg. In manchen Ländern verloren die Konservativen stark an neue rechtsextreme Formationen, etwa in Österreich. In der Schweiz wurde die bis dahin bürgerlich-rechtskonservative Schweizerische Volkspartei (SVP) selbst rechtsextrem.

Die neue Situation ab Anfang/Mitte der 1980er Jahre schuf bestimmte Bedingungen, in denen die extreme Rechte stärker werden konnte. Zu diesen Bedingungen zählten die unsichere wirtschaftliche Situation, die neoliberale Offensive ab Beginn der 1990er, die Migrationsbewegungen aus Osteuropa, die Krise der reformistischen Linken sowie das Bröckeln der traditionellen Parteien. Teile der WählerInnenschaft der reformistischen ArbeiterInnenparteien sowie der konservativen und bäuerlichen Parteien wurden für rechtsextreme Wahlangebote empfänglicher. Gleichzeitig waren immer mehr (Groß-)UnternehmerInnen daran interessiert, neue Rechtsparteien zu unterstützen – in Bezug auf die Haider-FPÖ werden wir darauf genauer eingehen.

Das sollte nicht verwundern: Rechtsextreme Parteien verbargen und verbergen ihre kapitalfreundliche Politik oft hinter Sozialrhetorik. Gleichzeitig bieten sie mit rassistischer Hetze einen Außenfeind, der als Sündenbock für soziale Kürzungen – und im Wesentlichen auch alles andere – dienen kann. Gleichzeitig ist eine Verschiebung nach Rechts kein Muss. In einer Reihe von Ländern wurden in dieser Phase (auch) neue linke Parteien innerhalb der ArbeiterInnenbewegung und den sozialen Bewegungen stärker. Das gilt etwa für Dänemark, Frankreich, Griechenland, Irland, die Niederlande oder Portugal. In Österreich erlebten in dieser Periode die Grünen ihren Aufstieg. Aufgrund ihrer politischen Heterogenität konnten oder wollten sie aber den Platz einer neuen klar (sozial)politisch ausgerichteten linken Wahlpartei nicht einnehmen.

Jörg Haider:
Die Freiheit, die er wirklich meinte

1993 veröffentlichte Jörg Haider in „Die Freiheit, die ich meine" seine zentralen Thesen. Das Buch erschien im Ullstein-Verlag, einem der großen deutschen Publikumsverlage, der zu dieser Zeit eine weit rechte Ausrichtung hatte. Geschäftsführer Herbert Fleissner war rechtsextremer Aktivist, unter anderem als Mitglied der Burschenschaft Suevia Innsbruck und des „Witiko-Bundes".[52] Fleissner war auch einer der Finanziers des rechtsextremen Wochenzeitungsprojekt „Zur Zeit" des FPÖ-Ideologen Andreas Mölzer.[53] Mölzer selbst betätigte sich auch als Autor eines kruden Machwerks mit nationalen Vergewaltigungsfantasien („Der Graue"). Haiders Signale an rechte Kreise sollten nicht weiter überraschen. Spannend sind die wirtschaftspolitischen Positionen des Buches.

Blauer Einpeitscher des Neoliberalismus

Die Lektüre von Haiders „Freiheit" lohnt heute noch. Dabei wird offensichtlich, dass über alle Brüche hinweg die wirtschaftspolitischen Positionen der FPÖ weitgehend konstant geblieben sind. Das meiste, was Haider dazu schrieb, könnte heute in der aktuellen programmatischen Grundlage der FPÖ, dem „Handbuch freiheitlicher Politik", stehen.

„Die Freiheit, die ich meine" war ein Bestseller. Im Kern stellte das Buch ein Angebot an Österreichs KapitalistInnen dar, gemeinsam mit der FPÖ restlos mit den Errungenschaften des Sozialstaats aufzuräumen. Manches wird dabei verklausuliert formuliert, doch viele Aussagen und Forderungen sind erstaunlich offen. Sozialkürzungen werden immer wieder mit einer andernfalls drohenden Zuwanderung argumentiert und dabei gleichzeitig Frauen zu vermehrter Empfängnisfreudigkeit angehalten: „Die ehrliche Alternative für die Finanzierbarkeit der sozialen Sicherheit lautet: Mehr Arbeiten, mehr Kinder und weniger ausländische Zuwanderer oder weniger arbeiten, weniger eigene Kinder und mehr Einwanderer."[54] Dazu kommen weinerliche Abhandlungen über die eigene Verfolgung und natürlich einige Botschaften für braune KernwählerInnen. „Sechs Millionen Arbeitslose in Deutschland, sechshunderttausend in Österreich standen vor dem Nichts. Hier hat der Nationalsozialismus eine Chance erkannt und genutzt. Nicht mit liberalen Wirtschaftsrezepten, aber effizient."[55]

Etwas später folgt zwar ein Hinweis auf die „grauenhaften Verbrechen" des Nationalsozialismus, gleichzeitig meint Haider aber, Pläne und Ziele des Nationalsozialismus wären zu Beginn nicht so leicht als verbrecherisch erkennbar gewesen. Denn das hieße, „fast eine Generation von Deutschen und Österreichern selbst zu Verbrechern zu erklären. Das waren sie nicht."[56] In Anbetracht der gerade in Österreich unmittelbar nach dem „Anschluss" auftretenden öffentlichen antisemitischen Übergriffe und der späteren Vernichtung von Juden/JüdInnen, SlawInnen, Roma/Sinti, Homosexuellen, „Kriminellen", ArbeitsverweigerInnen, Deserteuren, Bibelforschern, Menschen mit Behinderungen sowie politischen GegnerInnen hauptsächlich aus der ArbeiterInnenbewegung, stellt das schlicht eine Verhöhnung der Opfer dar.

Den Kern des Buches bilden allerdings Haiders wirtschaftspolitische Vorstellungen. Zu Beginn erklärt er seine Maxime, die an die Ideologie der US-Republikaner oder der britischen Tories von einem „Nachtwächterstaat" erinnern, in dem unter Berufung auf eine angeblich so entstehende „Freiheit" staatliche Sozialleistungen weitestgehend zurückgedrängt werden:

> „Unser Ziel, für das wir streiten, ist die Durchsetzung von
> Freiheit und Recht und nicht die Macht! Unser Ziel ist nicht
> Austausch der Herrschenden, sondern Machtverzicht für
> Parteifunktionäre und Apparate, um Autonomie und Selbst-
> bestimmung der Menschen zu erlangen. (…) Verantwortung
> ist Hilfe zum Freiheitsgebrauch!"[57]

Was das konkret bedeutet, stellt Haider anschließend klar:

> „Der moderne Sozialstaat hat sich vom ‚helfenden Staat', für
> den es galt, Leid und Not zu lindern (frei nach Karl Pop-
> per, ‚to minimalize suffering, not no maximize happiness'),
> zum Wohlfahrtsstaat entwickelt. Daraus wurde ein Betreu-
> ungsstaat, der in das Leben der Menschen weitgehend ein-
> griff mit der Konsequenz, daß Freiheit und Eigenständigkeit,
> aber auch wirtschaftliche Berechenbarkeit verloren gingen."[58]

Möglicherweise wurde dabei das Popper-Zitat von Haider (oder
seinen Ghostwritern) bewusst nicht übersetzt. „Das Leiden minimieren, nicht das Glück maximieren" hätte wohl die eine oder
andere Schlagzeile ergeben (Haider gegen das Glück").

Attacken auf Sozialstaat und „Sozialschmarotzer"

Im weiteren Verlauf folgen Angriffe auf den Sozialstaat und
angebliche „Sozialschmarotzer":

> „Soziale Besitzstände, die Form der öffentlichen Aufgabener-
> füllung, wird man gründlich überdenken müssen. Das schließt die
> Fähigkeit der Politik ein, den Bürger auf die Notwendigkeit von
> Opfern vorzubereiten." (S. 153) – „Abschied vom Gruppenegois-
> mus und totalem Versorgungsstaat unvermeidbar" (S. 159) – „Die
> Faulen, die Nichtstuer, die Sozialschmarotzer und Tagträumer
> sind sich der fürsorglichen Hand des Sozialstaates sicher, während
> der bildungswillige Aufsteiger, für den persönliche Leistung im
> Vordergrund steht, das Nachsehen hat." (S. 181) – „Arbeitsunwil-
> ligkeit, Schlendrian und Sozialschmarotzertum färben ab und ver-

leiten auch fleißige und anständige Bürger, sich auf den Weg des geringsten Widerstandes zu begeben." (S. 202) – „Die Arbeitslosen sind in der westlichen Industriewelt oft durch Produktivitätsmangel infolge bürokratischer Hemmnisse durch überzogene Wohlfahrtsleistungen (…) bedingt." (S. 208)

Kürzungen bei Arbeitslosen, Kranken, Familien und beim Sozialstaat

Konsequent, dass Haider den Sozialstaat minimieren will: „die Krankenstandsfinanzierung zwingt die Fleißigen zu Solidarität mit den Schwächsten." (S. 182) – „Die Zumutbarkeit der vermittelten Arbeit [für Arbeitslose] ist daher zu verschärfen." (S. 218) – „ebenso wie dies den Missbrauch und die Verschwendung von öffentlichen Geldern, vom Gratis-Schulbuch bis zur Familienbeihilfe, eindämmen würde." (S. 169) – „Und der Familienlastenausgleichsfonds wird für sinnlose Verschwendung wie Gratis-Schulbücher ausgeräumt" (S. 182)

Zwangsarbeitsdienst für alle statt professioneller Pflege

„Die moralische Dekadenz des Sozialsystems mit seinen zahlreichen Gefahren des Mißbrauchs besteht in der Auffassung der Bürger, sich mit ihrer Abgaben- und Steuerleistung von jeglicher Mitverantwortung freikaufen zu können." (S. 153) Haiders Alternative: „Freiwillige Gemeinschaftsleistungen müssen daher belebt werden." (S. 153) Ein konkretes Beispiel: „Wenn nahe Verwandte zu Pflegefällen werden, schiebt man diese in die Krankenhäuser ab." (S. 154) Statt staatlicher Pflege sollen wieder die Familien die Last der Pflege übernehmen – was vor allem auf Kosten von Frauen ginge. „Viele soziale Aufgaben wie Altenpflege, Essen auf Rädern, aus Krankenpflege und viele andere [bleiben] unerledigt. (…) Ich plädiere daher für einen allgemeinen Sozialdienst. Jeder

Bürger und jede Bürgerin sollte einen Teil seines (ihres) Lebens der Gemeinschaft zur Verfügung stellen. Das ist besser, als Gastarbeiter ins Land zu holen." (S. 219)

Frauen an den Herd

Haiders Frauenbild ist traditionell, rechts, konservativ. Dementsprechend geht eine Reihe von Vorschlägen dahin, die Beschäftigungsquote von Frauen zu senken. Haiders ideologische Grundlage dafür: „Die feministische Illusion von der Selbstverwirklichung der Frau und Mutter im Beruf hat sich als verhängnisvoller Irrtum erwiesen." (S. 211) Wer sich kein Mutterkreuz verdienen will oder gar ledig bleibt, wird bestraft: „(…) andererseits kann kinderlosen Ehepaaren und Alleinstehenden ein höherer Beitrag zur sozialen Sicherheit zugemutet werden." (S. 168)

Länger arbeiten, später in Pension

Ein zentrales und wiederkehrendes Anliegen sind ein späterer Pensionsantritt und eine längere Lebensarbeitszeit:
„Österreich ist in dieser Hinsicht ein Land der Frühpensionäre. Was tun? (…) Es bleibt nur noch der Ausweg, den komfortablen Wohlfahrtsstaat den wirtschaftlichen Veränderungen anzupassen." (S. 152f) – „Ein wenig effizientes Ausbildungssystem führt dazu, dass die jungen Menschen immer später ins Berufsleben eintreten und dass andererseits das Pensionsalter gesetzlich und faktisch immer weiter zurückgeht." (S. 152) – „Das individuelle Arbeitsleben wird wieder länger sein müssen." (S. 168)

Öffentlicher Dienst

Das gesamte Buch strotzt vor Angriffen auf den öffentlichen Dienst und die dort Beschäftigten. Insbesondere die ÖBB sind Haider ein Dorn im Auge – auch das zieht sich bis heute durch die Programmatik der FPÖ. Für den gesamten öffentlichen Dienst fordert Haider die Angleichung an den Privatbereich, die in vielen Fällen eine Verschlechterung bedeuten würde: „(…) außerdem ist mit einem bestimmten Stichtag Lohn-, Arbeits- und Sozialrecht der Privatangestellten im öffentlichen Dienst einzuführen." (S. 210) Jüngere Menschen sollen keine Chance bekommen, einen Job im öffentlichen Dienst zu finden: „Es erscheint mir gerechtfertigt, wenn in Zukunft nur noch ältere Menschen, die schon eine Berufserfahrung in der Privatwirtschaft nachweisen können, die Chance einer Arbeit im öffentlichen Dienst haben. (…) Außerdem hätte das den Vorteil, daß junge, gut ausgebildete Kräfte nicht ständig von öffentlichen Einrichtungen abgeworben werden." (S. 211)

Ein adäquates Gesundheitssystem wäre auf diese Weise kaum zu bewerkstelligen. Aber die Pflege soll ohnehin von den Angehörigen übernommen werden.

Bei den EisenbahnerInnen (und dem Krankenpflegepersonal) bedient sich Haider eines geschickten Tricks, der Spaltung in verschiedener Berufsgruppen: „Die kleinen Eisenbahner mit hartem Nachtschicht- und Außendienst dienen wie so oft den parasitären Elementen in der Verwaltung als Vorwand für soziale Leistungen, die sachlich nicht gerechtfertigt sind." (S. 156) An anderer Stelle werden wieder alle EisenbahnerInnen attackiert: „Für das Personal [der ÖBB] gilt [nach Verpachtung der ÖBB an eine private Betreibergesellschaft] das normale Angestellten- und Arbeitsrecht. Bisherige ÖBB-Bedienstete, die in dieses Unternehmen eintreten, erhalten den Verlust bzw. Differenz, die sie möglicherweise am Einkommen oder an erworbenen Ansprüchen erleiden, unmittelbar vom Staat ersetzt." (S. 158)

Die neuen privaten Betreiber der ÖBB bekommen also günstige Arbeitskräfte, denn einen Teil der Löhne übernimmt der Staat. Für alle, die nach der Privatisierung einen Job bei der Bahn beginnen, gelten dann schlechtere Bedingungen.

Privatisierungen

Haiders Angriffe auf den öffentlichen Dienst gehen mit der Forderung nach umfangreichen Verkäufen von Staatseigentum einher: „Privatisierung über 50 Prozent und Zusammenlegung von öffentlichen Unternehmen, um notwendige kostensparende Synergien zu erzielen, sind unumgänglich." (S. 209) Oder gleich: „Öffentliche Dienstleistungen sind zu privatisieren." (S. 210) Gleichzeitig gibt Haider dabei den Kämpfer gegen Korruption. „Wie ist es möglich, daß man gegen einen Wirtschaftsminister gerichtlich nicht vorgehen kann, der nachweisbar ein öffentliches Unternehmen um hunderte Millionen zu billig unter Freunden verkaufen wollte, wodurch der Republik und dem Steuerzahler, hätte die FPÖ nicht alles aufgedeckt, erheblicher Schaden entstanden wäre?" (S. 137) Im Lichte der späteren Korruptions-Prozesse gegen Blau/Orange, denen Haider selbst wohl nur durch sein Ableben entgangen ist, ist diese Beschreibung durchaus amüsant.

Weniger Kontrolle für Betriebe, weniger Schutzgesetze

Ein Dorn im Auge sind Haider alle Institutionen, die in Betrieben kontrollieren, ob diese sich gesetzmäßig verhalten: „Alle haben sie die Möglichkeit, in Betrieben und privaten Einrichtungen herum zu schnüffeln: die Arbeitsinspektoren, die Betriebsprüfer, die Krankenkassenprüfer, die Getränkesteuerprüfer, die Arbeiterkammer, die Arbeitsämter… Oft hat man das Gefühl, die Betriebe seien Objekt und Wärmestube für beschäftigungslose Bürokraten, deren Hauptaufgabe im Arbeitsverbot oder in der Behinderung von Betriebsabläufen besteht. Neuerdings gibt es noch die Müllkontrolleure, die unter Strafandrohung prüfen, ob in den Müllcontainer das System der Mülltrennung eingehalten wird." (S. 234) Nur konsequent also, wenn Haider Veränderungen beim Arbeits- und Sozialrecht sowie bei der Arbeitszeit fordert: „das Arbeits- und Sozialrecht hemmt die Mobilität der Arbeitnehmer" (S. 182) – „Flexible Arbeitszeitregelungen, Jahresarbeitszeitbudgets, Abbau von Overhead-Kosten" (S. 218)

Angriffe auf die Kammern

Die Arbeiterkammer bietet kostenlosen Rechtsschutz für unselbständig Erwerbstätige, vor allem in arbeitsrechtlichen Fragen. Würden die Forderungen Jörg Haiders umgesetzt, bestünde daran zweifellos enormer Bedarf.

Angriffe auf die Arbeiterkammer stehen also nicht zufällig seit Jahren ganz oben auf der Agenda der FPÖ (mit Privilegien und hohen Gehältern für ihre SpitzenfunktionärInnen erleichterte die AK diese Agitation auch enorm). Einmal fordern die Freiheitlichen, die Kammerumlage (0,5 % des Bruttoeinkommens) zu senken, um die Finanzierungsbasis der AK zu verschlechtern. Dann wird wieder die Pflichtmitgliedschaft in Frage gestellt.

Jörg Haider geht einen Schritt weiter. Er fordert die Auflösung aller Kammern, also der Arbeiter- und Wirtschaftskammer: „Der Staat seinerseits wird sich an der Kostendämpfung spürbar beteiligen müssen, will er vermeiden, daß Lohnkürzungen und Arbeitsplatzverlust im großen Stil zum Tragen kommen. In jedem Fall ist es untragbar, wenn berufliche Interessensvertretungen ihre Umlagen als ertragsunabhängige Abgaben vom Umsatz zu kassieren gedenken. Damit wird die drückende Kostenlast für die Betriebe nur weiter erhöht. Die freiwillige Selbstauflösung der Kammern wäre somit ein adäquater Beitrag zur Standortsicherung für Österreich und für in Österreich tätige Unternehmen." (S. 218)

Mit „ertragsunabhängigen Abgaben" ist offenbar die Kammerumlage von Betrieben für die Wirtschaftskammer gemeint. Somit findet sich hier gleichzeitig eine Botschaft an jene Kreise von Kapital und Industrie, die sich von der Wirtschaftskammer nicht entsprechend vertreten fühlen. (Gerade in der Großindustrie wird immer wieder kritisiert, dass die Wirtschaftskammer zu wenig offensiv gegen die Gewerkschaften vorgehe.)

Lohngeschenke für Betriebe, weniger Lohnnebenkosten

Bei der breiten Masse der Bevölkerung soll gekürzt werden. „Die Kassen sind leer", schreibt Haider (S. 159). UnternehmerInnen gegenüber gibt sich Haider allerdings großzügig: „Die beste Mittelstandsförderung ist daher, den Betrieben, die Lehrlinge ausbilden, die Kosten zu einem großen Teil zu ersetzen." (S. 180) Dazu wird eine „Senkung der Lohnnebenkosten" gefordert. (S. 208) Damit die Beschäftigten ruhig gestellt werden, soll es neue Beteiligungsmodelle geben. „Mitarbeiterbeteiligung als stille Gesellschafter im eigenen Unternehmen werden die Kultur unsere Wirtschaft bestimmen." (S. 218) Das hat für die Betriebe mehrere Vorteile: Wer das Gefühl hat, dass ihm oder ihr ein Stück des Betriebes gehöre, wird eher gewillt sein, Verschlechterungen zuzustimmen. Gleichzeitig ersetzen die Betriebe einen Teil der Löhne durch Anteilsscheine.

Angeblicher Antikapitalismus

Für jene, die nicht so genau lesen, hat Haider scharfe Anklagen gegen den Kapitalismus parat: „Die Hauptursachen für diese Umbruchsituation, die leider keine nur kurzfristige Wirtschaftsflaute ist, sind der chronische Kapitalmangel der Wirtschaft und der ökologischen Grenzen des kapitalistischen Systems. Dem Kapitalismus geht nicht die Arbeit aus, sondern das Kapital. Das kapitalistische System führt aber auch, fast so schlimm wie der Sozialismus, zur Zerstörung der Umwelt." (S. 150)

Angeblich geht es hier gegen den Kapitalismus. Tatsächlich wird der Kapitalmangel der Unternehmen beklagt. Nur folgerichtig also Haiders Antwort auf die Probleme des Kapitalismus: die Streichung von Unternehmenssteuern, konkret der Gewerbe- und

Lohnsummensteuer für Betriebe. (S. 151) Denn: „(…) die Grenzen des Kapitalismus sind zugleich die finanziellen Grenzen des Wohlfahrtsstaates. Das gilt auch für den Kapitalmangel der Unternehmen. Mit diesem marktwirtschaftlichen System hat eine ausgeprägte Konsumneigung Platz gegriffen (…). Damit wurde die Basis des kapitalintensiven und damit innovativen Wirtschaftens im Kapitalismus untergraben." (S. 151)

In weiterer Folge kritisiert Haider auch die angeblich hohe Steuerlast für Unternehmen: „Aber auch eine falsche Steuer-und Wirtschaftspolitik, die insbesondere zur Auszehrung der Eigenkapitalbasis der Unternehmen geführt hat, lässt die Industrie in Zeiten totaler Kostenkonkurrenz ins Trudeln kommen." (S. 216) **37** Wenn der Kapitalismus seine Grenzen hat, fordert Haider als Antwort also die Senkung der Unternehmenssteuern, die Einschränkung des Sozialstaats und Schutzzölle für heimische Unternehmen. Es sei notwendig, „protektionistische Maßnahmen für die Industrie im Interesse der Erhaltung von Arbeitsplätzen einzuführen." (S. 217) Bei näherem Hinsehen entpuppt sich Haiders Antikapitalismus als Forderung nach Sozialabbau und Unterstützungsmaßnahmen für österreichische UnternehmerInnen im globalen Konkurrenzkampf.

Für die „soziale Volksgemeinschaft"

Haider geht es keineswegs um ein Ende des Kapitalismus, sondern um die „Überwindung des Klassenstaates". (S. 170) Sein Alternativmodell ist die Zusammenarbeit aller Klassen in einer „sozialen Volksgemeinschaft". In einem Artikel für die rechtsextreme Zeitschrift „Aula"[59] führt er dieses Konzept genauer aus. Die Grundsätze der FPÖ seien „in einer Politik der sozialen Volksgemeinschaft zu verwirklichen. Dabei ist auf das Bekenntnis zur Volksgemeinschaft besonderer Wert zu legen, die eine organische und ethische Gebundenheit des Menschen in verschiedenen

Gemeinschaften, von der Familie bis zum Volk, zum Ausdruck bringt."[60] Andreas Mölzer assistiert in der Jubelbiografie „Jörg! Der Eisbrecher": „(...) sozialpolitisch ist es nach wie vor das Ziel der sozialen Volksgemeinschaft, das im Mittelpunkt der freiheitlichen Überlegungen steht. Klassenkampf, Generationenkonflikte, berufsständische Auseinandersetzungen und ähnliches lehnen die Freiheitlichen ab."[61]

Im Kern zielt die Konzeption der FPÖ auf die Stärkung angeblich vorhandener gemeinsamer völkischer Interessen, während für soziales Aufbegehren kein Platz bleibt. Wohlgemerkt: Wenn die FPÖ den Klassenkampf ablehnt, meint sie natürlich nur den Klassenkampf von unten. Die ideologischen Leitlinien erinnern an den NS-Faschismus. In der Broschüre „100 Jahre freiheitliche Tradition in Kärnten" beschwört Haider die lange „Gemeinschaftstradition" des Dritten Lagers, die „sich bis herauf in die jüngste Geschichte der freiheitlichen Bewegung erhalten [hat], wo sie sich programmatisch als die Idee der Sozialen Volksgemeinschaft niederschlägt".[62] In Österreich bestand das dritte Lager spätestens ab 1934 de facto aus der NSDAP.

Dazu passt das Konzept der „Sozialen Volksgemeinschaft". Im Kern verbirgt sich dahinter das Gesellschaftssystem des NS-Faschismus: die Unterordnung von Klassen-, Gruppen- oder Standesinteressen unter ein angebliches Gemeinwohl innerhalb einer „natürlichen Hierarchie".[63] Selbstverständlich gibt es auch im Kapitalismus in seiner faschistischen Form entgegengesetzte soziale Interessen. Die angebliche Volksgemeinschaft bedeutete, dass die arbeitende Klasse mit brutaler Gewalt zu Unterordnung unter die Interessen des Kapitals gezwungen wurde. Für eine solche diktatorische Lösung gibt es im Umfeld der FPÖ bis heute offene Sympathien. Wir werden darauf im Abschnitt zum Hayek-Institut näher eingehen.

Die Konzeption der „Sozialen Volksgemeinschaft" ist bis heute in der FPÖ präsent. So schreibt FPÖ-Ideologe Michael Howanietz in seinem 2013 erschienenen und vom FPÖ-Parlamentsklub herausgegebenen Buch „Für ein freies Österreich":

> „Auf allen diesen Ebenen hat der Staat den Zusammenhalt seiner Bevölkerung zu demonstrieren. Auf allen diesen Ebenen entscheidet sich die innere Homogenität und die als Signalwirkung nach ausreichende Geschlossenheit des gemeinsamen Wollens, des gemeinsamen Besitzes, der gemeinsamen Bereitschaft, dass Leben wesentlich zu schützen, wird es von fremdem Zugriff bedroht."[64]

Diese Position entspricht den traditionellen Vorstellungen der FPÖ von einer sozialen Volksgemeinschaft. Das Buch von Howanietz darf durchaus als ideologische Positionierung verstanden werden. Immerhin verfassten sowohl Parteiobmann Strache als auch der spätere Bundespräsidentschaftskandidat Hofer Vorworte dafür.

Resümee: Eine Botschaft an die angriffslustigsten Teile des Kapitals

Haider positioniert sich nicht nur in zahlreichen wirtschaftspolitischen Positionen eindeutig. Er hat auch eine klare Botschaft an jene Teile der UnternehmerInnenschaft, denen die Politik der ÖVP gegenüber Gewerkschaften und Sozialdemokratie zu zurückhaltend ist:

> „Umso unverständlicher ist es, wenn hierzulande die nichtsozialistischen Kräfte sich in ihrer geistigen Perspektivlosigkeit ausschließlich auf eine Mißbrauchsdiskussion des Sozialstaates beschränken, anstatt die Grundlagen, das politisch-philosophische Selbstverständnis eines geänderten Sozialstaates, deutlich zu machen. Die Bekämpfung der Mißbräuche im Sozialsystem ist notwendig, wird aber das System selbst nicht

retten können. Mißbrauchsdiskussionen sind vielfach der Beweis für die Angst vor Reformen." (S. 160)

Das ist der Kern jener Freiheit, die Haider meint. Er zielt nicht nur auf einzelne Sozialabbau-Maßnahmen. Es geht um den gesamten Sozialstaat – dieser soll radikal zerschlagen werden.

Die industriellen FreundInnen der Haider-FPÖ

Dass Jörg Haider schnell zum Liebkind vieler österreichischer (Groß-)UnternehmerInnen wurde, sollte in Anbetracht seiner wirtschaftspolitischen Positionen nicht überraschen. Im November 2000 sorgte eine Serie von Artikeln unter dem Aufmacher „Haiders blaue Kassen" im *Standard* für Aufsehen. In neun Teilen wurden Finanziers und SympathisantInnen der FPÖ unter Österreichs UnternehmerInnen genannt – diese Liste liest sich bis heute wie ein Who is Who der Reichen dieses Landes.[65]

Nicht alle, die damals genannt wurden, müssen deshalb auch heute noch die FPÖ unterstützen. Es ist nicht in jedem Fall klar, wie eng das damalige Verhältnis war. Manche sind verstorben, andere haben ihre Funktionen gewechselt oder die Betriebe wurden neu übernommen beziehungsweise an die nächste Generation weitergegeben. So war etwa der Papierindustrielle Thomas Prinzhorn einst dritter Nationalratspräsident für die FPÖ und eines der bekanntesten Unternehmer-Gesichter der Partei. Mittlerweile leitet sein Sohn Cord Prinzhorn den Betrieb. Dieser hat den Bundespräsidentschaftswahl des Grünen Alexander van der Bellen mit 20.000 Euro unterstützt (worauf Prinzhorn Senior die Rückerstattung des Betrags aus der Tasche des Sohnes forderte).[66]

Dennoch ist die Liste der Industriellen und UnternehmerInnen spannend, die im *Standard* als FPÖ-nah oder -interessiert genannt wurden oder auf FPÖ-Tickets in Aufsichtsräte entsandt wurden. Hier eine Auswahl:

- Arnsteiner, Toni, Blizzard Ski
- Augustin, Karl, Frächter
- Egger, Fritz, Spanplattenerzeuger und Bierbrauer
- Fall, Friedrich, Grazer Wechselseitige Versicherung und Hypo Alpe Adria
- Flick, Friedrich Karl, Milliardär und reichster Mann Deutschlands
- Gaston Glock, Waffenproduzent (er dementierte)
- Hartlauer, Franz Joseph, Foto- und Brillen-Einzelhandel
- Hatschek, Fritz, Eternit
- Hofmann, Ernst, Fleischindustrieller
- Horten, Heidi, Kaufhauserbin **41**
- Husslein, Agnes und Peter, Arzt und Ex-Sotheby-Geschäftsführerin (später Direktorin des Belvedere)
- Koch, Herbert, Kika und Leiner
- Korak, Josef, Bergbaukonzern Omya und Vizepräsident der Kärntner Industriellenvereinigung
- Kostmann, Hans, Bauunternehmer
- Kulterer, Wolfgang, Vorstandsvorsitzender der Kärntner Hypo Alpe Adria AG
- Laimer, Alexander, Autohaus Laimer
- Langes-Swarovski, Gernot, Glasindustrieller (soll wieder auf Distanz gegangen sein)
- Lielacher, Michael, Banker
- Mautner Markhof, Georg, Industrieller (Nationalratsabgeordneter der FPÖ)
- Moldan, Leopold, Gipswerke Kuchl
- Neuner, Christoph, Spross einer Lederfabrikantenfamilie (Bundesratsabgeordneter der FPÖ)
- Nouza, Hannes, Avanti-Tankstellen
- Pappas, Georg, Mercedes-Importeur und Alpine Baukonzern
- Pekarek, Klaus, Raiffeisen-Generaldirektor

- Plech, Ernst Karl, Immobilienmakler
- Prinzhorn, Thomas, Papierindustrieller (Nationalratsabgeordneter der FPÖ)
- Riegler, Josef, Bauunternehmer
- Rogner, Robert, Bautycoon und Tourismusunternehmer
- Schalle, Veit, Billa-Chef
- Schoettel, Rodolphe, Spediteur
- Sorger, Veit, Generaldirektor der Frantschach AG (2004-2012 Präsident der Industriellenvereinigung)
- Tilly, Hans, Holzindustrieller
- Turnauer, Herbert, Großindustrieller
- Turnauer, Stanislaus, Vorstandsdirektor der Constantia-Isoholding

Bereits damals deutete *Der Standard* kräftige Finanzspritzen der Industrie für die FPÖ an, in manchen Fällen auch mit dem Geruch der Korruption (selbstverständlich ist mit dieser Feststellung kein strafrechtlich relevantes Verhalten der oben genannten Personen intendiert). Als Beispiel für fragwürdige Gegenleistungen nannte ein ehemaliger FPÖ-Funktionär die Vergabe von Krediten:

„Zuallererst braucht es eine Seilschaft von Freunden, die in strategisch wichtigen Positionen sitzen. Weiters nötig sind Kreditwerber und Kreditgeber. Schließlich müssen alle Beteiligten wissen, worüber sie nicht reden müssen.

Wenn etwa ein Unternehmer bei einer Bank um ein Darlehen in Millionenhöhe ansucht, so kann das Geldinstitut unterschiedliche Konditionen gewähren – je nach Bonität des Kunden. Für deren Bewertung wie auch für die Konditionen gibt es einen gewissen Ermessensspielraum. Unter Ausnutzung dieses Spielraumes kann sich der Kreditnehmer eine ansehnliche Summe ersparen, die ihm durchaus eine Parteispende wert sein könnte.

Solange schlüssig argumentiert werden kann, der günstige Kredit stehe in keinem Zusammenhang mit etwaigen Nettigkeiten für eine Partei, kann dieser gegenseitige Vorteil legal lukriert werden.

Grundsätzlich und unabhängig von solchen Gebräuchen drückt sich Spendierfreudigkeit keineswegs immer bar, sondern oft in Form von Sachleistungen aus: durch Bezahlung eines Wahlkampf-Events, Bereitstellung von Infrastruktur, die Anmietung eines Hubschraubers oder sonstiger Fahrzeuge (…)

Eine andere beliebte Variante rund um Kreditgeschäfte ist die Verrechnung von zwei Prozent Bearbeitungsgebühr. Die Hälfte davon werde als ‚Provision' deklariert und an einen Parteifreund ausgezahlt. Ein ehemaliger Insider: ‚Das hat mir eine Bank von sich aus angeboten.'"[67]

Das liest sich wie eine Anleitung zu den Abläufen, die später in den Korruptionsprozessen über die schwarz-blau/orange Bundesregierung und die blau/orange-schwarze Landesregierung in Kärnten bekannt werden sollten. Einigen Personen, die auf der Liste des *Standard* standen, werden wir übrigens wieder begegnen wenn es um die Korruption rund um den Hypo-Skandal geht. (Es gilt selbstverständlich die Unschuldsvermutung.)

Jörg Haider: Der Bauer als Millionär

„Es ist nicht das Bewußtsein der Menschen, das ihr Sein, sondern umgekehrt ihr gesellschaftliches Sein, das ihr Bewußtsein bestimmt", schrieb Karl Marx im Vorwort zur „Kritik der politischen Ökonomie" – ein Satz, der wie für Jörg Haider gemacht erscheint. Dieser war einer der größten Grundbesitzer Kärntens. Sein Bärental war 2014 laut *News* rund 20 Millionen Euro wert.[68] Haider hatte das Tal 1986 von seinem Großonkel erhalten. Dieser hatte es in der Nazi-Zeit weit unter Wert gekauft, die jüdischen

Vorbesitzer waren zum Verkauf gezwungen worden. Das Bärental war also „arisiert" worden – und Haider ein Profiteur dieser Arisierung.[69]

Auch aus anderen Quellen erhielt Haider Geld für seinen opulenten Lebensstil. Zumindest in einem Fall sind die Geldflüsse inzwischen klar: Ex-Bayern-LB-Chef Werner Schmidt gestand 2014 im Münchner Prozess um den Kauf der Kärntner Hypo Alpe Adria, Jörg Haider mit 2,5 Millionen Euro bestochen zu haben. Viele andere Erkenntnisse werden durch Haiders Tod möglicherweise auf ewig verborgen bleiben. Haiders Privatvermögen soll mehrere Dutzend Millionen Euro betragen haben.[70] Spannend wären auch Auskünfte zu den mutmaßlich enormen Geldflüsse aus Libyen[71] und dem Irak an die (Haider-)FPÖ. Im Irak soll Haider sogar eine Ölquelle besessen haben – ein Geschenk des Diktators Saddam Hussein, so sein ehemaliger Vertrauter Stefan Petzner.[72]

Verbindungen zu arabischen Diktaturen waren dazumal für Rechtsextreme keineswegs ungewöhnlich, die Klammer bildete zumeist der Antisemitismus. In Anbetracht der gegenwärtigen antimuslimischen Ausrichtung der FPÖ sind diese damaligen Geldflüsse aber bemerkenswert.

Der Robin Hood vom Wörthersee

Im Jahr 1989 wurde Jörg Haider erstmals zum Landeshauptmann von Kärnten gewählt, die notwendige Unterstützung kam von der ÖVP. 1991 verlor Haider dieses Amt wieder, Auslöser war seine berüchtigte Aussage über die „ordentliche Beschäftigungspolitik im Dritten Reich", die der Bundesregierung in Wien als Vorbild dienen könnte. 1999 wurde Haider mit den Stimmen der FPÖ-Abgeordneten wiederum Landeshauptmann von Kärnten, durch Stimmenthaltung im Landtag hatte die ÖVP die Wahl ermöglicht. Nach der Landtagswahl 2004 wurde Haider in seiner Funktion bestätigt, diesmal mit Unterstützung der SPÖ, mit der die Haider-FPÖ auch eine Koalition schloss. Bis zu seinem Tod am 11. Oktober 2008 blieb Haider Landeshauptmann von Kärnten. Mit einer betrunkenen und wahnwitzigen Raserei mit 142 km/h in dicht besiedeltem Gebiet setzte er seinem Leben ein Ende. (Im persönlichen Gespräch erzählen Kärntner Rettungssanitäterinnen übrigens, dass der Unfallort in Kärntens Blaulichtorganisationen seither liebevoll „Haider-Schikane" genannt wird.)

Auch wenn die FPÖ heute manchmal versucht, dies zu bestreiten: Haiders Politik in Kärnten ist eine des freiheitlichen Lagers. 2005 hatte sich Haider zwar von der FPÖ abgespalten und das „Bündnis Zukunft Österreich" (BZÖ) gegründet. Seine politische Basis war aber de facto die gesamte Kärntner Landesorganisation der FPÖ, die ihm nach der Spaltung folgte. Nach Haiders Tod benannte sich das Kärntner BZÖ dann in „Freiheitliche in Kärnten" (FPK) um und schloss eine neue Kooperationsvereinbarung mit der FPÖ. 2013 ging die FPK wieder in der FPÖ auf. Nach Haiders Tod stellten BZÖ/FPK noch bis 2013 den Landeshauptmann in Kärnten. (Mehr dazu im Kapitel zu den Spaltpilzen der FPÖ.)

In der Haider-Ära entwickelte sich Kärnten zum Symbol für absurde Projekte und illegale Parteienfinanzierung. Mit der Hypo sollte eine eigene Großbank aufgebaut werden, das Projekt endete im vermutlich teuersten Finanzskandal der Zweiten Republik.[73] Zum Schaden für Österreich SteuerzahlerInnen gibt es unterschiedliche Schätzungen, er soll zumindest zehn bis zwölf Milliarden Euro betragen.

Dazu gab es Brot und Spiele. Das Klagenfurter Fußballstadion steht bis heute leer, der Fußballverein FC Kärnten ging in Konkurs, das Kärntner Formel-1-Team blieb eine Episode. Finanziert wurde vieles davon über die landeseigene Hypo. Gleichzeitig wurde in großem Ausmaß Geld in die eigene Partei (sowie die

ÖVP) verschoben. Berühmt wurde der Fall des Villacher Steuerberaters Dietrich Birnbacher, der für ein achtseitiges Gutachten zum Hypo-Verkauf zwölf Millionen Euro von der Kärntner Landesholding erhalten sollte. Als dies bekannt wurde, erfanden Haider und Petzner einen „Patriotenrabatt" – „nur" sechs Millionen Euro wurden ausgeschüttet, diese sollen zumindest teilweise als Parteienfinanzierung für BZÖ und ÖVP gedacht gewesen sein.

Multimillionär Haider aber gab den Rächer der Witwen und Waisen. Einmal verkleidete er sich im Fasching als Robin Hood, dann ritt er wieder als Sheriff auf einem Pferd durch die Klagenfurter Innenstadt.[74] Seine Regierung erfand den sogenannten Teuerungsausgleich: Ärmere Menschen bekamen ab 2007 von Jörg Haider persönlich 100 Euro in die Hand gedrückt, für Familien mit mehr als zwei Kindern waren es 150 Euro. Der selbstverständliche Anspruch auf Sozialleistungen wurde zur Almosenverteilung mit fürstlichem Gehabe.

Die sozialen Zuwendungen der FPÖ/BZÖ/FPK-Regierung in Kärnten sollten allerdings nicht überbewertet werden: Für das „Jugendstartgeld" von 1000 Euro wurden im Jahr 2009 rund 6,5 Millionen Euro veranschlagt, für das „Schulstartgeld" 1,8 Millionen.[75] Allein die Verluste beim Schlosshotel Velden betrugen bis zu 100 Millionen Euro. Auch hier stand der Verdacht krimineller Machenschaften im Raum.[76]

Der Rechtsextremismus in
der Bundesregierung:
Die neoliberale Wirklichkeit

Der 4. Februar 2000 stellte eine Zäsur für die Zweite Republik dar. ÖVP und FPÖ formten erstmals eine schwarz-blaue Koalition. Die Sozialdemokratie, die seit 1970 ununterbrochen den
Bundeskanzler gestellt hatte, musste in Opposition. Bereits am
Vormittag der Angelobung demonstrierten mehr als 10.000 Menschen auf dem Wiener Ballhausplatz gegen die neue Regierung,
die Regierungsmannschaft musste unterirdisch vom Bundeskanzleramt zum Präsidentenpalast gehen. In den folgenden Tagen und
Wochen gingen in ganz Österreich hunderttausende Menschen
auf die Straße. Den Höhepunkt fanden die Proteste am 19. Februar, als bis zu 250.000 Menschen auf dem Wiener Heldenplatz
protestierten.

Die Proteste konnte die Regierung aussitzen. Aber vor allem
die FPÖ stand vor einer harten Belastungsprobe. Es war abzuse-
hen, dass die Erwartungshaltung vieler WählerInnen von der tatsächlichen Politik der Freiheitlichen enttäuscht würde. Die Folge
waren zahlreiche tiefe Krisen und mehrere Spaltungen. Ab 2005
wurde die FPÖ in der Regierung durch ihre Abspaltung, das
„orange" Haider-BZÖ, ersetzt.

Die Wirtschaftspolitik unter Schwarz-Blau/Orange

Die Wirtschaftspolitik der rechten Koalition hat bis heute
enorme Auswirkungen auf das Leben der Bevölkerung. An vielen Fronten kam es zu drastischen sozialen Verschlechterungen,

insbesondere durch die Kürzung der Pensionen sowie bei Zuwendungen für Arbeitslose. Die meisten dieser Verschlechterungen wurden unter der Koalition von SPÖ und ÖVP ab 2007 beibehalten und wirken bis heute nach. Aufgrund des Ausmaßes der Kürzungen kann an dieser Stelle nur eine Auswahl der Maßnahmen dargestellt werden. Sie sollte ausreichen, um den Umfang des schwarz-blau/orangen Sozialabbaus deutlich zu machen.

Arbeitslose Menschen

Jahrelang hatte die FPÖ gegen sogenannte „Sozialschmarotzer" gewettert und damit arbeitslose Menschen gemeint. In der Regierung wurde nun ernst gemacht: Arbeitslosen wurden unter anderem die Familienzuschläge gekürzt, bei Selbstkündigung wurden die freien Tage zur Jobsuche gestrichen.[77] Gedreht wurde auch an der Steuerschraube: Kündigungsentschädigungen und offene Urlaubsgelder wurden im Falle der Beendigung eines Dienstverhältnisses höher besteuert.[78]

PensionistInnen

Sehr schnell kamen erste Verschlechterungen bei den Pensionen: Die Pensionsreform 2000 bedeutete die Anhebung des Antrittsalters bei Frühpensionen um eineinhalb Jahre, eine Kürzung der Pensionen bei vorzeitiger Alterspension, eine Kürzung der Pensionen für Witwen/Witwer sowie die sofortige Abschaffung der vorzeitigen Alterspension wegen geminderter Erwerbsfähigkeit.[79]

Die Pensionsreform 2003 brachte weitere massive Einschnitte: Der Begutachtungsentwurf der Regierung hätte Pensionskürzungen für junge Menschen im Ausmaß von bis zu 50 % bedeutet. Dieser Entwurf wurde zwar nach dem größten Streik der Zweiten Republik seit dem Oktoberstreik 1950 abgeschwächt, es blieben aber drastische Verschlechterungen: So wurde die Frühpension bei langer Versicherung und Langzeitarbeitslosigkeit abgeschafft, die Abschläge bei Frühpensionen wurden erhöht. Auch die Pensionsberechnung wurde massiv verschlechtert: Wurden zuvor die 15 Jahre mit dem besten Verdienst zur Pensionsberechnung herangezogen, waren es nun die besten 40, in den meisten Fällen also das gesamte Erwerbsleben. Die Kürzungen bei Frühpensionen wurden nochmals verschärft. Schließlich wurde die Pensionserhöhung für einen großen Teil der PensionistInnen bis auf einen kleinen Fixbetrag für einen Zeitraum von zwei Jahren ausgesetzt. [80]

Kranke Menschen

Wer krank wurde, hatte es unter Schwarz-Blau/Orange nicht einfach. Zahlreiche Verschlechterungen wurden auf den Weg gebracht. Eine Ambulanzgebühr wurde eingeführt (2003 wieder abgeschafft) und eine Besteuerung der Unfallrenten geplant, die vom Verfassungsgerichtshof aufgehoben wurde. In der Krankenversicherung wurde die beitragsfreie Mitversicherung eingeschränkt.[81] Schließlich wurde der Entgeltfortzahlungsfonds aufgelöst. Bis dahin hatten kleine Betriebe bei langen Krankenständen einen Kostenersatz bekommen. Ohne diese Rückerstattung wurden kranke Beschäftigte vor allem in Klein- und Mittelbetrieben vermehrt gekündigt, so die Arbeiterkammer.[82] Bei UnternehmerInnen zeigte sich die Regierung großzügig: Für Selbstständige wurde die Mindestbeitragsgrundlage zur Krankenversicherung gesenkt und die Versehrtenrente angehoben. Auch der ArbeitgeberInnenbeitrags zur Krankenversicherung der ArbeiterInnen wurde herabgesetzt.[83]

Lehrlinge

In den ersten Wochen nach Angelobung der Regierung verlängerten ÖVP und FPÖ die Erlaubnis zur Nachtarbeit für Lehrlinge von 22 auf 23 Uhr.[84] Das hatte die FPÖ bereits in der Opposition gefordert. 1996 erklärte FPÖ-Abgeordnete Edith Haller im Parlament: „Ich aber glaube, es ist vor allem auch ein legales Recht des Unternehmers, des Lehrherrn, Lehrlinge dann einsetzen zu wollen, wenn die Arbeit anfällt. Es soll ja bitte wirklich nicht so sein, daß er nur dazu da ist, Lehrlinge heranzubilden."[85] Auf die steigende Arbeitslosigkeit junger Menschen reagierte Schwarz-Blau ebenfalls auf beachtliche Weise – mit der einfacheren Kündbarkeit von Lehrlingen. Dazu kam eine Senkung der Lohnnebenkosten für Lehrlinge. Diese wurden für die Betriebe günstiger – auf Kosten der Steuereinnahmen des Staates.[86]

50   HausbesorgerInnen

Als eine der ersten Maßnahmen schufen ÖVP und FPÖ die sogenannten HausbesorgerInnen ab. Diese hatten Anspruch auf eine unentgeltliche Dienstwohnung gehabt.[87] Sie lebten vor Ort und konnten bei Problemen unmittelbar intervenieren. Viele HausbesorgerInnen galten als gute Seele ihres Hauses, in anderen Fällen übernahmen sie eine Kontrollfunktion, die Wolfgang Ambros in seinem Lied „Franz Pokorny, 60, Hausbesorger" treffend beschrieb – und die auch der Autor dieser Zeilen in seiner Kindheit als unangenehm erlebte.[88] Das war wohl nicht das zentrale Problem für ÖVP und FPÖ. Ziel der Maßnahme war die Wiener Sozialdemokratie. Für sie stellten die HausbesorgerInnen in den Gemeindebauten ein wichtiges organisatorisches Rückgrat dar. Oftmals waren sie Vertrauensleute der SPÖ, beim monatlichen Abkassieren der Miete hoben sie gleichzeitig den Mitgliedsbeitrag für die Partei ein und stellten eine Verbindung der SPÖ zu den MieterInnen her. Gleichzeitig war die Umstellung auf externe Hausbetreuung eine enorme Kostensenkung für private HausbesitzerInnen (und auch die Gemeinde), unter anderem durch die Abschaffung der freien Dienstwohnung. So schaffte Schwarz-Blau mit einem Schlag eine gesamte Berufsgruppe ab.

Kollektivverträge

Kollektivverträge gelten für alle ArbeitnehmerInnen einer bestimmten Branche. Festgehalten sind etwa Arbeitszeit, Gehaltsstufe oder Mindestgehälter. Das schützt vor allem jene, die sich gegen Verschlechterungen nicht gut wehren können, weil sie in kleineren Betrieben tätig, auf den Arbeitsplatz besonders angewiesen oder rechtlich nicht so bewandert sind. Bereits im Regierungsübereinkommen von 2000 forderten ÖVP und FPÖ die „Verlagerung von der überbetrieblichen in die betriebliche Mitbestimmung. Insbesondere in Bezug auf Arbeitszeit, Betriebszeiten, Kollektivvertragsrecht."[89] Im Klartext also eine weitgehende Abschaffung überbetrieblicher Kollektivverträge.

Arbeiterkammer

In der Opposition hatte die FPÖ regelmäßig die Arbeiterkammer angegriffen und die Senkung der Beiträge für sie, also die Arbeiterkammerumlage, gefordert. Auch unter Schwarz-Blau kam das Thema immer wieder auf die Agenda. Umgesetzt wurde die Maßnahme allerdings nicht. Die ÖVP dürfte auf die Bremse gestiegen sein. Einerseits wären vor allem in den westlichen Bundesländern auch ArbeitnehmerInnen-Organisationen der ÖVP betroffen gewesen. Andererseits hätte die Sozialdemokratie im Gegenzug wohl verstärkt die Beiträge der UnternehmerInnen für die Wirtschaftskammer zum Thema gemacht, was die ÖVP an einem wunden Punkt getroffen hätte. Bis heute ist die Senkung der Arbeiterkammerumlage eine permanente Forderung der FPÖ.

ÖBB

Die Österreichischen Bundesbahnen sollten 2003 in kleine Einzelgesellschaften zerschlagen werden, eine Privatisierung gewinnbringender Teile (und danach scharfe Angriffe auf die anderen) drohte. Zusätzlich wollte die Regierung per Gesetz ins

Dienstrecht der EisenbahnerInnen eingreifen. Dieses Vorhaben kam nicht überraschend, hatte doch Jörg Haider bereits in „Die Freiheit, die ich meine" umfangreiche Angriffe gefordert. In einem mehrtägigen Streik konnten die Vorhaben der Regierung abgemildert werden. Die Gewerkschaft der Eisenbahner beendete den Streik allerdings zu einem Zeitpunkt, an dem die Situation für die Regierung noch handhabbar war. Einige Tage später wären wesentliche Teile der österreichischen Industrie lahmgelegt gewesen, weil die Ersatzteile ausgegangen wären.[90] Die Aufsplitterung der ÖBB kam schließlich, allerdings in kleinerem Ausmaß als ursprünglich geplant.

Vor allem entstanden neue Jobs für Günstlinge. 2009 gab es insgesamt 22 verschiedene GeschäftsführerInnen und Vorstände. Allerdings war die neue Struktur ineffektiv. Teilweise waren vier verschiedene ÖBB-Firmen für einen einzigen Zug zuständig. Daher wurden einzelne Gesellschaften wieder zusammengelegt.[91]

Privatisierungen

Unter Schwarz-Blau/Orange wurden in Österreich umfangreiche Privatisierungen durchgeführt. Die Liste der betroffenen Betriebe und Liegenschaften ist lang:

– Telekom Austria (Teilverkauf)
– Postsparkasse
– Bundeswohngesellschaften (Buwog, WAG, EBS, ESG, WBG)
– Bundesimmobiliengesellschaft
– Teile der Bundesforste
– Austria Tabak
– Voest Alpine
– VA Tech
– Post (Teilverkauf)
– Flughafen Schwechat

- Postbus
- Böhler-Uddeholm
- Dorotheum
- Steirischer Erzberg
- Staatsdruckerei

Einerseits wurden wichtige infrastrukturelle Unternehmen wie Post und Telekom teilweise oder zur Gänze verkauft, andererseits zentrale Industriebereiche, vor allem die Voest. Insgesamt betrafen die Privatisierungen zwölf Beteiligungen der Republik. Dazu kamen fünf Bundeswohngesellschaften, die Bundesimmobiliengesellschaft (BIG) und über 1600 Grundstücke der Bundesforste.[92]

Diese Privatisierungen waren sehr umstritten. Einerseits wurde die grundlegende Kritik geäußert, dass Vermögenswerte des Staates an Private abgegeben würden – und sowohl auf langfristige Einnahmen wie auf Steuerungsmöglichkeiten verzichtet werde. Andererseits geriet fast jede dieser Privatisierungen ins Kreuzfeuer der Kritik, weil die Kaufpreise zu niedrig oder die BeraterInnenkosten zu hoch schienen. Von Beginn an wurde Korruption vermutet. Der Verkauf der Buwog etwa beschäftigt noch nach einem Jahrzehnt die Gerichte, im Sommer 2017 wurde ein Prozess für 2018 avisiert. Im Zentrum der Ermittlungen stehen Karl-Heinz Grasser (Finanzminister zuerst für die FPÖ, dann für die ÖVP), Walter Meischberger (ehemals Bundesgeschäftsführer bzw. Generalsekretär der FPÖ) sowie Lobbyist Peter Hochegger. Für alle Genannten gilt die Unschuldsvermutung.

Besonders interessant ist die Privatisierung der Austria Tabak. Die Produktionsstätten in Österreich wurden geschlossen, Ende 2011 machte das letzte Werk in Hainburg dicht. 320 Menschen verloren ihren Arbeitsplatz, obwohl der neue Eigentümer Japan Tobacco International regelmäßig hohe Gewinne schrieb.[93]

Studierende

Im September 2000 beschlossen ÖVP und FPÖ die Einführung von Studiengebühren, im Oktober 2001 wurden diese erstmals eingehoben. Die Studierendenanzahl sank um 19,7 %, die Anzahl der StudienanfängerInnen um rund 14 %.[94] Im Jahr 2008 stimmten SPÖ, FPÖ und Grüne im Vorwahlkampf für die Abschaffung der Studiengebühren. Das galt und gilt allerdings nur für österreichische StaatsbürgerInnen, EU-BürgerInnen und rechtlich Gleichgestellte (etwa anerkannte Flüchtlinge), die innerhalb der Mindeststudiendauer plus zwei Toleranzsemester bleiben. Für Angehörige anderer Staaten blieb die Studiengebühr aufrecht. Diese müssen oft sogar die doppelte Studiengebühr von 726,72 Euro pro Semester (Stand 2017) bezahlen.[95]

Unternehmenssteuern

Gegenüber Unternehmen und Industrie zeigte sich Schwarz-Blau/Orange äußerst großzügig: Der Körperschaftssteuersatz wurde weit unter europäisches Durchschnittsniveau gesenkt. Zusätzlich wurde mit einem Ausbau der Gruppenbesteuerung ein Instrument eingeführt, das Betriebe Verluste im Ausland mit Gewinnen im Inland verrechnen lässt. Bis heute lobt die Wirtschaftskammer, dass „die Grupppenbesteuerung (…) als zentrales Instrument in der Konzernsteuerplanung zu betrachten" sei.[96] Laut einer Analyse der AK-Publikation *Arbeit&Wirtschaft* „waren die Unternehmenssteuern in Prozent des Gesamtsteueraufkommens nach der Regierungszeit von Schwarz-Blau an der letzten Stelle aller Industriestaaten."[97]

Affären: Eine Hand wäscht die andere

Zahlreiche schwarz-blau/orange Affären und Korruptionsfälle beschäftigen bis heute die Gerichte. „Bar aufs Handerl", eine Aussage des früheren FPÖ-Generalsekretärs Walter Meischberger,

wurde zum geflügelten Wort. Einerseits ging es um illegale Parteienfinanzierung durch verbotene Provisionen, andererseits um persönliche Bereicherung. Und schließlich verdienten auch manche
eine Stange Geld, die sich der FPÖ zuvor gewogen gezeigt hatten.
Ein Beispiel ist die Hypo-Affäre, wobei hier ein Aspekt fast immer
unter den Tisch fällt: Auffallend viele jener, deren Namen rund
um die Hypo auftauchten, fanden sich bereits in der Artikelse-
rie „Haiders blaue Kassen" als der FPÖ mindestens zugetan.[98] Als
Profiteure des Hypo-Deals genannt wurden laut *Presse* unter anderem Möbelriese Herbert Koch (ehemals Leiner/Kika), die Horten-
Stiftung, die UnternehmerInnenfamilie Tilly, die Flick-Stiftung,
der Verpackungsindustrielle Turnauer oder der damalige Präsident
der Industriellenvereinigung, Veit Sorger.[99] Selbstverständlich gilt
für alle diese Personen, dass ihnen keinerlei schuldhaftes Verhalten unterstellt wird und auch nicht alle auf der Liste des *Standard* werden im Hypo-Skandal genannt. Es darf aber festgehalten
werden, dass eine Nähe zur FPÖ im Falle der Hypo für manche
österreichische GroßunternehmerInnen nicht von Nachteil gewesen sein dürfte.

Schlussfolgerungen

In den Jahren 2000 bis 2006 zeigte die FPÖ, was in einer
Regierung von ihr zu erwarten ist. Die schwarz-blauen Maßnahmen waren weder Missverständnis noch Irrweg noch Politik auf
Druck der ÖVP. Sie waren die konsequente Umsetzung der Forderungen, die die FPÖ unter Haider in der Opposition gestellt
hatte. Und diese politische Ausrichtung hat sich bis heute nicht
geändert.

Die Mühen der Ebene: Die zahlreichen Abspaltungen der FPÖ

Die FPÖ hat sich nach der Übernahme der Obmannschaft durch Jörg Haider als enorm instabil erwiesen. Anfang der 1990er Jahre war es die alte Steger-Fraktion, der die neue Ausrichtung nicht gefiel. Teile brachen weg und gründeten das Liberale Forum. Unter Schwarz-Blau zerbrach die FPÖ am versuchten Spagat zwischen angeblicher sozialer Ausrichtung und tatsächlicher kapitalfreundlicher Programmatik. Mehrere Spaltungen waren die Folge. Spätere regionale Abspaltungen dürften vor allem auf Streitigkeiten der kleinen regionalen Führer untereinander und mit dem großen nationalen Führer zurückzuführen sein. Bezeichnenderweise waren und sind alle diese Abspaltungen betont wirtschaftsliberal – und führen damit die Linie der FPÖ konsequent fort.

Die Segler vom Attersee: Liberales Forum und NEOS

Am 4. Februar 1993 traten fünf Nationalratsabgeordnete aus der FPÖ aus und gründeten unter dem Vorsitz von Heide Schmidt eine eigene Fraktion. Das Liberale Forum war geboren. Auslöser war das rassistische „Österreich zuerst"-Volksbegehren, das FPÖ-Generalsekretärin Heide Schmidt nicht mittragen wollte. Zentraler Finanzier der Partei wurde der Industrielle Hans Peter Haselsteiner (Strabag, Westbahn), einer der reichsten Menschen des Landes. Zwischen 1994 und 1998 war er Abgeordneter der Partei zum Nationalrat. Das Liberale Forum repräsentierte zu einem wesentlichen Teil den ehemaligen Attersee-Kreis der FPÖ.[100] Die Politik des LiF war kapitalfreundlich und wirtschaftsliberal, zunehmend wurden auch gesellschaftspolitisch liberale Positionen eingenommen. 1994 und 1995 konnte die Partei ins Parlament einziehen, bei den Nationalratswahlen 1999 scheiterte sie aber knapp an der 4 %-Hürde. Ein neuerlicher Anlauf 2008 schlug ebenfalls fehl. 2014 fusionierte das LiF mit der neu gegründeten Partei Neos, die sich vor allem aus jüngeren wirtschaftsliberalen Kadern der ÖVP zusammensetzte. Auch LiF-Parteigründerin Heide Schmidt und Hans Peter Haselsteiner unterstützten die Fusion mit den Neos.[101] Haselsteiner finanziert die Partei bis heute, im Nationalratswahlkampf 2017 spendete er knapp 200.000 Euro.[102]

Haider wörtlich genommen: 57
Die Gruppe Grasser/Westenthaler/Riess-Passer

Die ÖVP hatte als Juniorpartnerin Regierungserfahrung und konnte auf zahlreiche Kader aus Ministerien, Ländern, Kammern und Vorfeldorganisationen zurückgreifen. Die Personaldecke der FPÖ hingegen war ausnehmend dünn. So manche zufällig wirkende Gestalten kamen zu kurzzeitigen FPÖ-MinisterInnenehren, ihre TrägerInnen verschwanden mitunter genauso schnell wieder in der Versenkung, wie sie von dort aufgetaucht waren. Jörg Haider selbst war nicht Teil der Regierung. Vizekanzlerin wurde Susanne Riess-Passer, die auch den Parteivorsitz übernahm. Offensichtlich ein Deal mit der ÖVP, der Folgen haben sollte. Während die FP-Regierungstruppe in Wien ein zunehmend vertrautes Verhältnis zur ÖVP entwickelte, konnte Haider von Kärnten aus nur wenig beeinflussen.

Politisch entsprachen die schwarz-blauen Kürzungen der Politik Haiders und der FP-Programmatik. Doch Haider schien zunehmend beunruhigt von den immer schlechteren Umfragewerten. Ein Grund dafür dürfte die immer offensichtlicher werdende Politik gegen die große Mehrheit der arbeitenden Bevölkerung gewesen sein. Ein anderer, dass die FPÖ auch bei ihrem rassistischen Kernthema kaum noch von der ÖVP zu unterscheiden war, die mit Wolfgang Schüssel außerdem den Kanzlerbonus hatte und sich in Meinungsumfrage immer weiter absetzte.

Laut Riess-Passer hatte Haider vor dem Regierungseintritt 2000 vorausgesagt, dass kurzfristig ein Drittel der WählerInnen verloren gehen könnte. Dafür würden mittel- und langfristig neue WählerInnengruppen angesprochen werden.[103] Während die erste Prognose von der Wirklichkeit übertroffen wurde, trat die zweite nicht ein. Stattdessen wurde die ÖVP auf Kosten der FPÖ stärker: bei der Nationalratswahl 2002 stürzte die FPÖ von 26,9 % auf 10 % ab, die ÖVP gewann 15,4 % dazu. Dennoch ist die Vorhersage interessant. Haider schien also selbst damit zu rechnen, dass viele von denen, die die FPÖ an die Regierung gebracht hatten, sich in dem Moment von der Partei abwenden würden, in dem das Parteiprogramm umgesetzt würde.

Am 7. September 2002, zweieinhalb Jahre nach Regierungseintritt, krachte es gewaltig in der FPÖ. Auf dem sogenannten Knittelfelder Parteitag putschte Haider an der Spitze der parteiinternen Rebellion gegen die FP-Regierungsfraktion – und damit gegen die Umsetzung seiner eigenen wirtschaftspolitischen Positionen. Dabei mögen auch persönliche Verwerfungen eine Rolle gespielt haben. Eine ideologische Neuausrichtung Haiders war damit jedenfalls nicht verbunden, wie später das BZÖ zeigte. Parteiobfrau und Vizekanzlerin Riess-Passer, Klubchef Peter Westenthaler und Finanzminister Karl-Heinz Grasser verließen die Partei. Karl-Heinz Grasser machte danach auf einem ÖVP-Ticket weiter und wird nun in Zusammenhang mit verschiedenen Korruptionsaffären genannt. Es gilt die Unschuldsvermutung.

Die FPÖ in Orange: das BZÖ

Die internen Streitigkeiten waren damit nicht beendet. Nach weiteren schweren Wahlniederlagen folgte die nächste Spaltung.

Im April 2005 verließen Haider und weitere SpitzenfunktionärInnen die FPÖ und gründeten das „Bündnis Zukunft Österreich". Spekuliert wurde unter anderem auch darüber, ob sich Haider mit seinem Austritt auch der Schulden der FPÖ entledigen wollte.[104]

Wer sich nach der Spaltung auf welcher Seite wieder fand, war in vielen Fällen zufällig und durchaus variabel. Mehrere Landesorganisationen der FPÖ entschieden sich vorerst für keine der beiden Seiten. Generell kann gesagt werden, dass die burschenschaftlich-deutschnationalen und NS-affinen Kreise sich zumeist zur FPÖ bekannten (eine wichtige Ausnahme ist die Kärntner Landesorganisation, die zur Gänze mit Haider ging).

Einheitlich ist dieses Bild aber nicht. So spaltete der FPÖ/ BZÖ-Konflikt die rechtsextreme Wiener Burschenschaft „Silesia". Die Verwicklungen bei den Silesen zu berichten, würde hier zu weit führen. Nur so viel: Als es in einem Nachtclub zu einer Schlägerei kam, waren verschiedene Burschenschafter und FP-Funktionäre involviert, die damalige Chefsekretärin von Heinz-Christian Strache sowie ihr guter Bekannter, der Nazi-Führer Gottfried Küssel, der ihr mitten in der Nacht zu Hilfe eilte. Mehr auf *Stoppt die Rechten*[105] oder in einer Reportage des *Profil*.[106]

Programmatisch war das Haider-BZÖ genauso rassistisch wie die blaue Mutterpartei, wollte aber im Gegensatz zur FPÖ offensiv wirtschaftsliberal auftreten und damit in Konkurrenz zur ÖVP treten. Ein Treppenwitz der Geschichte: Beim Match Haider gegen Riess-Passer/Wesenthaler/Grasser waren die Spaltungslinien genau gegenteilig verlaufen.

Gleichzeitig war das BZÖ der Versuch, die Gewinnung neuer WählerInnenschichten durch die Regierungsbeteiligung doch noch Wirklichkeit werden zu lassen. So versuchte es sich vor allem zu Beginn betont wirtschaftsliberal zu geben. Die Partei forderte etwa eine sogenannte „Flat Tax", also eine Einheitssteuer für alle Bevölkerungsschichten, die Reichere extrem bevorzugt.[107]

Im Wesentlichen blieb das BZÖ aber eine Kärntner Lokalvariante der FPÖ. Die Positionen des BZÖ hätten auch in der FPÖ Platz gehabt, umgekehrt hätten die FPÖ-Positionen auch gut zum BZÖ gepasst. Die Kader des BZÖ in Kärnten (die ja zuvor die Kader der FPÖ waren) waren zumeist traditionelle deutschnationale Eliten mit oft (groß)bäuerlichem Hintergrund.

Sogar eine Wiedervereinigung von FPÖ und BZÖ schien möglich. Vier Tage vor Haiders tödlicher Alko-Fahrt am 11. Oktober 2008 hatte sich Heinz-Christian Strache, inzwischen Parteiobmann der FPÖ, zu einer Aussprache mit Haider getroffen. Strache verwies danach auf viele Gemeinsamkeiten der beiden Parteien und schloss eine Koalition mit dem BZÖ nicht aus. Vereinbart wurde bei diesem Treffen eine Zusammenarbeit vor allem in wirtschaftlichen Fragen – ein Hinweis darauf, dass die angeblich feindlichen Geschwister in dieser Frage besonders große Übereinstimmungen hatten. So sollte im Parlament ein gemeinsamer Antrag zur Konjunkturbelebung eingebracht werden.[108] Eine mögliche Wiedervereinigung wurde zwar durch Haiders Tod unterbrochen. Die neuerliche Fusion der beiden Parteien kam aber de facto dennoch zustande. Das Kärntner BZÖ, die einzige relevante Landesorganisation, spaltete sich von der Bundespartei ab und ist seit 2013 wieder die offizielle Landesorganisation der FPÖ in Kärnten.[109] Allerdings sollte sich zeigen, dass das Sprichwort von der absoluten Macht, die absolut korrumpiere, in Kärnten besondere Berechtigung hatte. Zahlreiche Kärntner Freiheitliche fanden sich in den vergangenen Jahren im Zuge von Korruptionsprozessen wieder.

Im Osten nichts Neues: Bündnis Liste Burgenland

Im Burgenland verlor die FPÖ 2007 relevante Teile ihrer Landesorganisation. Auslöser war ein Geheimpapier der Spitzen von SPÖ und FPÖ für die Zeit nach der Landtagswahl 2005, in dem die Sozialdemokratie der FPÖ Posten versprach. Aus den folgenden Fraktionskämpfen ging Johann Tschürtz siegreich hervor, der das Papier kritisiert hatte. Das ist durchaus ironisch, war es doch Tschürtz, der die burgenländische FPÖ 2015 in die Landesregierung mit der Sozialdemokratie führte.

Die unterlegene Fraktion gründete die „Freie Bürgerliste", danach „Liste Burgenland", heute „Bündnis Liste Burgenland" (LBL). Die Partei hat laut eigenen Angaben rund einhundert GemeinderätInnen und erklärt, damit auf Gemeindeebene die drittstärkste politische Kraft im Burgenland zu sein.[110] Im Landtag ist die LBL seit ihrer Gründung vertreten, bei der Landtagswahl 2015 kandidierte sie gemeinsam mit dem Team Stronach. Für die Gemeinderatswahl 2017 versucht sie verstärkt, FunktionärInnen der NEOS zu angeln: „NEOS werden im Herbst den Einzug ins Parlament nicht schaffen. Darum bei den Gemeinderatswahlen 2017 als unabhängige Bürgerliste kandidieren."[111] Die LBL ist eine klassische Partei des Dritten Lagers. Sie spielt die rassistische Karte („Burgenländische Arbeitsplätze für burgenländische Arbeitskräfte") und ist gleichzeitig neoliberal positioniert. Sie fordert die „Erhaltung der Wettbewerbsfähigkeit unserer Wirtschaft", „weniger Bürokratie und Hürden für unsere Betriebe", „Flexibilität am Arbeitsmarkt", „ein Ende der Schuldenpolitik" und will nur „einem ausgeglichenen Budget" zustimmen. Auf den Punkt gebracht: „Wir benötigen Unternehmertum".[112]

Wenn ich einmal reich bin: Das Team Stronach

Im September 2012 wurde das „Team Stronach" als politische Spielwiese des Milliardärs Frank Stronach gegründet. Durch Übertritte von sechs Abgeordneten des dahinsiechenden BZÖ (sowie eines Abgeordneten der SPÖ) war die Partei unmittelbar nach ihrer Gründung im Parlament vertreten. Manche der BZÖ-Abgeordneten, die zu Stronach überliefen, hatten zuvor in der FPÖ Karriere gemacht. Einerseits war da der neue Klubobmann Robert Lugar, der früher stellvertretender Vorsitzender des RFW in Niederösterreich gewesen war (und im August 2017 zur FPÖ zurückwechselte). Aber auch Elisabeth Kaufmann-Bruckberger, Christoph Hagen oder Martina Schenk kamen aus der FPÖ, Schenk war bis 2008 sogar Bundesgeschäftsführerin der Partei gewesen (und wechselte Anfang August 2017 zur „Freien Liste Österreichs") Nachdem absehbar war, dass das BZÖ den Wiedereinzug ins Parlament nicht schaffen würde, liefen die blau-orangen Abgeordneten zu Stronach über, der einen gut finanzierten Wahlkampf garantieren konnte.

Das Team Stronach folgte Zeit seines Bestehens einem wirtschaftsliberalen wie rassistischen Kurs. Aufgrund dieser Linie und der Herkunft der meisten FunktionärInnen kann das Team Stronach als eine Fraktion innerhalb des Dritten Lagers gesehen werden. Am 27. Juni 2017 war der Versuch einer neoliberalen Konkurrenz zur FPÖ allerdings Geschichte. Das Team Stronach beschloss in einer internen Sitzung, sich aufzulösen.[113]

Schnell kopiert: die Freie Partei Salzburg / Freie Liste Österreich

Bereits länger hatte es zwischen der Bundes-FPÖ und ihrer Salzburger Landesorganisation Krach gegeben. Im Juni 2015 war der Bruch nicht mehr zu kitten. Karl Schnell, zwischen 1992 und 2013 Landesobmann der Salzburger FPÖ, wurde gemeinsam mit weiteren UnterstützerInnen aus der Partei ausgeschlossen. Zwei Nationalratsabgeordnete, ein Abgeordneter im Bundesrat und fünf Abgeordnete im Salzburger Landtag bekannten sich zur neu gegründeten „Freien Partei Salzburg" (FPS).

Mitte Juli 2017 kündigte Schnell an, dass die FPS bei den Nationalratswahlen im Herbst 2017 antreten würde. Die dazu benötigten drei Unterschriften von Nationalratsabgeordneten kämen von den zwei FPS-Abgeordneten sowie von Christoph Hagen (ehemals FPÖ, ehemals BZÖ, danach Team Stronach, weiterhin Polizist).[114] Inhaltlich versucht die FPS, die gleiche Zielgruppe wie BZÖ und Team Stronach zu erreichen. Migrationsthemen werden rassistisch besetzt, ein „sofortiger Zuwanderungsstopp" wird gefordert.[115] Gleichzeitig werden unternehmerInnenfreundliche Forderungen offener als bei der FPÖ in den Mittelpunkt gerückt, vor allem in den Bereichen Tourismus und Hotellerie, die in Salzburg bedeutsam sind.[116] Bundesweit will die Partei unter dem Namen „Freie Liste Österreich" antreten.

Dass dieser Wirtschaftsliberalismus den „alten" Werten keineswegs entgegensteht, zeigt die niederösterreichische Spitzenkandidatin der Freien Liste. Es handelt sich um Barbara Rosenkranz, im Jahr 2010 noch Präsidentschaftskandidatin der FPÖ und innerhalb der Partei weit rechts positioniert (ihr Mann Horst Jakob ist gleichzeitig eine der zentralen Figuren des österreichischen außerparlamentarischen Rechtsextremismus). Sie hatte für die Nationalratswahl 2017 keinen wählbaren Listenplatz mehr bei der FPÖ bekommen.

Wie beim BZÖ gilt: FPS/FLÖ und FPÖ sind letztendlich Zwillinge, die Forderungen austauschbar. Parteichef Schnell war zuvor über alle Umbrüche der Haider- und Strache-Ära hinweg durchgehend Obmann der Salzburger FPÖ. Größere Erfolge sind allerdings nicht zu erwarten. Und das steht wiederum stellvertretend für alle bisherigen Versuche, neben der FPÖ eine zweite weit rechte Partei zu positionieren: Der Platz ist bereits besetzt.

Der Haider-Klon: Die FPÖ unter Heinz-Christian Strache

Seit 23. April 2005 ist Heinz-Christian Strache Bundesparteiobmann der FPÖ. Er war in seiner Jugend „fester Bestandteil der Neonazi-Szene"[117] und nahm unter anderem an Wehrsportübungen teil. Den österreichischen Neonazi-Führer Norbert Burger bezeichnete er „als eine Art Vaterersatz."[118] In einer Zeit, als die Repression auf die offene NS-Szene zunahm, fand Strache den Weg zur FPÖ. 1991 übernahm er erstmals ein gewähltes Amt: Er wurde blauer Bezirksrat in Wien-Landstraße.

Wie viele andere Kader der FPÖ kommt Strache aus einer sudetendeutschen Familie,[119] die nach der NS-Zeit aus der Tschechoslowakei vertrieben wurde. Eine solche Herkunft stellt übrigens bei vielen FP-FunktionärInnen ein wichtiges Element der politischen Prägung dar. Neben seiner politischen Tätigkeit versuchte sich Strache auch als Unternehmer. Gemeinsam mit Ex-FPÖ-Bundesgeschäftsführer Gernot Rumpold betrieb er eine Firmengruppe namens „Care Partners". Zwischen 2000 und 2004 war Strache ihr Prokurist bzw. Gesellschafter.[120] Die Firma sollte offiziell Kleinkredite für Zahnersatz-Behandlungen vergeben; Strache hatte eine Lehre als Zahntechniker absolviert.

Ein Teil von „Care Partners" wurde in die Firma „ESS Security Services" umgewandelt, während Strache ihr Gesellschafter war. Laut *News* soll diese Firma Söldner für den Einsatz im Irak ausgebildet haben.[121] Interessant ist Straches Partner bei diesen Unternehmungen. Gernot Rumpold (bzw. dessen Firma „100% Communication") hat einst von EADS/Eurofighter rund 6,6

Millionen Euro kassiert.[122] Diese Summe warf die Frage auf, ob Geld an die FPÖ geflossen sei. Die FPÖ dementiert; es gilt die Unschuldsvermutung. Laut *Kurier* sei offen, ob bei möglichen Zahlungen an die FPÖ auch Care Partners „eine Rolle spielt".[123] Auch hier gilt die Unschuldsvermutung.

Strache brachte die FPÖ wieder auf jenen Kurs, den die Haider-FPÖ in der Opposition gepflegt hatte: Hart rassistisch, scheinbar sozial, aber tatsächlich streng wirtschaftsliberal. Nicht zuletzt die Abspaltung des BZÖ schien eine solche Rückkehr zur alten angeblich sozialen Politik glaubwürdig zu machen. Bereits bei der Wiener Gemeinderatswahl im Oktober 2005 erzielte die FPÖ unter Strache einen Achtungserfolg. Es gab zwar Verluste von rund 5 %, aber mit einem Ergebnis von 14,8 % fiel der Rückgang deutlich geringer aus als erwartet.

Inzwischen hat die FPÖ unter Strache die Erfolge Haiders deutlich überflügelt. Bei der Bundespräsidentschaftswahl 2016 wählten 46,21 % die FPÖ. Beim aufgehobenen Wahlgang waren es sogar 49,65 % gewesen. Das stellt das mit Abstand beste Ergebnis für eine rechtsextreme Partei in Westeuropa nach 1945 dar.[124] Bereits im ersten Wahlgang hatte FPÖ-Kandidat Norbert Hofer 35,05 % erhalten und damit das bislang beste Ergebnis erzielt, das die Freiheitlichen jemals erreichen konnten. Über Straches politische Positionen, seine Rhetorik und sein Auftreten wurde bereits viel gesagt und noch mehr geschrieben. Wir wollen uns stattdessen auf die wirtschaftspolitischen Positionen der Strache-FPÖ konzentrieren.

Wenn Rechtsextreme Linke spielen: StraCHE, der Revolutionär

Vor allem in Wahlkampfzeiten ist die FPÖ in ihren Forderungen äußerst flexibel. So wurde die Mindestlohn-Forderung der FPÖ im Frühjahr 2017 binnen weniger Monate von 1300 Euro auf 1700 Euro angehoben (und dann wieder abgesenkt) – jeweils vermutlich brutto, die FPÖ erwähnt das meist nicht.

In Wahlkämpfen darf es auch richtig scheinradikal werden – immer gewürzt mit einer ordentlichen Prise Patriotismus und Rassismus. So forderte die FPÖ kurz nach Straches Machtübernahme im Nationalratswahlkampf 2006 „Sozial statt Gierig & Brutal" oder „Sichere Pensionen statt Asyl-Millionen".[125] Im EU-Wahlkampf 2009 hieß es unter anderem: „Soziale Wärme statt EU für Konzerne", „Für ÖSTERREICH da statt für EU & Finanzmafia" oder „Echte Volksvertreter statt EU-Verräter".[126] Für den Salzburger Landtagswahlkampf 2009 wurde „Arbeit & Moral statt Gier & Kapital" gewählt.[127] Davon können sich sehr unterschiedliche Schichten angesprochen fühlen: das bürgerliche und bäuerliche katholische Milieu sowie erzreaktionäre Gruppen ebenso wie jene, die gern einen Job hätten und gegen „Gier und Kapital" sind. Und schließlich stellen „Raffgier" und „raffendes Kapital" gängige antisemitische Codes dar.

Die FPÖ arbeitet gern mit Codes und (mehr oder weniger) subtilen Botschaften. Sei es, dass Strache mit dem Kreuz in der Hand den katholischen Verteidiger des Abendlandes gibt. Sei es, dass er für die breite Öffentlichkeit mit einem Besuch in der Holocaust-Gedenkstätte Yad Vashem eine Abkehr vom Antisemitismus demonstrieren will, dort aber als Signal für die einschlägigen Kernschichten sein „Biertönnchen" trägt, also die Mütze seiner rechtsextremen Burschenschaft – in burschenschaftlichen Kreisen soll dieses doppelte Spiel für Schenkelklopfer gesorgt haben.[128]

Den Wahlkampf für die Bundespräsidentschaft 2016 startete die FPÖ auf dem Koloman-Wallisch-Platz in der ArbeiterInnen-Hochburg Kapfenberg. Wallisch war einer der wenigen sozialdemokratischen Spitzenfunktionäre, die im Februar 1934 mit der Waffe in der Hand gegen den Faschismus kämpften. Zum einen vermittelt die FPÖ so die Botschaft, sich für bestimmte soziale Schichten zu interessieren, zum anderen wird der Anspruch angemeldet, die SPÖ als „Arbeiterpartei" abzulösen.[129] Das versucht die FPÖ auch immer wieder in Hinblick auf den ehemaligen SPÖ-Bundeskanzler Bruno Kreisky. Dieser führte zwischen 1970 und 1983 eine SPÖ-Alleinregierung und markiert damit die stärkste Phase der österreichischen Sozialdemokratie nach dem Zweiten Weltkrieg. Er stand auf dem rechten Flügel der Sozialdemokratie; während seiner Zeit als Bundeskanzler und Parteiobmann hatten zahlreiche ehemalige Nazis Spitzenfunktionen in der Regierung und der SPÖ.

Doch für die FPÖ steht wohl vor allem im Vordergrund, sich älteren sozialdemokratischen WählerInnen als Erbin der SPÖ zu verkaufen. So erklärte Strache am 1. Mai 2016: „Wir sind inzwischen mit unserem sozialdemokratischen Bewusstsein die Erben von Bruno Kreisky."[130]. Zu beachten gilt freilich: Auch hier befand sich die FPÖ mitten in einem Wahlkampf, nämlich in der Hochphase der Kampagne um die Bundespräsidentschaft 2016.

Besonders originell war Strache als nationaler Che Guevara-Verschnitt „StraCHE". Dieses seltsame Figur erblickte im Herbst 2007 das Licht der Welt: Strache als Che Guevara, sogar mit der Haartracht des Revolutionärs. Einzig der rote Stern auf dem Barret musste einem blauen weichen.[131] Offenbar sollte Che Guevara entideologisiert und als beliebiges Symbol der Revolte eingesetzt werden. Dazu wurde auch ein eigener Rapsong für Strache kreiert: „Es ist Zeit, endlich Zeit – Zeit für die Gerechtigkeit. Österreich, das Land ist reich, doch verteilt ist das nicht gleich. Wenige haben viel zu viel und viel zu viel an Pappenstiel. Reich und Arm werden immer mehr und in der Mitte, da bleibt's leer." Dann, wie gewohnt, rassistisch: „Sozialhilfe und Kindergeld, Mindestlohn für alle Welt. Asylanträge abgelehnt, doch Abschiebung ist sehr verpönt. Multikulti tralala, die Grünen sind mit dem Rad'l da".[132] Um Strache zu Che Guevara zu machen, sind allerdings einige ideologische Verdrehungen notwendig. So erklärte Strache in der Pressestunde vom 23. September 2007: „Ich bin Antikommunist, ich lebe, bin aber auch ein Revoluzzer, ein sozialer Revoluzzer, aber ich bin kein Massenmörder."[133]

Obwohl die Wahlkampflinie laut FP-Granden wie Wahlkampfleiter Herbert Kickl oder Johann Gudenus, damals Obmann der Jugendorganisation, angeblich sehr erfolgreich war,[134] wird sie seit einigen Jahren nicht weiterverfolgt. Ob das daran liegt, dass Strache allein aus Altersgründen als junger Revolutionär zunehmend unglaubwürdig wird, an seinem staatstragenden Impetus („Ich will Bundeskanzler werden") oder daran, dass sich an der linken Ikonographie zunehmend Widerstand in der FPÖ regte,[135] muss offen bleiben.

Partei der Elite –
Die soziale Zusammensetzung
der FPÖ unter Strache

Die FPÖ ist eine Funktionärspartei und keine Massenpartei. An der Basis ist sie traditionell sehr dünn aufgestellt, es gibt verhältnismäßig wenige Aktive und Parteilokale. Das ist ein wesentlicher Grund, warum sich die FPÖ sehr teure Wahlkämpfe leisten kann. Staatliche Förderungen müssen nur in geringem Ausmaß für Personal oder Erhalt von Infrastruktur aufgewendet werden.

Gleichzeitig befördern schlanke Strukturen undemokratische Verhältnisse – die in einer autoritären Partei nicht weiter verwundern sollten. Die ehemalige Salzburger Parteispitze kann ein Lied davon singen. Wegen „Gefahr in Verzug" schloss Parteichef Strache im Juni 2015 kurzerhand große Teile der Salzburger Parteiführung aus. Der Hinweis auf Statuten brachte den Ausgeschlossenen dabei wenig .¹³⁶

Besonders bemerkenswert aber ist in der FPÖ der deutliche Unterschied zwischen großen Teilen der WählerInnenbasis und ihren FunktionärInnen.

Die FunktionärInnen der Partei

„Ein ganz anderes Bild als die Wählerschaft bieten die Mandatare der FPÖ. Ihre Zusammensetzung weicht von der der Wähler deutlich ab. (…) Die Auswahl der Kandidaten insgesamt spiegelt also nicht die Wählerschaft der Partei wider (…) Vielmehr gibt es eine Kontinuität in der Zusammensetzung der freiheitlichen Politiker, die auf gewachsenen Traditionen beruht. Diese Traditionen sind stark dem Bildungsbürgertum verhaftet."[137]

Dieser Befund kommt nicht von KritikerInnen der Partei, sondern vom FPÖ-nahen Think Tank „Genius – Gesellschaft für freiheitliches Denken", in dessen „Genius-Brief" politische Positionen aus rechter Sicht debattiert werden. Der soziale Hintergrund des Führungspersonals der FPÖ bestätigt diese Analyse. Der Parlamentsklub der FPÖ ist geprägt von AkademikerInnen, zumeist mit burschenschaftlichem Hintergrund. Parteichef Strache ist mit seiner Lehre als Zahntechniker die große Ausnahme in diesem Milieu. Sein Eintrittsticket waren wohl seine Mitgliedschaft in einer Schüler-Burschenschaft, der Pennäler-Verbindung Vandalia Wien, seine Bindung zu Nazi-Führer Norbert Burger sowie sein vorheriges Engagement in der außerparlamentarischen neonazistischen Rechten.

Burschenschafter als ArbeiterInnenvertreter?

Die FPÖ ist eine Partei der sogenannten „Korporierten",[138] also von deutschnationalen Studentenverbindungen, die zumeist unter dem Begriff „Burschenschaften" zusammengefasst werden. Neben den akademischen Burschenschaften (aB!) gibt es Landsmannschaften (L!), universitäre Sängerschaften (US!), Corps (C!), Pennäler-Verbindungen für Schüler (pB!) und zunehmend auch sogenannte Mädelschaften für Frauen. Diese Studierendenverbindungen dominieren die FPÖ. Im blauen Parlamentsklub sind von 38 Abgeordneten 17-18 Burschenschafter (Stand 06.05.2016), im Bundesparteivorstand der FPÖ 22-23 von 37 (Stand 12.01.2017).[139] Studentenverbindungen sind Männersache. Hier geht es also primär um die männlichen Abgeordneten – wobei vermehrt weibliche FPÖ-Kader aus „Mädelschaften" kommen.

Die Mitglieder von Burschenschaften stammen tendenziell nicht aus den ArbeiterInnenvierteln von Wien, Graz, Linz oder

Innsbruck. Entweder haben sie einen großbürgerlich-städtischen Hintergrund oder kommen aus den traditionellen deutschnationalen Eliten der Kleinstädte. Oft waren sie bereits als Gymnasiasten Mitglieder von „Pennäler-Verbindungen" und folgten damit ihren Väter und Großvätern. Das Milieu ist von Überlegenheitsdenken geprägt, immer wieder wird berichtet, dass Strache dort insgeheim belächelt wird. Er ist zwar ebenfalls korporiert, kommt allerdings nur aus einer Schüler-Verbindung. Er ging zwar auf eine katholische Privatschule, aber es war eine Hauptschule. Dann die Lehre als Zahntechniker. Ihm fehlt der richtige Stallgeruch.

Als politischer Zusammenschluss der Burschenschaften in der FPÖ kann die „Arbeitsgemeinschaft freiheitlicher Akademikerverbände Österreichs" gelten. Die Akademikerverbände geben die Zeitschrift „Aula" heraus, eines der wichtigsten Organe des österreichischen Rechtsextremismus. Burschenschaften wie Akademikerverbände stellen ein zentrales Kaderreservoir der FPÖ dar. Ihre Mitglieder sehen sich als Elite und haben oft bürgerlich-konservativen Hintergrund. Ihre neoliberale Ausrichtung sollte nicht verwundern.

Die Bestverdiener im Parlamentsklub

Zum elitären, oft burschenschaftlichen Hintergrund passt die berufliche Situation der Mitglieder des FPÖ-Parlamentsklubs. Neun Abgeordnete zum österreichischen Nationalrat verdienen neben ihrem Abgeordnetengehalt zusätzlich über 10.000 Euro brutto im Monat. Vier davon sind (per 28.6.2017) Abgeordnete der FPÖ.[140] (Alle folgenden Angaben zum Einkommen sind brutto; das Parlament veröffentlicht kein genaues Einkommen, sondern Einkommensschritte.)

FPÖ-Finanzsprecher MMag. DDr. Hubert Fuchs erhielt aus seinen zahlreichen Nebentätigkeiten (Steuerberater, Lehrbeauftragter, Zeitungsherausgeber) zwischen 2013 und 2016 zusätzlich zu seinem Gehalt als Abgeordneter ein monatliches Nebeneinkommen von über 10.000 Euro. Ebenso über 10.000 Euro Nebeneinkommen monatlich hatten seit 2013 der Notar (B! Burschenschaft Olympia) Mag. Harald Stefan sowie der Zahnarzt Dr. Andreas F. Karlsböck. Seit 2014 ist FPÖ-Generalsekretär Herbert Kickl im illustren 10.000er-Klub.

Ein nettes Sümmchen verdient Rechtsanwalt Dr. Johannes Hübner: Zwischen 2013 und 2016 konnte er einen monatlichen Nebenverdienst zwischen 7.001 und 10.000 Euro brutto lukrieren. Für Hübner hat der Doppelverdienst ab Herbst 2017 allerdings ein Ende. Nach einem Antisemitismus-Skandal musste er seinen Rücktritt von der Kandidatur für die Nationalratswahl erklären.[141] Auch Mag. Günther Kumpitsch, Polizist und Vizebürgermeister der Marktgemeinde Hitzendorf, ist ein Bestverdiener. 2016 bezog er zwischen 7.001 bis 10.000 Nebenverdienst. Auch um weitere FPÖ-Abgeordnete sind keine Sorgen angebracht.

Bernhard Themessl, FPÖ-Kämpfer gegen Kollektivverträge, kommt zwischen 2013 und 2016 auf ein monatliches Zusatzeinkommen zwischen 3501 und 7000 Euro. Er war zumindest bis 2014 Industrie- und Wirtschaftssprecher der FPÖ. Auf der Homepage des Parlaments wird er weiterhin in dieser Funktion genannt, auf der Seite der FPÖ scheint er auf der Liste der BereichssprecherInnen nicht mehr auf. Gegen Themessl gab es in der Vergangenheit übrigens Vorwürfe der Schädigung von Geschäftspartnern, er selbst wies diese zurück und sah sich als „ärmstes Schwein".[142] MMMag. Dr. Axel Kassegger, FPÖ-Wirtschaftssprecher und stellvertretender Aufsichtsratsvorsitzender der Holding Graz (B! Germania Graz, B! Thessalia Prag in Bayreuth), verdiente 2014 bis 2016 zusätzlich zu seinem Abgeordnetengehalt monatlich zwischen 1001 und 3500 Euro dazu. Dem FPÖ-Abgeordnete Peter Wurm, Geschäftsführer mehrerer Betriebe in Mils/Tirol, dürfte es ebenfalls ganz gut gehen: 2016 und 2017 meldete er jeweils zwischen 3501 und 7000 Euro zusätzlichen Monatsverdienst – davor waren es seit 2013 zwischen 1.001 und 3500 Euro gewesen.

Parteiobmann Strache selbst bezieht kein offizielles Nebeneinkommen. Allerdings erzielt er aus seiner Tätigkeit als Klubobmann im Parlament 2017 einen Bruttoverdienst von 14.884,90 Euro. Pro Monat.[143]

Verstärkter Einbruch in konservative Schichten

Die FPÖ ist eine Partei der bürgerlichen Eliten. Unter den FunktionärInnen und in Teilen der WählerInnenschaft ist das bis heute so. Seit einiger Zeit bemüht sich die FPÖ aber auch wieder besonders um bürgerlich-konservative WählerInnen. Dafür spricht nicht zuletzt die immer offenere Propagierung der wirtschaftspolitischen Ziele.

Das ist nicht dumm: Zum einen ist unklar, in welchem Ausmaß die FPÖ in proletarischen Milieus noch dazu gewinnen kann. Zum anderen muss den FunktionärInnen klar sein, dass die Partei gerade in diesen Milieus – wie schon nach 2000 – im Falle einer Regierungsbeteiligung sehr schnell sehr deutlich verlieren könnte. Bürgerlich/bäuerlich-konservative WählerInnen, die das wirtschaftspolitische Programm der FPÖ ohnehin gut finden, könnten diese Verluste ausgleichen und die Partei stabilisieren.

Vor allem die Bundespräsidentschaftswahl 2016 könnte in diesem Zusammenhang langfristig eine wichtige Rolle spielen. Während der grüne Kandidat Alexander Van der Bellen bei den Wahlen im Dezember alle neun Landeshauptstädte und alle Wiener Bezirke gewann, holte Norbert Hofer seine Stimmen vor allem im ländlichen Raum. Er gewann die Mehrheit im Burgenland, in der Steiermark und in Kärnten, bei der annullierten Stichwahl im Mai hatte er auch Niederösterreich und Salzburg gewonnen. Vorausgegangen waren teils ausdrückliche, teils implizite Wahlaufrufe aus Teilen der ÖVP, etwa von ÖVP-Klubchef Reinhold

Lopatka,[144] Niederösterreichs VP-Klubchef Klaus Schneeberger[145] oder Tirols Landtagspräsident und Ex-Landeshauptmann Herwig Van Staa.[146] Im Vorwahlkampf hatte Wirtschaftskammer-Präsident Christoph Leitl gefordert, dass die ÖVP die Koalition beenden und neue Mehrheiten suchen solle. Explizit lobte er die ÖVP-FPÖ-Regierung in seinem Heimatbundesland Oberösterreich, dort „funktioniert die Zusammenarbeit."[147]

Unterstützung gab es nicht nur aus der ÖVP, sondern auch aus Teilen der Sozialdemokratie. Im ländlich geprägten Burgenland regiert Rot-Blau; es sollte also nicht als Zufall betrachtet werden, dass der aus dem Burgenland stammende SPÖ-Verteidigungsminister Hans Peter Doskozil kurz vor der annullierten Stichwahl im Mai 2016 im Boulevard-Blatt *Österreich* gegen Van der Bellen wetterte.[148] (Hofer gewann das traditionell sozialdemokratische Bundesland im Mai mit 61,43 %, bei der Wahl im Dezember mit immer noch 58,13 %.)

Viele wählten bei dieser Wahl erstmals FPÖ; es könnte nicht das letzte Mal gewesen sein. FPÖ-FunktionärInnen berichten von einem verstärkten Zustrom aus bürgerlichen Schichten. So meint Peter Wurm, FPÖ-Bezirksobmann in Innsbruck-Land, dass nach der Wahl verstärkt „Leute aus dem bürgerlichen Lager, Wirtschaftstreibende, Kleinunternehmer und auch Akademiker" zur FPÖ kämen. Auch Bauern seien zur FPÖ gewechselt.[149]

Auch die KandidatInnenlisten der Freiheitlichen für die Wahlen nach der Präsidentschaftswahl 2016 sind interessant. Die Gemeinderatswahl in Graz am 5. Februar 2017 waren – neben den ÖH-Wahlen – die wichtigsten Wahlen vor der Nationalratswahl im Herbst dieses Jahres. Das „breite Angebot" der FPÖ für diese Wahlen: „vom Angestellten und vom Unternehmer über Ärzte und Anwälte bis hin zu Hausfrauen, Pensionisten und Schüler."[150] Auffällig: In dieser Aufzählung finden sich Unternehmer und Freiberufler, Arbeiter und Arbeiterinnen werden hingegen nicht einmal genannt.

Für die Nationalratswahl 2017 setzte die FPÖ Oberösterreich ein Ausrufezeichen. Als Spitzenkandidat wurde Wolfgang Klinger, Obmann der Freiheitlichen Wirtschaft (FW), nominiert, unter den ersten zehn finden sich vier weitere UnternehmerInnen auf der Landesliste, wie die FW OÖ stolz verkündet. Das sei „ein starkes Zeichen für die Wirtschaft", Selbstständige „haben mit der FPÖ ein perfektes Angebot, wirtschaftliches Verständnis und wirtschaftliche Erfahrung in den Nationalrat zu wählen."[151]

Wirtschaftsliberale Ideologie im Hintergrund: Kolm, Hayek, Hundt und Co.

Als die FPÖ im Juni 2016 eine Kandidatin für das Amt der Präsidentin des Rechnungshofes aufstellte, kam dafür nur eine Person in Frage: Barbara Kolm, Präsidentin des „Friedrich A. von Hayek-Instituts", Direktorin des „Austrian Economics Center" und bis 2006 Gemeinderätin der FPÖ in Innsbruck.[152] Laut FPÖ war sie die „Idealbesetzung" für dieses Amt.[153] Laut *Presse* ist Kolm eine zentrale Beraterin der FPÖ in Budgetfragen.[154] Immer wieder tritt sie als FP-Expertin bei parlamentarischen Hearings auf. 2012 wurde sie von der FPÖ für die Debatten zum Europäischen Stabilitätsmechanismus (ESM)[155] nominiert. Zwischen 2011 und 2017 war sie in jedem Jahr Expertin der FPÖ bei den Hearings zum Budget des kommenden Jahres.[156]

Es lohnt also, die ökonomischen und politischen Positionen von Barbara Kolm einer näheren Betrachtung zu unterziehen. Einen ersten Hinweis liefert der Name des Instituts, dem Kolm als Präsidentin vorsteht: Das „Friedrich A. v. Hayek Institut" ist nach einem der bedeutendsten Vertreter der „Österreichischen Schule der Nationalökonomie" benannt. Hayek gilt als einer der wichtigsten, wenn nicht der wichtigste, Vertreter des Neoliberalismus im 20. Jahrhundert. Gleichzeitig zeigt Hayek, dass Wirtschaftsliberalismus keineswegs etwas mit gesellschaftlich liberalem Denken zu tun haben muss. Hayek war erklärter Sympathisant des chilenischen Faschismus. Dieser beherrschte das südamerikanische Land nach einem blutigen Militärputsch gegen die linke Regierung im

Jahr 1973. Hayek besuchte das faschistische Regime mehrmals und traf dabei auch Diktator Augusto Pinochet. Hayek meinte, dass „eine Diktatur ein notwendiges System für eine Übergangsperiode sein könnte." 1981 bekannte er: „Persönlich bevorzuge ich einen liberalen Diktator gegenüber einer demokratischen Regierung, der es an Liberalismus mangelt."[157] (Hayek meinte damit natürlich Wirtschaftsliberalismus.)

Unmittelbar nach dem Putsch wurden Tausende Menschen von den FaschistInnen brutal gefoltert, viele ermordet. Eine chilenische Regierungskommission sprach 2011 von über 3000 Menschen, die getötet wurden oder „verschwanden", mindestens 40.000 Menschen wurden gefoltert und/oder inhaftiert.[158] Andere Schätzungen gehen von weit höheren Zahlen aus. Zehntausende mussten ins Exil flüchten, viele auch nach Österreich, das damals noch keine Zäune und Panzer zur Abwehr von Flüchtlingen aufstellte.

Die Geschichte des chilenischen Faschismus sowie die Überzeugungen und Aussagen von Hayek sind wohlbekannt. Doppelt schwer wiegt also, dass FPÖ-Expertin Kolm als Präsidentin eines Institutes fungiert, das Hayek zum Vorbild erhebt. Kolm steht in der FPÖ mit ihrer Sympathie für Hayek übrigens keineswegs alleine da. So forderte Reinhard Pisec, der Industriesprecher der FPÖ, im Mai 2016 in einem Antrag an das Wirtschaftsparlament der Wirtschaftskammer Wien die „Errichtung einer Erinnerungskultur" für Hayek und andere VertreterInnen der „Österreichischen Schule".[159]

Barbara Kolm übersetzt diese Erinnerungskultur in konkrete Politik. So nennt sie unter anderem die undemokratischen Regime in Hong Kong und Singapur als Vorbilder für wirtschaftliche Freiheit.[160] In einem Interview mit dem *Kurier*[161] lobt Kolm das Pensionssystem in Chile und verwischt dabei gleichzeitig die Spuren zum Faschismus. Zuerst meint sie: „In Chile wurde das vor 35 Jahren klug begonnen: Sieben Fondsgesellschaften wurden in Wettbewerb zueinander gestellt, mit eng gesetzten Gewinnmargen – das ist so gut wie mündelsicher. Jeder Arbeitnehmer macht mit seinem Arbeitgeber aus, wie viel er über die Mindesteinzahlung hinaus einzahlt." Als dann die Nachfrage folgt: „Ausgerechnet eine Diktatur ist hier Vorreiter?", beschwichtigt Kolm: „Das war gleich nach Pinochet." Kleiner Schönheitsfehler: Das stimmt nicht. Kolm gab dieses Interview 2013. 35 Jahre davor war 1978. Der Faschismus war in Chile von 1973 bis 1990 an der Macht.

Für ein anderes umstrittenes Regime ist Kolm als Beraterin tätig. Seit 2014 ist sie laut der Seite des Hayek-Instituts Mitglied des „Committee for Adoption of Best Practices" des ZEDE-Programms (Zone for Employment and Economic Development) von Juan Orlando Hernández, Staatspräsident von Honduras.[162] Hernández war 2009 einer der Unterstützer des erfolgreichen rechten Putsches gegen den linken Staatspräsidenten Manuel Zelaya.

Die Positionen von Kolm zum Thema Privatisierung sind klassisch wirtschaftsliberal. Im März 2017 trat sie in einer Diskussionssendung des ORF für den marktmäßigen Verkauf von Trinkwasser ein, also für die Privatisierung der Nutzung.[163] 2014 war sie dafür, das Burgtheater Pleite gehen zu lassen und zu privatisieren.[164] Den menschengemachten Klimawandel bezeichnet Kolm als „Panikmache".[165] Das ist eine in industrienahen Kreisen gern vertretene Position; dringend notwendige Klimaschutzmaßnahmen sollen so hintertrieben werden – diesen Positionen werden wir auch bei Heinz-Christian Strache und Manfred Haimbuchner noch begegnen.

Gleichzeitig tritt Kolm als Anwältin für internationale Steueroasen auf. Auf eine Frage der *Wiener Zeitung* vom Februar 2014, ob Offshore-Zentren geschlossen werden sollten, erklärt sie: „Nein, weil sie für ein Minimum an Steuerwettbewerb sorgen. Ansonsten würden die Steuern wohl ins Unermessliche steigen."[166]

Bei Steuerhinterziehung hingegen ist Kolms Position differenzierter. Auf die Frage: „Was ist in Ihren Augen moralisch verwerflicher: Steuern hinterziehen oder Sozialtransfers ergaunern?", meint Kolm: „Beides ist gleich verwerflich. Ehrlich gesagt verstehe ich aber jemanden, der das Land verlässt, weil die Steuerbelastung unmoralisch hoch ist."

Einer breiteren Öffentlichkeit präsentiert die FPÖ Barbara Kolms Positionen kaum. Die Erklärung liefert der ehemalige FPÖ-Minister Friedhelm Frischenschlage: „Mit Hayek-Ideologie kann ich Arbeiterbezirke wie Simmering in Wien nicht halten." Denn, so Frischenschlager: „Diese Ideologie steht jeglicher Sozialhilfe feindlich gegenüber. Da laufen dir die Leute in der Sekunde davon."[167] Dabei muss aber nicht nur an Barbara Kolm gedacht werden. Auch der blaue Chef-Ideologe Norbert Hofer lieferte während seiner Kandidatur für die Bundespräsidentschaft eine Steilvorlage für ein mögliches „Davonlaufen" der ArbeiterInnenbasis.

Hofer bezeichnet sich selbst als „sozialpolitisch mittelinks, sicherheitspolitisch mitterechts, wirtschaftspolitisch liberal".[168] Als Hofer im Zuge seiner Kandidatur seinen künftigen Wirtschaftsberater vorstellte, war von „mittelinks" allerdings nichts zu bemerken. Für diese Funktion hatte Norbert Hofer Dieter Hundt vorgesehen, den ehemaligen Präsidenten der Bundesvereinigung der Deutschen Arbeitgeberverbände (BDA) und Präsidenten der Deutschen Handelskammer in Österreich. Laut Norbert Hofer hatte Hundt bereits zugesagt,[169] doch schlussendlich legte sich die Deutsche Handelskammer quer. Hundt, der einen Zweitwohnsitz im steirischen Ausseerland hat, ist berüchtigt für seine arbeitnehmerInnenfeindlichen Positionen. Eine Auswahl:[170]

-   zur Arbeitszeit: „Wir arbeiten in Deutschland insgesamt zu wenig, deutlich weniger als alle Länder, mit denen wir auf den Weltmärkten im Wettbewerb liegen." „Wir müssen im

Endeffekt zu längerer Arbeitszeit kommen, entsprechend der jeweiligen Auftragslage der Unternehmen."

- zum Mindestlohn: „Ich lehne einen gesetzlichen Mindestlohn kategorisch ab." „Ich lehne Mindestlöhne in jeder Form ab." „Wir werden sicherlich mit unseren Juristen prüfen, ob es Möglichkeiten zur Klage gibt."

- zu Burnout: „Es ist falsch, die Ursache für psychische Erkrankungen vor allem in der Arbeit zu suchen. Im Gegenteil: Arbeit wirkt sich deutlich häufiger positiv als negativ auf die psychische Gesundheit aus. (…) Arbeitgeber können nicht alles reparieren, was in Einzelfällen in anderen Lebensbereichen schief läuft."

Zusammengefasst: Die Menschen sollen länger arbeiten, anständige Bezahlung ist nicht vorgesehen – wer dabei kaputt geht, ist selbst schuld.

„Identitäre Bewegung" und „Unwiderstehlich": Ökonomische Positionen außerparlamentarischer rechtsextremer Gruppen

Die Gruppen „Identitäre Bewegung" und „Unwiderstehlich" **81** stehen exemplarisch für die derzeit in der außerparlamentarischen extremen Rechten in Österreich agierenden Organisationen. Die Identitäre Bewegung (IB) kann stellvertretend für Modernisierungsbemühungen innerhalb dieses Spektrums angesehen werden. „Unwiderstehlich" steht für die Vertreter*innen eines klassischen Rechtsextremismus mit historischem Rückbezug auf den deutschen Nationalsozialismus.

Beide Gruppen funktionieren als scheinbare monothematische Organisationen (mit Schwerpunkt Rassismus), ihre Einstellung zu wirtschaftspolitischen Fragen findet sich nur in beiläufigen Statements und Nebensträngen.

Obwohl die IB sich intern ideologisch durchaus breiter aufstellt, erscheint sie in der öffentlichen Rezeption immer noch als eine Organisation, die sich letztlich auf das Thema Migration und dessen rassistische und verschwörungstheoretische Umdeutung fokussiert. Im Zentrum der Propaganda steht dabei ein angeblicher „großer Austausch" einer angeblich vorhandenen „indigenen europäischen Bevölkerung". Auffallend ist jedoch, dass in den bislang verfügbaren Texten der IB keinerlei konkrete wirtschaftspolitische Vorstellungen formuliert werden.

Einzig auf dem Online-Blog des ehemaligen IB-Obmanns Alexander Markovics, der sich schon in seiner Zeit bei der IB als einer der maßgeblichen „Theoretiker" hervortat, finden sich zwei Artikel, die wirtschaftspolitische Überlegungen anstellen. So beschäftigt sich Markovics im Artikel „60 Jahre EU-ropa – Chancen und Scheitern"[171] beiläufig mit dem Thema Wirtschaft. Er wünscht sich möglichst autarke nationale Wirtschaften, in denen Importe und Exporte deutlich zurückgefahren werden. Gleichzeitig kritisiert er scheinbar sozial-radikal die „Umverteilung von Macht und Kapital von unten nach oben".

Die IB produziert zwar eine Masse an Online-Videos und
82 Kurznachrichten, die die einzelnen Kader via Twitter veröffentlichen, ihre Textproduktion jedoch ist außerordentlich gering. Neben Alexander Markovics, der mittlerweile nicht mehr aktiv der IB zugerechnet werden sollte, sind die zur Zeit einzig schriftlich aktiven Kader der Österreicher Martin Sellner sowie der deutsche Till Lucas Wessels. Beide publizieren auf der Plattform „Sezession", beide haben zu wirtschaftlich relevanten Themen bisher keinen einzigen Artikel veröffentlicht.

Eine der wenigen Ausnahmen bildet der derzeitige Co-Sprecher der IBÖ, Patrick Lenart. Dieser widmet auf seiner Webseite in der Rubrik „Studien" einen Artikel den Umbrüchen der Arbeitsgesellschaft[172]. In diesem stellt er in stark verkürzter Form die Thesen des Soziologen Richard Sennet dar. Das Ganze wirkt wie eine Uniarbeit, allerdings ohne wissenschaftlich nachvollziehbare Quellenangaben. Der Text ist inhaltlich schwach, politische Positionen sind nicht abzuleiten.

Die IB hat keine eigenständige Analyse oder Kritik der zeitgenössischen Ökonomie zu bieten. Wirtschaftspolitische Fragen, bei denen es schnell Differenzen zwischen den burschenschaftlich-elitären Kadern und Teilen des proletarischen Anhangs geben könnte, bleiben ausgeblendet.

Alte Kameraden mit neuen Logos – Unwiderstehlich

Die neonazistische Gruppe „Unwiderstehlich" präsentiert sich vor allem online. Jedoch wurden nach Sachbeschädigungen an linken Lokalen in Wien auch immer wieder Aufkleber der Gruppe gefunden.[173] Informationen der Seite *Stoppt die Rechten* folgend,[174] wurde die Gruppe maßgeblich von langjährigen aktiven Neonazis aus dem Umfeld von Gottfried Küssel und dem österreichischen Ableger von „PEGIDA" sowie Neonazi-Hooligans rund um die Wiener „Unsterblich"-Truppe[175] geformt.

„Unwiderstehlich" ist in ihrem Bemühen nach Ausformulierung einer rechtsextremen Ideologie weiter als die „identitären" Kamerad*innen. So finden sich auf dem Blog der Gruppe neben eindeutigen Bezugnahmen auf rassistische und biologistische Ideologien und Schmähschriften über vermeintliche politische Gegner*innen im eigenen politischen Lager (wie die IB) auch Schriften zur wirtschaftlichen Ordnung Österreichs. Im Artikel „Materialismus, Idealismus, Ordnung" vom 19. Juni 2017 widmet sich die Gruppe einer umfassenden Interpretation aus völkischer Perspektive.

Zentrales Moment des Textes bildet ein konstruierter Dualismus von Kapitalismus und Kommunismus, sie seien also angeblich Zwillinge. Beide dienen in der Logik von „Unwiderstehlich" nur dazu, das vermeintlich natürliche Wesen der Menschen und Völker zu unterdrücken:

> „Während der Kommunismus den Staat als zentralen Knotenpunkt für jede wirtschaftliche Bewegung ansieht, spricht der Kapitalismus diese Eigenschaft den einzelnen Unternehmern zu. Die einen ignorieren die Eigeninitiative und die individuelle Innovation, die anderen das soziale Wesen des Menschen. Beide beharren auf der pseudomoralischen Prämisse, dass ihre Gesellschaftsordnung gerecht sei, weil sie den Menschen die gleichen Möglichkeiten einräume."

Für „Unwiderstehlich" sind also Kapitalismus wie Kommunismus vor allem Ideologien, die erst in weiterer Folge gesellschaftliche Strukturen aufbauen. Die Abgrenzung erfolgt somit auf völkischer Basis:

> „Der Kapitalismus ist kein Freund der ‚westlichen Völker',
> sondern ein Feind aller Völker. Er spielt Ethnien gegeneinander aus, degradiert sie zu Humankapital und sieht in der Vermischung und im Import der Völker die Chance, gewachsene
> Strukturen und Wirtschaftsräume aufzubrechen. Der Kommunismus und seine sämtlichen Spielarten sind dabei sein
> Steigbügelhalter, der, teils naiv, teils bewusst offene Grenzen
> und Rassenvermischung fördert."

Obwohl die Gruppe selbst die Konsequenzen dieser Gedanken nicht ausformuliert, ist es offensichtlich, dass der im Artikel immer wieder geforderte „Dritte Weg" zwischen Kommunismus und Kapitalismus letztlich in einer exklusiven und ethnisch-homogenen völkischen Gemeinschaft und der wirtschaftlichen Ausrichtung an den Prinzipien des deutschen Nationalsozialismus besteht. Dass dieser klassische kapitalistische Ausbeutungs- und Produktionsbedingungen forcierte, bleibt ungesagt.

Europa verteidigen! Und dann?

Während die IB durch gezielte Auslassungen und Nichtbearbeitung der Thematik versucht, möglichst wenig Material für Diskussionen zu liefern, positioniert sich die Gruppe „Unwiderstehlich" eindeutig und unmissverständlich.

Diese (Nicht-)Positionierung ist symptomatisch für die heutige außerparlamentarische extreme Rechte in Österreich. Auf der einen Seite soll durch modernes Auftreten und sprachliche Verschleierung der ideologischen Agenden versucht werden, ein moderates Erscheinungsbild zu erschaffen. Auf der anderen Seite gibt es Gruppen, die unmissverständlich als Neonazis in Erscheinung treten. Beide Fraktionen können dabei als Elemente eines autoritären gesellschaftlichen Wandels betrachtet werden.

Jerome Trebing ist Soziologe und Sozialarbeiter in der offenen Jugendarbeit in Wien. Er recherchiert und schreibt zum Thema Rechtsextremismus.

85

Nadelstreif-rechte Vorfeldorganisationen für die Wirtschaft

Die traditionelle Wirtschaftsorganisation der FPÖ war über viele Jahre der „Ring Freiheitlicher Wirtschaftstreibender" (RFW). Seit einem großen Krach 2008 wird die Geschichte unübersichtlich. Laut *Profil* soll der Hintergrund des Konflikts gewesen sein, dass die Spitze des Rings im Verdacht stand, Sympathien für das BZÖ zu hegen.[176] Der RFW sei die einzige Teilorganisation gewesen, in der Blaue und Orange nach der Spaltung weiter zusammenarbeiteten – ein weiterer Hinweis, dass die wirtschaftspolitischen Positionen der beiden scheinbar ungleichen Zwillinge absolut kompatibel waren.

Martin Graf, ehemals dritter Nationalratspräsident und Alter Herr der Burschenschaft Olympia, soll den Plan gefasst haben, eine neue, garantiert parteitreue Wirtschaftsorganisation zu gründen. „FPÖ Pro Mittelstand" wurde aus der Taufe gehoben und trat bei den Wirtschaftskammerwahlen 2010 in Wien gegen den RFW an. Später wurde in Wien die Mitgliedschaft im RFW mit der Mitgliedschaft in der FPÖ für unvereinbar erklärt.[177] Heute fungiert die RFW-Nachfolgerin „Freiheitliche Wirtschaft" (FW) in acht Bundesländern als offizielle Vorfeldorganisation der Partei für UnternehmerInnen. In Wien ist es weiter „FPÖ Pro Mittelstand". Der RFW existiert weiterhin als nunmehr unabhängige Organisation, die in Wien als „Parteifreie Fachliste der gewerblichen Wirtschaft – RFW" und in Salzburg als „Wirtschaftsliste Salzburg (RFW)" auftritt.

Helmut Haigermoser, ehemaliger Chef des RFW, kritisierte nach der Spaltung, die FPÖ sei zu sehr nach links gerückt – eine „pseudonationale Sozi-Partei", wie er im Mai 2013 im *Profil* meinte.[178] Zwei Jahre später legte er im *Trend* nach: „Der Strache-FPÖ fehlt jegliche Wirtschaftskompetenz, mit Wirtschaftspolitik weiß sie mangels Personen und Programmatik wenig bis gar nichts anzufangen." Die FPÖ habe sich der Leistungsfeindlichkeit verschrieben, „weil sie die bessere SPÖ sein will."[179] Der Hinweis, dass die FPÖ – wie schon bei ihrem Regierungsantritt 2000 – eine ausgesprochen dünne Personaldecke hat, ist berechtigt. Auch die Regierungsantritte in Städten und Ländern sprechen für sich. So sorgten einige Personalentscheidungen der FPÖ in Graz für Verwunderung, wo die FPÖ seit März 2017 mit der ÖVP regiert. Der bisher unbekannte Claudio Eustacchio wurde gleich in mehrere Aufsichtsräte entsandt – er ist der Bruder des Grazer FPÖ-Vizebürgermeisters Mario Eustacchio.[180]

Eigentlich müsste Kritiker Haigermoser gelernt haben, zwischen den Zeilen der FPÖ zu lesen. Schließlich war er zwischen 1983 und 2002 selbst Nationalratsabgeordneter der Partei und dürfte – nicht zuletzt als Mandatar unter Schwarz-Blau – genau wissen, welche Aussagen für die Öffentlichkeit bestimmt sind und wie die Politik tatsächlich aussieht.

Die Animositäten und Spaltungen der FPÖ-Wirtschaftsorganisationen wirken eher persönlich und fraktionell motiviert. Inhaltliche Unterschiede sind kaum erkennbar. Die politischen Positionen der Spaltprodukte gleichen dem Original: Steuersenkung, Anhebung des Pensionsantrittsalters, weniger Steuern oder die Streichung angeblicher Bagatellsteuern für Unternehmen finden sich etwa im Forderungskatalog des Salzburger RFW.[181] Die Positionen der Gewinner-Fraktion, also der aktuellen FPÖ-Wirtschaftsorganisationen, sind weitgehend ident mit den Abspaltungen. Wir werden sie später genauer kennenlernen.

Auch wenn es sich um keine offizielle Organisation für Wirtschaftstreibende handelt, muss an dieser Stelle auch die „Arbeitsgemeinschaft freiheitlicher Akademikerverbände" erwähnt werden. Durch ihren elitär-akademisch-burschenschaftlichen Hintergrund werden hier wichtige wirtschaftliche Verbindungen geknüpft. Als Beispiel mag der „Neue Klub" in Salzburg und Wien dienen. Er ist der Nachfolger des „Deutschen Klubs", eines großteils burschenschaftlichen Zusammenschlusses von rund tausend elitären Wiener Nazi-Sympathisanten. 1939 wurde der Klub aufgelöst, weil er sogar der NS-Führung zu mächtig wurde.[182] Heute finden die Aktivitäten des „Neuen Klubs" in Salzburg „in enger Zusammenarbeit mit dem Freiheitlichen Akademikerverband" statt, wie es auf der Homepage des Akademikerverbands Salzburg heißt.[183] Redner im „Neuen Klub" waren in der Vergangenheit unter anderem Friedrich August von Hayek sowie Herbert Krejci, zwischen 1979 und 1992 Generalsekretär der Industriellenvereinigung.[184]

Die FPÖ und die „Klein- und Mittelbetriebe"

Die FunktionärInnen der FW sind vor allem EigentümerInnen sogenannter Klein- und Mittelbetriebe (KMU) – die ganz großen Fische sind nicht dabei. In Wien ist die FPÖ traditionell vor allem bei TrafikantInnen und kleineren oder größeren Taxiunternehmern verankert. In ländlichen Räumen sind es oft Kleingewerbetreibende oder Hoteliers.

Dementsprechend finden sich bei den FP-Wirtschaftsorganisationen immer wieder Forderungen für diese Zielgruppen, etwa nach Zugang zu Haftungen durch den Staat oder Schutz vor Konkurrenz.[185] Eigentlich müsste dieser Ruf nach dem Staat der Doktrin der FW diametral widersprechen: „Unternehmen brauchen weniger Umverteilung und Abhängigkeit von Fördertöpfen, dafür aber mehr Selbstständigkeit, Selbstbestimmtheit, Differenzierung und Vielfalt!", heißt es im 2017 erschienenen Tätigkeitsbericht der

FW.[186] Doch die Wahrheit ist bekanntlich eine Tochter der Zeit (oder der Zielgruppe).

Allerdings sollten unter Klein- und Mittelbetrieben keineswegs nur Kleingewerbetreibende verstanden werden. KMUs können bereits relativ große Unternehmen mit bis zu 250 Beschäftigten sein. Dass sich auf den Funktionärslisten der FW tendenziell keine Konzernbosse finden, sollte dabei nicht verwundern. Das ist beim ÖVP-Wirtschaftsbund nicht anders. Große Fische haben meist andere und direktere Kommunikationskanäle in die Parteizentralen. Und ganz so ernst sollte die KMU-Betonung der FPÖ ohnehin nicht genommen werden. In ihrem Wirtschaftsprogramm 2017 (S. 12f) nennt sie die Industrie das „Rückgrat der Wirtschaft" und kritisiert, dass „Konzerne wie BMW, Opel oder Magna", von „alles andere als optimale[n] Standortbedingungen" abgeschreckt werden könnten.

Gleichzeitig hat das Eintreten der FPÖ für KMUs auch eine ideologische Komponente. FPÖ-Ideologe Michael Howanietz sieht als Zukunftsvision eine kleinteilige, national autarke und ländlich geprägte Wirtschaft. „Die Politik hat den Bürgern das bäuerlich inspirierte Landleben schmackhaft zu machen", fordert er in seinem Manifest „Für ein freies Österreich".[187]

Howanietz macht sich zum Verteidiger der österreichischen KMUs: „Ebenso ist es der falsche Weg, die heimischen Klein- und Mittelbetriebe ihrem Schicksal zu überlassen und stattdessen multinationalen Konzernen zu willen zu sein."[188] Was Howanietz allerdings „vergisst" zu erwähnen: Auch die multinationalen Konzerne, die er kritisiert, waren einmal kleinere Betriebe. Und die meisten der von Howanietz gelobten „kleinen" österreichischen UnternehmerInnen würden sich wohl nicht dagegen wehren, wenn sie plötzlich „große" Milliardengewinne machen könnten. Howanietz klammert in seinem Wunsch nach der Rückkehr zur nationalen Scholle schlichtweg die zentrale Konzeption der kapitalistischen

Wirtschaft aus, die wie ein Monopoly-Spiel auf Wachstum oder Untergang beruht.

Welche UnternehmerInnen stehen hinter der FPÖ?

UnternehmerInnen, die sich öffentlich für die FPÖ positionieren, sind in Oppositionszeiten schwer zu finden. Allein im ersten Halbjahr 2016 habe es an die hundert Treffen mit österreichischen Wirtschaftstreibenden gegeben, erklärt Straches Büroleiter Reinhard Teufel der *Presse*.[189] Namen werden allerdings nicht genannt – „und wenn doch, dann mit dem eiligst angefügten Ersuchen, die Namen nicht zu veröffentlichen."[190]

Auch wenn es möglich ist, dass die Zahlen übertrieben sind: Regelmäßige Treffen zwischen FPÖ-Spitzen und UnternehmerInnen finden statt. Im Juni 2017 trat Strache im noblen Wiener Café Landtmann auf, unter den Gästen waren laut *Kurier* viele Wirtschaftstreibende und AnwältInnen, denen es vor allem um Wirtschaftspolitik und nicht um Migration gehe.[191] Strache war in seinem Element: Die FPÖ wolle Abgabenquote und Lohnnebenkosten senken, verflachte Steuerstufen einführen, die kalte Progression jährlich anpassen und selbstverständlich „keine Vermögenssteuern. Das ist ja kein gestohlenes Geld."

Aufschlussreich ist auch, wie das lange angekündigte Wirtschaftsprogramm von 2017 laut *Presse* geschrieben worden sei. Die FPÖ habe zuerst einen Rohentwurf fertiggestellt. In einem zweiten Schritt soll Strache „etliche Gespräche mit Unternehmern, Generaldirektoren und Geschäftsführern geführt [haben], denen er seine Vorstellungen präsentiert hat."[192] Auch hier gilt: Manches mag übertrieben sein, von einem wahren Kern kann ausgegangen werden. Die vertiefenden Diskussionen mit den Wirtschaftstreibenden übernahmen schließlich FP-Finanzsprecher Herbert Fuchs und FP-Wirtschaftssprecher Axel Kassegger. Beide spielen offensichtlich eine zentrale Rolle in der Wirtschaftspolitik der FPÖ; beide werden uns noch öfter begegnen.

Die FPÖ Oberösterreich dürfte mit ihrer industriefreundlichen Linie eine wichtige und verbindende Rolle spielen. Ihr Vorsitzender Manfred Haimbuchner ist für die FPÖ zu einer wirtschaftspolitischen Schlüsselfigur geworden. Gleichzeitig ist er als „Alter Herr" des Akademischen Corps „Alemannia Wien zu Linz"[193] und (zumindest ehemaliger) stellvertretender Vorsitzender des rechtsextremen Witikobundes ein gut vernetzter Deutschnationaler. Haimbuchner ist ein neoliberaler Einpeitscher. Die ÖVP kritisiert er als „reine Bauernpartei", die, „wo sie nur könne", Reformen verhindere.[194] Als Garant für das Durchziehen neoliberaler Kürzungen steht in Haimbuchners Augen nur die FPÖ zur Verfügung.

Die FPÖ dient im Land ob der Enns mittlerweile als Sprachrohr der Industrie. So durfte Joachim Haindl-Grutsch, Geschäftsführer der Industriellenvereinigung Oberösterreich, in der Publikation „Mut zur Wahrheit" des Atterseekreises ausführlich seine Vorstellungen von der Einschränkung des Klimaschutzes und des Arbeitsrechts präsentieren.[195] Dieser Kreis war mit der Abspaltung des Liberalen Forums als wirtschaftsliberaler Think tank der FPÖ zusammengebrochen. 2012 wurde er unter Oberösterreichs FPÖ-Landespartieobmann (sic!)[196] Manfred Haimbuchner neu aufgebaut. 2015 veröffentlichte der Kreis die Publikation „Mut zur Wahrheit", das Vorwort schrieb Haimbuchner gemeinsam mit Alois Gradauer. Dieser darf als ehemaliger Nationalratsabgeordneter, Budgetsprecher im Parlament sowie Funktionär des RFW als wirtschaftliches Schwergewicht der FPÖ gelten.

In Kapiteln wie „Mut zu Sozialreformen", „Mut zur Industrie", „Mut zur Elite", „Mut zum Nord-Euro" und „Mut zur Wehrhaftigkeit" handeln verschiedene AutorInnen zentrale Politikfelder ab. Mit zahlreichen Vorschlägen zum Sozialabbau erregte vor allem das Kapitel „Mut zu Sozialreformen" Aufmerksamkeit. Geschrieben wurde es von Andreas Unterberger, ehemals Chefredakteur der konservativen *Presse* sowie der amtlichen *Wiener Zeitung*. Als der Text mitten im oberösterreichischen Landtagswahlkampf 2015 publik wurde, ruderte die FPÖ schnell zurück und erklärte, „die veröffentlichten Beiträge und Inhalte" seien „rein persönlicher Natur" und müssten nicht unbedingt der Linie der FPÖ entsprechen.[197] Glaubwürdig mutet diese Distanz in Anbetracht der politischen Positionierungen Haimbuchners allerdings nicht an.

Die Publikation ist auf der Seite des Atterseekreises nur als Leseprobe abrufbar; Unterbergers Text allerdings ist auf dessen Homepage zu finden.[198] Das Buch zu bekommen, ist nicht einfach; offensichtlich hat die FPÖ wenig Interesse an einer größeren Verbreitung. Doch der Aufwand, es zu beschaffen, lohnt durchaus, wie wir noch sehen werden.

Eine weitere Schnittstelle der FPÖ zu Industrie und Wirtschaft findet sich mit dem „Liberalen Klub" ebenfalls in Oberösterreich. Bei den Klubabenden sind neben FPÖ-PolitikerInnen vor allem VertreterInnen der Industriellenvereinigung gern gesehen Gäste.[199] Die Industriellenvereinigung dürfte insgesamt eine wesentliche Scharnierfunktion zur FPÖ darstellen. Das ist nicht uninteressant, gibt sich doch die FPÖ als Verteidigerin der Klein- und Mittelbetriebe. Die Industriellenvereinigung in Oberösterreich etwa sei in Richtung FPÖ „schon komplett gekippt", berichten politische BeobachterInnen im Mai 2016 der *Presse*.[200]

Die *Presse* berichtet weiter, dass der Präsident der Industriellenvereinigung Oberösterreich, Axel Greiner, sowohl über eine besonders gute Gesprächsbasis als auch eine Kooperationsbereitschaft mit den Freiheitlichen verfüge. Dass ÖVP-Wirtschaftslandesrat Michael Strugl im Herbst 2015 vorpreschte und sich für eine Koalition mit der FPÖ in Oberösterreich aussprach, soll ebenfalls auf Druck der Wirtschaft zurückzuführen sein. Der steirische

Wirtschaftskammer-Chef Josef Herk meinte, „dass man der Wirtschaftspolitik der FPÖ schon einiges zutrauen kann." Schließlich äußerte sich Jochen Pildner-Steinburg, bis Juli 2016 Präsident der steirischen Industriellenvereinigung, im Artikel der *Presse* zu einer möglichen Koalition von ÖVP und FPÖ: „Offiziell wird sich nicht jeder dazu bekennen, aber die Zeichen gehen in die Richtung." Die Sympathien im ÖVP-Wirtschaftsbund dürften auch klar verteilt sein. Als der Bund im Jänner 2017 eine Kampagne zur für längere Tagesarbeitszeiten vorstellte, durfte die FW assistierten. „Man muss dem Spruch vom Wirtschaftsbund – ‚Zeit wird's für eine bürgerliche Koalition' – schon recht geben", meinte FW-Bundesobmann Matthias Krenn bei dieser Gelegenheit.[201]

Doch es sind vor allem FunktionärInnen von Industriellenvereinigung und Wirtschaftskammer, die sich hier aus der Deckung wagen (und dabei wohl die Unterstützung der Mehrheit ihrer Mitglieder haben). Einzelne Wirtschaftstreibende sind vorsichtiger bei öffentlichen Bekenntnissen oder gemeinsamen Auftritten. Das könnte mit den Korruptionsfällen unter Schwarz-Blau oder mit geänderten technischen Rahmenbedingungen zu tun haben (Foto-Handys, das Internet vergisst nicht). Vielleicht wollen Betriebe nicht mit den schein-radikalen sozialpolitischen Forderungen in Verbindung gebracht werden, die vor Wahlen gerne erhoben werden (☛ Mindestlohn im Wirtschaftsprogramm-ABC ab S. 122). Und international agierende Firmen haben möglicherweise Schwierigkeiten mit der nicht immer durchschaubaren Linie zu EU und Euro.

Gleichzeitig ist Strache ein Haider-Klon, aber eben kein Haider, auch die Zeiten und gesetzlichen Einschränkungen haben sich geändert (Stichwort offensichtliche Zuwendungen). Haider dürfte sich in den Kreisen und auf den Festen der obersten 10.000 gut eingefügt haben, wobei seine Sozialisation in einem bürgerlich geprägten Nazi-Milieu zweifellos half. Im persönlichen Gespräch konnte er durchaus intellektuell argumentieren, am noblen Kärntner Wörthersee war er fixer Bestandteil der High Society. Strache hingegen scheint eher die Gesellschaft der alten Burschenschafter-Kameraden zu genießen – und/oder bekommt möglicherweise schlicht weniger Einladungen aus der High Society. Vor allem Vize-Chef Johann Gudenus – wie Strache Mitglied der „Vandalia" – dürfte ein treuer Freund und Gefährte sein.

Gudenus könnte dabei auch ein wichtiger Türöffner sein. Bereits der Vater war ein stramm nationaler Vandale und FP-Abgeordneter, der wegen Relativierung der Gaskammern vor Gericht stand. Gudenus steht ebenfalls weit rechts, MigrantInnen und politischen GegnerInnen drohte er 2013 mit dem „Knüppel aus dem Sack".[202] Im Gegensatz zu Strache hat er aber auch den nötigen Stallgeruch. Er stammt aus dem Geschlecht der ehemals gräflichen Familie Gudenus, besuchte die noble Wiener Privatschule Theresianum und soll fünf Sprachen sprechen. „Wir sind die Nadelstreif-Rechten", sagte er in einem Interview zu einem Buch über Strache.[203] Er hat, was seinem Parteiobmann fehlt, und dürfte ebenso wie Oberösterreichs Haimbuchner für die Strategie der FPÖ eine wichtige Rolle spielen.

Aus mangelnden Belegen für die Unterstützung durch einzelne KapitaleignerInnen kann keineswegs abgeleitet werden, dass diese nicht vorhanden ist. Alle Indizien deuten vielmehr darauf hin, dass sich die industriellen und betrieblichen UnterstützerInnen der FPÖ einfach bedeckter halten als früher.

Die FPÖ in den Betrieben

Die FPÖ versucht seit Jahren, sich betrieblich und gewerk-
schaftlich zu verankern. Mit der „Freien Gewerkschaft Österreichs" (FGÖ) verfügt sie sogar über eine eigene Gewerkschaft.
Dazu gibt es mit den „Freiheitlichen Arbeitnehmern" (FA) sowie
der „Arbeitsgemeinschaft Unabhängiger und Freiheitlicher"
(AUF) Strukturen für die Personalvertretungs- und die Frakti-
onsarbeit in ÖGB und AK – wobei die Grenzen zur FGÖ teils
fließend wirken. Offensichtlich ist, dass die FPÖ besonders im
Sicherheitsbereich (Polizei, Justizwache, Bundesheer) verankert ist.
In anderen Bereichen des öffentlichen Dienstes hat die FPÖ nur
wenig Verankerung.

Im privaten Sektor stellt die FPÖ in einer Reihe von Betrieben auch BetriebsrätInnen, vor allem in Oberösterreich. Ein
Gesamtüberblick ist hier nicht zu gewährleisten. Es gibt buchstäblich zehntausende Betriebsratskörperschaften, gerade in kleineren Betrieben sind es Namenslisten, die keinen Parteinamen als
Listenbezeichnung tragen. Hier können an dieser Stelle also nur
Beispiele genannt werden.

Die blauen ArbeitnehmerInnen-Organisationen

Die Freie Gewerkschaft Österreichs (FGÖ) wurde unter der
Obmannschaft von Jörg Haider am 1. Mai 1998 gegründet und
sollte als Konkurrenz zum Österreichischen Gewerkschaftsbund
aufgebaut werden. In einem Bettelbrief für die Gründung der
Organisation bat Reinhart Gaugg, damals FPÖ-Abgeordneter, ab
1995 Bundesobmann der Freiheitlichen Arbeitnehmer (FA) und
von 1990-1992 Bundesparteiobmann-Stellvertreter, Österreichs

UnternehmerInnen um Spenden für die neue Gewerkschaft. Aufschlussreich ist die Begründung, warum Betriebe für eine Gewerkschaft bezahlen sollten: „[D]ie FGÖ vertritt alle ‚arbeitenden Menschen‘, also natürlich auch Sie und Ihre Interessen für die wir – auch im Parlament – immer wieder großes Verständnis aufbringen. Wer Arbeitsplätze schaffen und erhalten will und damit die Grundlage für gerechte Löhne und sichere Pensionen schaffen möchte, muß letztlich erkennen, dass Arbeitgeber und Arbeitnehmer im selben Boot sitzen."[204]

Gaugg bot den UnternehmerInnen auch Betriebsbesuche von Seiten der FGÖ an, um für die neue Gewerkschaft zu werben. Die Aussendung war übrigens auf gelbem Papier gedruckt – UnternehmerInnenfreundliche Gewerkschaften werden traditionell als „gelbe Gewerkschaften" bezeichnet. Die FGÖ besteht bis heute, in den meisten Sektoren blieb sie allerdings eine Randerscheinung. Kaum verwunderlich bei einem Programm, das die Kollaboration mit Unternehmen über die Interessenvertretung der Beschäftigten stellt. Schon im Gründungsprogramm, der „Tullner Deklaration", wurde die Senkung von Unternehmenssteuern, konkret der Körperschaftsteuer, gefordert.[205]

Heute ist die FGÖ vor allem in Polizei und Bundesheer verankert; schon ihr erster Vorsitzender, Josef Kleindienst, war Polizist. Seit Ende 2015 wird verstärkt versucht, in Finanzämtern Strukturen aufzubauen. Die Seite der Organisation wird regelmäßig aktualisiert. Für Bundesheer, Polizei und Finanz gibt es eigene Netzauftritte als „Freie Exekutivgewerkschaft", „Bundesheergewerkschaft" sowie „Freie Gewerkschaft der Finanz". Die Web-Auftritte betreiben klassische Vertretungsarbeit für Beschäftigte des öffentlichen Sektors, wobei der Schwerpunkt fast ausschließlich auf Polizei und Bundesheer liegt. Für Beschäftigte im privaten Bereich gibt es kaum Informationen.

Für die Fraktionstätigkeit der FPÖ in Arbeiterkammer und Gewerkschaft verfügt die Partei über die Fraktion „Freiheitliche Arbeitnehmer" (FA). Die entsprechende Homepage ist professionell und im Design der FPÖ gehalten, wird allerdings unregelmäßig aktualisiert. Ihre Facebook-Seite hatte Anfang August 2017 gerade einmal 1872 Follower, Strache über 640.000.

Gefordert wird etwa ein Mindestlohn von 1600 Euro brutto, eine Mindestpension von 1300 Euro, eine Senkung der Mietkosten oder die die Fixierung des Pensionsantrittsalters in der Bundesverfassung für Männer auf 65 und für Frau auf 60 Jahre. Wir werden sehen, dass diese Forderungen der tatsächlichen FPÖ-Politik in vielem widersprechen. Ein weiteres zentrales Anliegen der FA **97** sind, wenig überraschend, „Asylwerber" sowie die „Billigkonkurrenz" von ArbeitnehmerInnen aus Rumänien und Bulgarien.[206] Anträge in den Vollversammlungen der Arbeiterkammer zeigen den rassistischen Schwerpunkt der FA. Einmal ist es ein Kopftuchverbot im öffentlichen Dienst und Bildungseinrichtungen,[207] dann wieder die Forderung nach „Offenlegung der Gesundheitskosten für Asylwerber".[208]

Für die Personalvertretungsarbeit gibt es die AUF (Arbeitsgemeinschaft Unabhängiger und Freiheitlicher). Ihre Sektionen zeigen wiederum die Schwerpunkte der FPÖ: Bundesheer, Justizwache, Polizei – dazu kommen noch der allgemeine öffentliche Dienst und eine Fraktion bei der Berufsrettung Wien. Die AUF-Website wird kaum aktualisiert, 2017 gab es bis Mitte Juli gerade einmal zwei Einträge. Im August 2017 war die Seite nicht mehr online.[209]

FPÖ-BetriebsrätInnen und Personalvertretung

Der Einfluss der FPÖ in Betrieben ist aufgrund der vielen verschiedenen Vertretungskörper schwer einzuschätzen. In einigen öffentlichen Sektoren, aber auch in einigen großen privaten

Betrieben stellt die FPÖ BetriebsrätInnen bzw. Personalvertrete-rInnen. Wenig überraschend sind es vor allem klassische Hoch-burgen: So stimmten bei den Bundes-Personalvertretungswahlen im November 2014 bei der Polizei 25,25 % für die AUF, bei der Justizwache waren es 23,76 %, beim Bundesheer sogar 31,46 %.[210]

In der Gemeinde Wien sind die Freiheitlichen Arbeitnehmer bei den Wiener Linien seit Jahren gut verankert. Bei den Personal-vertretungswahlen 2014 erhielten die FA in der „Hauptgruppe IV" (Wiener Linien und Bestattung) 10 % der Stimmen.[211] (Ansonsten konnten sie kaum punkten, wobei in vielen Fällen keine FPÖ-Lis-ten zur Wahl standen). Auf der Homepage für die Wiener Linien nennen die FA über 30 Ansprechpersonen, Inhalte sind aber keine zu finden. Deutlich aktiver sind die FA der Wiener Linien auf Facebook. Klassische Personalvertretungsarbeit findet sich hier aber nicht. Veröffentlicht werden fast ausschließlich Zeitungsarti-kel zu Migration, Drogen sowie Schlägereien in öffentlichen Ver-kehrsmitteln. Für den Krankenanstaltenverbund der Stadt Wien (KAV), also die Wiener Spitäler, hat die FA eine eigene Seite, die sich auch mit Personalvertretungsfragen beschäftigt. Allerdings werden insgesamt gerade einmal sieben Personen namentlich genannt (drei davon übrigens mit Namen, die auf einen Migra-tionshintergrund aus dem ehemaligen Jugoslawien hindeuten).[212] Zum Vergleich: die links-grüne Liste „Konsequente Interessen-vertretung" (KIV) gibt für den KAV über 120 Ansprechpersonen bekannt.[213]

In der Privatindustrie dürften die FA vor allem in Oberöster-reich eine gewisse Verankerung im industriellen Sektor aufgebaut haben. Auf der Homepage der FA wird eine Reihe von Betriebsrä-tInnen namentlich genannt, etwa bei der voestalpine, bei Plasser, bei MAN, bei BMW oder Bosch. Bei Bosch, Rexroth, Kremsmül-ler Industrieanlagen und dem Dach- und Fassadenproduzenten Eternit stellt die FA nach eigenen Angaben den Betriebsratsvorsitz.[214] Bei Eternit soll der Sieg mit 86,6 % der Stimmen erfolgt sein. Bei der voestalpine hat die FA nach eigenen Angaben 11,71 %, beim Nutzfahrzeughersteller Rosenberger 21 %, bei Wels Strom 20 %, bei BMW 9,39 %. (Die sozialdemokratische FSG hat meist 70–90 %.) In der Steiermark soll es BetriebsrätInnen bei Magna Steyr, Andritz Hydro sowie der Holding Graz geben oder gegeben haben (die FA spricht von „zurückliegenden Erfolgen"), in Niederösterreich im Hafen Krems, in Wien bei der Helvetia-Versicherung.[215] In Oberösterreich scheinen der FPÖ also tatsächlich relevante Wahlerfolge in größeren Betrieben gelungen zu sein. In anderen Bundesländern gibt es einzelne BetriebsrätInnen, doch dürften die Erfolge keinesfalls vergleichbar sein.

Diese BetriebsrätInnen mögen bei klassischen betriebsrätlichen Tätigkeiten, etwa der Überprüfung der Lohnabrechnung, durchaus hilfreich sein – vor allem wenn die Vertretenen muttersprachlich deutsch sind. Allerdings schrieb Reinhart Gaugg bereits in seinem Schnorrbrief an die Betriebe zur Gründung der FGÖ: „Wir sehen den Arbeitnehmer heute als verlässlichen Partner des Unternehmers. Beide gemeinsam, Arbeitnehmer und Arbeitgeber, sind die Garanten für eine gesunde und erfolgreiche Wirtschaft."[216] Lohnverrechnung mag reichen, solange es keine verschärften sozialen Auseinandersetzungen gibt. Sollten solche Konflikte entstehen, wäre es keine Überraschung, wenn die BetriebsrätInnen der FPÖ schnell auf die Seite der UnternehmerInnen wechselten – oder/und es zu Krisen und Spaltungen innerhalb der Partei und ihren Vorfeldorganisationen käme.

Ist die FPÖ wirklich die neue ArbeiterInnenpartei?

Nach jeder Wahl scheint es sich aufs Neue zu bestätigen: Die FPÖ ist die „Partei der Arbeiter". Im Dezember 2016 sollen 85 % der ArbeiterInnen für Norbert Hofer votiert haben. Das berichtet unter anderem der *Standard* unter Berufung auf Zahlen des Meinungsforschungsinstitutes SORA.[217]

Grundsätzlich sollte detaillierten Analysen des Wahlverhaltens mit Skepsis begegnet werden – nicht zuletzt, weil das „Sample", also die Anzahl der Befragten, zumeist überschaubar ist und die Auswahl der Befragten sozial verfälschend wirken kann. Das betrifft etwa Umfragen, bei denen Telefonbücher benutzt werden (oft Festnetz-Nummern älterer Menschen) oder Umfragen per Mail. Die Meinungsforschungsinstitute „extrapolieren" auf Basis der Rohdaten, also der vorhandenen Antworten, was bedeutet, dass die politische Einschätzung und die Erfahrung des Institutes sowie vergangene Wahlgänge in die Analyse einfließen – was vor allem bei neuen KandidatInnen, geänderten Rahmenbedingungen oder mangelnden Vergleichsmöglichkeiten zu Problemen führt. Im Falle von WählerInnenströmen rät auch eine Analyse des *Standard* zur Vorsicht.[218]

Einen weiteren Aspekt beschreibt Politikwissenschaftler Laurenz Ennser-Jedenastik: „[W]ir [werden] stets mit Parteipräferenzen bestimmter Gruppen konfrontiert (…) (Wie wählten die Frauen, die Männer, die Arbeiter, die Angestellten, die Jungen, die Alten?), dabei aber selten an den Anteil dieser Gruppen an der Wählerschaft insgesamt erinnert (…). Die meisten FPÖ-Wähler sind also nicht junge, männliche Facharbeiter."[219] Auch manche Studien mahnen zur Vorsicht. Aufschlussreich ist etwa eine Untersuchung zu den steirischen Landtagswahlen 2015.[220] Laut dieser seien die Zugewinne der FPÖ vor allem in traditionell konservativen Agrarregionen erfolgt. Die WählerInnen der Sozialdemokratie seien vor allem ins Lager der NichtwählerInnen gegangen. Große WählerInnenbewegungen seien hingegen von der ÖVP zur FPÖ zu verzeichnen. Der oft beschworene Siegeszug der FPÖ in den obersteirischen Arbeiterbezirken müsse daher relativiert werden. „Die roten Hochburgen gingen schon in den 90ern verloren, bei der Wahl 2015 fiel das nicht mehr ins Gewicht", so Studienautor Heinz P. Wassermann.

Das bedeutet allerdings gleichzeitig, dass in ehemaligen SP-Hochburgen bereits ein stabiles blaues StammwählerInnen-Potenzial vorhanden ist. Bei der Bundespräsidentschaftswahl 2016 gingen – bis auf einen – alle Sprengel in der industriell geprägten Obersteiermark an die FPÖ. Dennoch stellt die Sozialdemokratie in den meisten Industrieorten der Obersteiermark weiterhin die BürgermeisterInnen, in vielen Orten ist auch die KPÖ in den Gemeinderäten vertreten. Entscheidend für Wahlerfolge der FPÖ ist aber letztlich wohl vor allem, wie stark rassistische Vorurteile in den jeweiligen Regionen insgesamt verankert sind.

Die in zahlreichen Umfragen erhobene Tendenz, dass ein relevanter Teil der FP-WählerInnen (meist männliche) ArbeiterInnen sind, ist zweifellos richtig. Auswertungen des Wahlverhaltens kommen regelmäßig und übereinstimmend zu diesem Schluss, die Analyse der Ergebnisse einzelner Sprengel oder bekannter „ArbeiterInnenbezirke" bestätigt das Phänomen.

Die Sache ist aber keineswegs so einfach, wie sie scheint. Denn: Was und wer sind überhaupt Arbeiter und Arbeiterinnen? In Meinungsumfragen wird bei unselbstständig Erwerbstätigen zumeist zwischen drei Gruppen unterschieden: ArbeiterInnen, Angestellte und Beschäftige des öffentlichen Dienstes. In privaten Betrieben gibt es somit ArbeiterInnen und Angestellte. Die meisten manuellen Berufe sind eher ArbeiterInnenberufe, die meisten Bürotätigkeiten eher Angestelltenberufe. Die Unterscheidung ist arbeitsrechtlicher Natur und betrifft Kündigungsfristen oder die Entgeltfortzahlung im Krankheitsfall. Alle Menschen, die im öffentlichen Dienst stehen, fallen in eine eigene Kategorie. Betrachten wir diese Unterscheidung etwas genauer:

– Eine der größten Berufsgruppen in Österreich sind die Beschäftigten im Handel. Ein eindeutig manueller Beruf. Dennoch sind sie (zumeist weibliche) Angestellte. Das gleiche Bild bei vielen Berufe im privaten Gesundheitssektor.

– Die FPÖ ist eine Partei der Männer – Frauen wählen bei Wahlen deutlich „linker" als Männer, wie alle Zahlen belegen. Nach den Zahlen von SORA haben bei der Bundespräsidentschaftswahl 2016 56 % der Männer, aber nur 38 % der Frauen für Norbert Hofer gestimmt. Alexander Van der Bellen wählten 44 % der Männer, doch 62 % der Frauen.[221] Dieser Unterschied setzt sich auch beim Wahlverhalten von Arbeitern und Arbeiterinnen fort.

– Es ist in Österreich üblich, dass manche ArbeiterInnen in ein Angestelltenverhältnis übernommen werden. Sie verrichten dann dieselbe Tätigkeit wie zuvor, sind aber arbeitsrechtlich etwas besser gestellt. Oft betrifft das besser ausgebildete Arbeiter, die dann in Umfragen als Angestellte gelten.

– Der öffentliche Dienst umfasst die Verwaltung, die LehrerInnen, den staatlichen Repressionsapparat (Polizei, Bundesheer, Justizwache, Gerichte), aber auch zahlreiche Spitäler, Teile der Post, Berufsfeuerwehren, Eisenbahnen, Müllabfuhr, Kanalräumung, Beschäftigte im öffentlichen Nahverkehr, etc. In den Landeskrankenanstalten etwa arbeiten rund 90.000 Menschen, allein im Wiener Krankenanstaltenverbund rund 30.000. Im öffentlichen Dienst gibt es also zahlreiche manuelle Berufe. Bei den Präsidentschaftswahlen stimmten allerdings laut SORA 66 % der öffentlich Bediensteten für Alexander Van der Bellen – und nur 34 % für Norbert Hofer. Dieses Ergebnis kam zustande, obwohl bei Polizei und Justizwache von hohen Sympathiewerten für die FPÖ auszugehen ist, wie auch Detailergebnisse zeigen, etwa der sogenannte „Polizei-Sprengel" 44 in Wien-Ottakring: Dieser Sprengel besteht aus zwei Wohnhäusern, die vom Unterstützungsinstitut der Bundespolizei verwaltet werden. Dort wohnen vor allem PolizistInnen und ihre Angehörigen. Während in Ottakring, einem klassischen ArbeiterInnenbezirk, 68,2 % für Van der Bellen stimmten, waren es im Polizei-Sprengel 74,81 % für Hofer und die FPÖ.

– Gerade die sogenannte „innere und äußere Sicherheit" stellt einen großen Bereich im öffentlichen Dienst dar. Wenn wir das Polizei-Ergebnis aus Wien als zumindest richtungsweisend betrachten, müssen in anderen Bereichen des öffentlichen Dienstes noch einmal deutlich weniger Menschen für die FPÖ gestimmt haben.

– Eine zahlenmäßig bedeutende Gruppe stellen die NichtwählerInnen dar. Auch hier gibt es soziale Unterschiede. Laut Meinungsforscher Christoph Hofinger von SORA würden „Menschen mit schlechter Bildung [dazu] tendieren (…), häufiger eine Wahl auszulassen." Damit wäre diese Bevölkerungsgruppe auch in Wahlanalysen unterrepräsentiert. Allerdings kann nicht davon ausgegangen werden, dass NichtwählerInnen keinerlei politische Meinungen haben oder besonders abweichend wählen würden. So würden zwei Gruppen laut SORA besonders selten wählen gehen: junge Menschen um die 20, die davor ein, zwei Mal gewählt hatten sowie sehr alte Menschen.[222] Beide Gruppen hatten also bereits in der Vergangenheit Wahlentscheidungen getroffen.

– Der bedeutendste blinde Fleck jeder Analyse der FPÖ als „ArbeiterInnenpartei" sind natürlich die MigrantInnen. Rund 1,8 Millionen Menschen in Österreich haben Migrationshintergrund, rund 20 % der Gesamtbevölkerung. Manche sind mittlerweile StaatsbürgerInnen und somit wahlberechtigt. Per 1. Jänner 2017 lebten 1.341.930 Personen mit „ausländischer" Staatsangehörigkeit in Österreich, rund 15,3 % der Gesamtbevölkerung.[223]

– Ein sehr großer Teil der Bevölkerung darf also nicht (oder im Fall von EU-BürgerInnen nur sehr beschränkt) wählen. Und auch bei Menschen mit Migrationshintergrund, die StaatsbürgerInnen sind und somit wählen dürfen, ist die Wahlbeteiligung deutlich geringer als im Bevölkerungsschnitt, wie Christoph Hofinger vom Meinungsforschungsinstitut Sora im März 2016 dem *Standard* erklärt.[224] Gerade unter MigrantInnen gibt es gleichzeitig viele Menschen, die manuelle Tätigkeiten verrichten, arbeitsrechtlich also den ArbeiterInnen zugeordnet werden. Im Mai 2017 waren in Österreich 1.384.644 Menschen als ArbeiterInnen beschäftigt.[225] In Relation zur Gesamtzahl der MigrantInnen wird klar, dass es hier in Hinblick auf Analysen zur FPÖ als „Arbeiterpartei" um eine bedeutende Gruppe geht.

– Zwar wählen auch Menschen mit Migrationshintergrund die FPÖ (Zielgruppe sind insbesondere Menschen aus den Westbalkan-Staaten und Osteuropa), mehrheitsfähig ist sie dort aber nicht. Das Hauptproblem ist allerdings, dass alle Nicht-Wahlberechtigten in Analysen zur FPÖ als „ArbeiterInnenpartei" einfach nicht erwähnt werden.

Offensichtlich sind der FPÖ Einbrüche in Schichten gelungen, die arbeitsrechtlich ArbeiterInnen zugeordnet werden – in erster

Linie betrifft das männliche Arbeiter deutscher Muttersprache mit manuellen Berufen im privaten Sektor. Um die Gesamtheit der unselbstständig Erwerbstätigen zu erfassen, hilft der arbeitsrechtliche Status „Arbeiter" allerdings wenig. Eine bessere Annäherung ermöglicht eine kurze Anleihe bei Karl Marx und Friedrich Engels. Sie sprechen von einer „ArbeiterInnenklasse", die sich durch ein bestimmtes Verhältnis zur Arbeit bestimmt – jene, die ihr angehören, verkaufen ihre Arbeitskraft, besitzen aber kein Eigentum an Betrieben oder Ländereien („Produktionsmittel").

Der entscheidende (und unauflösbare) Widerspruch zwischen „ArbeiterInnenklasse" und „KapitalistInnenklasse" besteht für Marx und Engels darin, dass beide grundlegend entgegengesetzte Interessen haben. Die einen wollen, vereinfacht gesprochen, mehr Lohn für weniger Arbeit, die anderen wollen weniger Lohn für mehr Arbeit. Daraus resultiert der „Klassenkampf", also der Kampf um die Verteilung der produzierten Reichtümer, den die FPÖ vehement ablehnt. Um gesellschaftliche Verhältnisse, Dynamiken und Widersprüche zu verstehen, scheint der Klassenbegriff weit brauchbarer als jeder arbeitsrechtliche Status, der unterschiedliche Kündigungsfristen regelt. Er umfasst verschiedene Schichten der Bevölkerung auf Basis ihrer sozialen Lage und Interessen. Diese Analyse ermöglicht eine Gesamtschau aller unselbstständig Erwerbstätigen — inklusive MigrantInnen – und damit ein differenzierteres Bild. Die These von der FPÖ als „Partei der gesamten ArbeiterInnenklasse" ist jedenfalls nicht haltbar.

Die FPÖ und ihre
migrantischen WählerInnen

Seit Jahren versucht die FPÖ, MigrantInnen aus dem ehemaligen Jugoslawien und Osteuropa für sich zu interessieren. Das hat pragmatische Gründe, wie der deutschnationale FPÖ-Ideologe Andreas Mölzer in einem Interview bekennt: „Natürlich ist es auch so, dass man taktisch sagt: ,Ja, wir haben viele eingebürgerte Serben. Sagen wir was Freundliches, dann haben wir 200.000 Wähler mehr', das ist schon richtig. Das ist doch legitim in einer Demokratie. (…) Das sind so taktische Überlegungen."[226] Wahlkampfleiter Kickl sekundiert: „Es ist eine recht einfache Geschichte. Da geht es primär einmal um Wien. Wenn ich als Partei in Wien in eine Wahl gehe, dann kann ich nicht so tun, als ob es eine bestimmte Gruppe der Bevölkerung, die ein gewisses Ausmaß schon erreicht hat, nicht gäbe. (…) Wenn er [der Serbe] sich auch [von anderen Ausländern] bedroht fühlt, dann sieht man, dass diese Leute uns sehr oft gewählt haben."[227]

Die FPÖ spielt hier vor allem mit antimuslimischen und antitürkischen Ressentiments; auch kurdische WählerInnen sollen angesprochen werden. Dabei spielt der Wiener Gemeinderat Johann Herzog, Mitglied der rechtsextremen Burschenschaft Aldania, eine wichtige Rolle.[228] Die Aldanen stellen seit den Gemeinderatswahlen 2015 zumindest sechs Mitglieder im Wiener Gemeinderat, könnten also sogar Klubstatus beantragen.[229] 2009 nahmen Herzog und Mölzer an der kurdischen Neujahrsfeier Newroz in Diyarbakir (kurdisch: Amed) teil, der größten kurdischen Stadt in der Türkei. Die aus diesem Anlass entstandene Aussendung könnte von einer linken Kurdistan-Solidaritätsgruppe stammen:

> „Politische Tätigkeit der Kurden wird in der Türkei unterdrückt, führenden Vertretern der Kurden drohen Repressionen -Verhaftungswellen [sic!] sind hier leider an der Tagesordnung. Die starke Militärpräsenz in der Region ist eine Tatsache und auch ein Teil der türkischen Einschüchterungsversuche gegenüber den Kurden. Türkisch-Kurdistan ist weit von einer längst fälligen Autonomieregelung entfernt."[230]

Für die FPÖ wird hier vermutlich nicht viel zu holen sein. Einerseits sind viele KurdInnen politisch links orientiert, andererseits könnte die FPÖ aktuell auch nicht konsequent pro-kurdisch sein. Ihr Rassismus gegen alle Menschen aus dem Nahen Osten wäre im Weg – Irgendjemand muss ja das Feindbild der Partei bleiben. Gleichzeitig verlagert sich die Agitation der FPÖ immer stärker gegen Flüchtlinge. Künftige Hinweise auf die „anständigen und fleißigen Türken und Kurden" im Gegensatz zu den bösen XY sind also nicht völlig auszuschließen.

Dennoch wird das Hauptaugenmerk der FPÖ wohl noch länger auf potentiellen WählerInnen vom Westbalkan liegen. Einen ersten Höhepunkt erreichte diese Agitation bei den Nationalratswahlen 2008. Damals begann Strache, bei Wahlauftritten – und auf einem wichtigen Wahlplakat – am Handgelenk das serbisch-orthodoxe Armband, die Brojanica, zu tragen.[231] „Autochthone" Österreicherinnen werden vermutlich an ein blaues Freundschaftsband denken. Um das Verwirrspiel komplett zu machen, lautete der dazugehörige Plakattitel: „Jetzt geht´s um UNS ÖSTERREICHER".

Straches Teilnahme an serbisch-orthodoxen Gottesdiensten, seine Bezeichnung der Gleichstellung aller orthodoxen Glaubensrichtungen als „Herzensanliegen der FPÖ" und seine Auftritte mit serbisch-orthodoxen Würdenträgern[232] können als Blaupause für seinen Flirt mit Abendland und Katholizismus stehen. „Abendland in Christenhand" plakatierte die FPÖ 2009, seither trat Strache immer wieder mit einem Kreuz in der Hand auf und ließ sich mit 40 sogar nachträglich firmen.[233] Für die serbisch-nationalistische Zielgruppe hat die FPÖ das Thema Kosovo/a parat. Immer wieder spricht sich Strache gegen die Unabhängigkeit der ehemaligen jugoslawischen Teilrepublik aus. Einen Auftritt in der TV-Show „Wir sind Kaiser" nutzte Strache, um die Parole „Kosovo je srce Srbije" („Kosovo ist das Herz Serbiens") zu verbreiten.[234] Bei diesem Thema kann die FPÖ serbische NationalistInnen ansprechen und Ressentiments gegen den „muslimischen" Kosovo schüren.

Die Wende vom Antisemitismus und pauschalen Rassismus zu spezifischen Attacken auf Menschen mit arabisch-muslimischem Hintergrund hatte neben der Agitation potentieller WählerInnen einen weiteren Vorteil, wie Hans-Henning Scharsach feststellt: „Wer antisemitische Redewendungen verwendet, sitzt automatisch mit Neonazis und Holocaust-Leugnern in einem Boot. Im Gegensatz dazu sind antimuslimische Stereotypen nicht geächtet, bieten politischen Gegnern und Gegnerinnen kaum Angriffsflächen."[235]

Doch wieviele MigrantInnen kann die FPÖ tatsächlich ansprechen? Es ist schwierig, belastbare Zahlen zu finden. Die meisten Medienberichte sind eher anekdotisch und gehen in Richtung „Herr XY wählt blau, wir erzählen, warum". Es gibt allerdings Anhaltspunkte. Günther Ogris vom SORA-Institut sagt im Juli 2013 gegenüber der *Presse*, dass 60 bis 80 % der Wiener MigrantInnen mit türkischen Wurzeln die SPÖ wählen würden (vermutlich inklusive KurdInnen). Diese Gruppe habe die mit Abstand höchste Wahlbeteiligung unter MigrantInnen.[236] Bei der Wiener Gemeinderatswahl 2015 haben laut den Instituten SORA und ISA 45 % der WählerInnen mit Migrationshintergrund die SPÖ gewählt, 24 % die FPÖ, 16 % die Grünen. NEOS und ÖVP erhielten jeweils 6 %.[237] Bei all diesen Zahlen gilt eine gewisse Vorsicht: oft ist das Sample gering, die Auswahl wenig repräsentativ. Vermutlich aber sind der FPÖ gewisse Erfolge gelungen. Dabei spielen wohl einerseits Abstiegs- und Verdrängungsängste, andererseits – im Falle serbisch-nationalistischer WählerInnen – die nationale Karte eine Rolle. Selbstverständlich können auch MigrantInnen rassistisch, chauvinistisch und reaktionär sein. Gleichzeitig spiegelt die Politik der FPÖ unter MigrantInnen ihre Politik gegenüber der Mehrheitsbevölkerung wider: Mit passenden nationalen Phrasen wird die soziale Frage überdeckt.

Das Interesse der FPÖ an der serbischen Minderheit dürfte auch ein Eintrittsticket für die politische Zusammenarbeit mit der russischen Regierung dargestellt haben. Johann Gudenus bekennt freimütig: „Serbien ist für Russland wie ein kleiner Bruderstaat und Strache war in Österreich der einzige Politiker, der öffentlich erklärt hat, dass die Abspaltung des Kosovo völkerrechtswidrig ist."[238] Heute gibt es eine enge Zusammenarbeit der FPÖ mit der Partei „Einiges Russland" von Präsident Wladimir Putin. Ende 2016 wurde eine offizielle Kooperationserklärung unterzeichnet.[239] Konsequenterweise rückt die FPÖ auch immer wieder zur Verteidigung Russlands und zur Kritik an Sanktionen aus. Manchmal kommt es dabei zu skurrilen Situationen. So erklärte FPÖ-Wirtschaftssprecher Kassegger am 22.11.2016, dass es in Österreich Studien gebe, „die belegen, dass durch die EU-Russland-Sanktionen im Extremfall 45.000 Arbeitsplätze in Österreich gefährdet wären."[240] Nur knapp drei Wochen später „gibt es doch Studien, die belegen, dass durch die EU-Russland-Sanktionen im Extremfall 50.000 Arbeitsplätze in Österreich gefährdet wären."[241] Weitere Hinweise, ob der Anstieg der „im Extremfall" gefährdeten Arbeitsplätze so rasant weitergehe, sind nicht auffindbar.

Gastbeiträge: Wo die FPÖ regiert

DAGMAR SCHINDLER

Burgenland: Wie Rot und Blau das Burgenland (un)sicher machen

Über die FPÖ Burgenland zu schreiben, fällt schwer. Lange konnte man Landeshautpmann Hans Niessl (SPÖ) zuschreiben, dass es im Burgenland keine starke FPÖ gibt. Denn Niessls letzte Regierungsperioden zeigten bereits klar, dass es rechts von der burgenländischen SPÖ keinen freien Platz geben solle.

Als nach der Landtagswahl im Mai 2015 die SPÖ einen Koalitionspartner brauchte, war es kaum überraschend, dass sie eine Zusammenarbeit mit der FPÖ beschloss. Die neue Koalition erklärte in ihrem Regierungsprogramm, dass sie sich einem klaren Sparkurs verpflichtet fühle: „Wir streben ein ausgeglichenes Budget in der Legislaturperiode an. Die Kriterien des Stabilitätspakts und die Maastricht-Kriterien müssen erfüllt werden."[242]

Gleichzeitig galt der altbekannte FPÖ-Wahlslogan „Unser Geld für unsere Leut" auch im Burgenland. Obwohl das Burgenland (Kriminalstatistik 2016) immer noch zu den sichersten Bundesländern gehört, wurde ein eigenes „Sicherheitsreferat" im Amt der burgenländischen Landesregierung eingesetzt. Zwei Posten in diesem neuen Referat unter Leitung von FPÖ-Landeshauptmann-stellvertreter Johann Tschürtz wurden ohne Ausschreibung an den Bruder von Ex-Präsidentschaftskandidaten Norbert Hofer und an einen persönlichen Freund von Tschürtz vergeben.

Das Thema Sicherheit scheint auch die einzige Spielwiese der burgenländischen Freiheitlichen zu sein. So startete das Pilotprojekt „Sicherheitspartner" im Oktober 2016 in neun ausgewählten Gemeinden. Ausgelagert an ein Securityunternehmen patrouillieren die Mitarbeiter_innen alleine in jeweils Acht-Stunden-Schichten durch die Orte. Bilanz liegt keine vor – es darf aber hinterfragt werden, wozu hier 500.000 Euro an Steuergeldern für das erste Jahr budgetiert wurden.

Beginnend mit dem Schuljahr 2016/17 hatten SPÖ und FPÖ im Burgenland Kürzungen für Kinder mit Handicaps beschlossen. Konkret ging es um die Integrationshilfen für behinderte Kinder in Pflichtschulen, die im Vergleich zu 2015 um fast 46 % gekürzt wurden.[243] Eltern von Kindern mit Behinderung sollten nach den Wünschen von SPÖ und FPÖ einen Selbstbehalt tragen. Bisher wurden zehn Prozent des Pflegegeldes bei einer Vormittagsbetreuung einbehalten, 20 Prozent bei einer ganztägigen Betreuung, durch eine Novelle hätte auch auf das Familieneinkommen zugegriffen werden können. Erst auf Druck der Öffentlichkeit wurde diese Verschärfung zurückgenommen.[244]

Im März 2017 wurde im Burgenland die Mindestsicherung gekürzt. Neben SPÖ und FPÖ stimmten auch ÖVP und Liste Burgenland, eine Abspaltung der FPÖ, dafür. Alleinstehende Erwachsene bekommen weiterhin 838 Euro Mindestsicherung (Stand 2017). Die Leistung für Haushalte wird allerdings auf 1.500 Euro gedeckelt, was vor allem Familien mit mehreren Kindern trifft. Für Asylberechtigte wurde die Leistung auf maximal 584 Euro gekürzt. Menschen, die in den vergangenen sechs Jahren nicht mindestens fünf Jahre in Österreich gelebt haben, haben überhaupt keinen Anspruch auf Mindestsicherung mehr.

Im Umgang mit Menschen ohne festen Wohnsitz gibt es im Burgenland seit vielen Jahren „eigene" Vorgangsweise. Es gibt laut burgenländischer Landesregierung keine Obdachlosigkeit, eine kurfristig eingerichtete Schlafstelle der Caritas in Oberwart wurde schnell wieder geschlossen. Das Engagement der „pannonischen Tafel" im Nordburgenland wird seit Jahren durch private Spenden finanziert und von den Zuständigen im Referat des sozialdemokratischen Soziallandesrats Norbert Darabos tunlichst ignoriert.

Fazit: Neben der Niessl-SPÖ gibt es im Burgenland wenig Platz für rechte Ideen. Sozialabbau-Maßnahmen werden in bestem Einvernehmen zwischen Sozialdemokratie und FPÖ umgesetzt. Einzig im Sicherheitsbereich versucht sich die FPÖ zu profilieren, etwa mit der Forderung nach berittener Polizei an der Grenze. Pferde hätten immerhin eine „beeindruckende Größe", wie FPÖ-Obmann Tschürtz im April 2017 begeistert erklärte.[245]

Dagmar Schindler ist Landessprecherin der KPÖ Burgenland, Obfrau des KZ-Verbandes Wien und Aktivistin der Offensive gegen Rechts (OGR)

ELKE KAHR

Graz: Die FPÖ: Eine Partei der Hausherren und Privilegienritter

Dass die FPÖ keineswegs eine Partei des sprichwörtlichen „„kleinen Mannes", sondern eine der Reichen ist, beweist sie in Graz und der Steiermark sehr anschaulich. Misst man sie nicht an ihren Worten, sondern an ihren Taten, sieht man schnell, dass sie genauso zu dem Establishment gehört, das sie zu bekämpfen vorgibt.

Illustrieren lässt sich das an zwei Beispielen: der Haltung der Freiheitlichen zu leistbarem Wohnen und wie sie mit Polit-Privilegien umgeht.

In Fragen der Wohnpolitik hat sich die FPÖ immer wieder als Hausherrenpartei entpuppt. So hat sie sich im Grazer Gemeinderat ebenso wie im Steiermärkischen Landtag konsequent gegen die Interessen der Mieterinnen und Mieter gestellt und gegen das Aussetzen der automatischen Anhebung der Wasser- und Kanalgebühren, gegen fixe Mietzinsobergrenzen, gegen die Abschaffung der Maklerprovision für Mieterinnen und Mieter, gegen eine Senkung der Gaspreise oder gegen Leerstandsabgaben gestimmt.

Zusammen mit ÖVP und SPÖ hat sie sich gegen mehr Nachbarrechte in Bauverfahren ausgesprochen und auch so der Bau-Lobby die Mauer gemacht. Zuletzt hat der Grazer FP-Stadtrat Mario Eustacchio die Mittel für die Stadtteilarbeit drastisch gekürzt. Die Entscheidung wird für einige Einrichtungen zur Existenzfrage.

Der angebliche „Spargedanke" tritt recht schnell in den Hintergrund, wenn es um die eigenen Gehälter und die Parteienförderung geht. Die Pensionsprivilegien wurden wegen des öffentlichen Drucks zwar 1998 abgeschafft, die Altlasten sind aber immer noch enorm. Viele Altpolitiker von ÖVP, SPÖ und FPÖ bekommen mehr Pension im Monat als durchschnittliche Pensionistinnen und Pensionisten im Jahr. So bezieht etwa der frühere Grazer FP-Vizebürgermeister Peter Weinmeister als Beamter und Politiker eine Doppelpension von 14.100 Euro. Sein Parteikollege, der Grazer Ex-Bürgermeister Alexander Götz, erhält sogar 14.800 Euro monatlich. Weil Götz sogar vor den Verfassungsgerichtshof gezogen ist, um seine Privilegien nicht zu verlieren, wurde er unter Jörg Haider aus der Partei ausgeschlossen. Unter Mario Eustacchio hat er sich wieder auf der Kandidatenliste für die Gemeinderatswahl gefunden.

In Graz greifen die etablierten Parteien aber auch weiterhin kräftig zu. 2013 – direkt nach der Gemeinderatswahl – haben ÖVP, SPÖ und FPÖ die Grazer Parteienförderung um 50 Prozent erhöht – das sind 800.000 Euro jährlich. Damit nicht genug: Sie haben auch beschlossen, die Bezüge der Klubobleute zu verdoppeln.

Entlarvend ist auch eine Wortmeldung von Mario Kunasek, FP-Klubobmann im Steiermärkischen Landtag, im Jahr 2015: „Nein, liebe KPÖ, eurem Antrag auf Begrenzung der Politikergehälter werden wir nicht zustimmen", hat er in seiner ersten Budget-Landtagssitzung festgehalten. Sein blauer Parteifreund Christian Cramer ist noch weiter gegangen und hat behauptet, eine Kürzung der Politik-Gehälter wäre „populistisch" und würde „nichts bringen".

In der gleichen Sitzung wurde die Weihnachtsbeihilfe abgeschafft. Sie war etwa 6.500 bedürftigen Steirerinnen und Steirern zugutegekommen. 20 Jahre wäre sie mit der Summe finanzierbar gewesen, die sich das Land durch die Kürzung der Politikergehälter in einem Jahr gespart hätte.

Elke Kahr ist Stadträtin für die KPÖ in Graz

FIONA KAISER UND NINA ANDREE

Oberösterreich: Schwarz-blaue Koalition: Eine neoliberale Kampfansage!

Nachdem die Landtagswahlen 2015 der FPÖ in Oberösterreich starke Zugewinne brachten, holte die ÖVP unter dem damaligen Landesparteivorsitzenden Josef Pühringer die FPÖ in die Landesregierung.

ÖVP und FPÖ haben einen Pakt geschlossen, der „wesentlich weiter gefasst [sei], als der schwarz-grüne Koalitionspakt der vergangenen Jahre", erklärte Pühringer in einer gemeinsamen Pressekonferenz mit FPÖ-OÖ-Chef Manfred Haimbuchner. Obendrein befand sich zum Zeitpunkt der Koalitionsbildung keine einzige Frau in der Landesregierung.

Großes Interesse an einer schwarz-blauen Koalition zeigte die Industriellenvereinigung Oberösterreich unter Geschäftsführer Joachim Haindl-Grutsch: „Gewünscht ist ganz klar ein politischer Wandel. Reverstaatlichung, dauernde Forderungen nach Arbeitszeitverkürzung. Davon halten wir nichts!"[246]

„Mit Mut und Entschlossenheit Oberösterreich weiterentwickeln" – so wurde das schwarz-blaue „Arbeitsübereinkommen" betitelt. Es liest sich wie eine Anleitung für Privatisierungen und für eine autoritäre Regierung der Eliten, Banken und Konzerne. Schnell wurde klar, dass die Interessen dieser Landesregierung nicht mit jenen der lohnabhängigen und arbeitenden Menschen übereinstimmen. Und so dauerte es auch nicht lange, bis dieser Anleitung Taten folgten.

Ein kurzer Rückblick auf die bisherigen Geschehnisse bestätigt die neoliberale Kampfansage der Landesregierung. So wurde in Oberösterreich die Mindestsicherung für AsylwerberInnen und subsidiär Schutzberechtigte bereits gekürzt. Die Strategie der Landesregierung war, zuerst gezielt Stimmung gegen BezieherInnen der Mindestsicherung mit Migrationshintergrund zu machen, um somit die Debatte um diese Förderung generell zu eröffnen. Mittlerweile wurde die Mindestsicherung für alle Anspruchsberechtigten gedeckelt, was eine Kürzung für alle Mehrkindfamilien bedeutet – eine typische schwarz-blaue Strategie.

Ein Sozialsystem sollte sich dadurch auszeichnen, dass allen Menschen ein guter Zugang zu Aus- und Weiterbildung ermöglicht wird. Kürzungen und fehlende Gestaltungskraft wurden jedoch auch beim Bildungsbudget sichtbar: Keine Reformen in der Schulverwaltung, keine Modernisierung des Schulwesens, weniger Geld für Schulbau und -sanierung und weniger Geld für Erwachsenenbildung und das Bildungskonto. Dazu kommt, dass Oberösterreich sowohl bei der Kinderbetreuung als auch der Lohngleichheit zwischen Männern und Frauen im Bundesländervergleich sehr schlecht abschneidet.

Ebenfalls gespart wird beim sozialen Wohnbau, für den Manfred Haimbuchner die Verantwortung trägt. KritikerInnen sprachen von „Sozialbunkern" und einem „Rückschritt in die 1950er-Jahre". So will der FPÖ-Chef beispielsweise keine wärmegedämmten Fenster mehr einbauen lassen.[247]

Rot-blaue Koalition in Linz agiert ohne Scheu

In Linz ist es die SPÖ, die seit November 2015 in einer de-facto-Koalition mit der FPÖ regiert. Das ist außerhalb Oberösterreichs kaum bekannt, obwohl die Landeshauptstadt mit knapp 200.000 EinwohnerInnen nicht viel kleiner ist als das rot-blau regierte Burgenland.

Ein neunseitiges „Arbeitsübereinkommen" zwischen SPÖ-Bürgermeister Klaus Luger und FPÖ-Vizebürgermeister Detlef Wimmer wurde ohne Widerstand der Bundes-SPÖ geschlossen. Zwar wurden auch mit anderen Parteien Vereinbarungen getroffen, jedoch in weit geringerem Umfang, und das Übereinkommen mit der FPÖ wurde als erstes präsentiert.

Folge dieser Übereinkunft ist unter anderem, dass FPÖ und SPÖ das Finanzressort aufteilten und die Videoüberwachung ausgebaut wurde. Rot-Blau hat dafür gesorgt, dass ein sektorales Bettelverbot in der Linzer Innenstadt eingeführt wurde. Die Linzer Stadtwache (auch bekannt als Ordnungsdienst) wurde weiter ausgebaut und mit mehr Kompetenzen ausgestattet. So dürfen die MitarbeiterInnen der Stadtwache seit kurzem auch in Zivilkleidung auf den Linzer Straßen unterwegs sein.

Die Kosten der „Hilfssheriffs" belaufen sich auf eine Million Euro jährlich, laut den *Oberösterreichischen Nachrichten* kommt es durch die Aufstockung zu noch höheren Kosten. Im Gegenzug wird im Sozialbereich gespart, in der Kulturszene werden harte Angriffe der FPÖ erwartet. Wohin die Reise gehen soll, ist klar: SPÖ und FPÖ brachten im Oktober 2016 ein Sparpaket in Höhe von rund 20 Millionen Euro durch den Linzer Gemeinderat.

Fiona Kaiser ist Landesvorsitzende der Sozialistischen Jugend Oberösterreich
Nina Andree ist Frauensprecherin der Sozialistischen Jugend Oberösterreich

FLORIAN KELLER

Vorarlberg: Die FPÖ im Ländle – kleine Geschichte einer Partei des Kapitals

Dass unter der blauen Lackschicht mit dem Gerede von der „sozialen Heimatpartei" die Interessen des großen Kapitals stecken, ist im westlichsten Bundesland besonders einfach zu beobachten. Schon in der Zwischenkriegszeit hatten die Deutschnationalen als Vorgänger der späteren Freiheitlichen ein enges Verhältnis mit einer Reihe von Industriellen – vor allem Textilbarone wie Hämmerle, Benger, Schoeller und Fussenegger ließen sich ihre Nähe zur Partei in Wahlkampfzeiten einiges kosten, um ihre Interessen in der Politik vertreten zu sehen.[248] Dies ist umso bedeutsamer, als die Textilindustrie in dieser Zeit den wichtigsten Zweig der Vorarlberger Industrie darstellte. Die besondere Nähe zur Industrie blieb aufrecht, als die Deutschnationalen kurz nach der Machtergreifung der Nazis in Deutschland nicht zuletzt auf Druck der Industriellen de facto in der

NSDAP aufgingen. Der Vorarlberger Sicherheitsdirektor schrieb im Mai 1934 zum Einfluss der Industriefamilien F.M. Hämmerle, F.M. Rhomberg und Rhomberg und Herburger: „Dieser Führung war es nicht schwer, fast ganz Dornbirn und Umgebung in diese Richtung [der Nazis] zu zwingen, waren doch Arbeiter, Gastwirte und Geschäftsleute aller Art von ihr abhängig. Die Abhängigkeit griff selbst auf das ganze Land über."[249]

Nach dem Krieg blieb ein gutes Verhältnis des „3. Lagers" zur Wirtschaft intakt, wenn auch die ÖVP die wichtigste Partei des Kapitals war. Ein wichtiger Ansatzpunkt war hier die größte Marktgemeinde Österreichs, Lustenau, wo die FPÖ von 1960 bis 2010 ununterbrochen den Bürgermeister stellte.

Die FPÖ pflegte zur ÖVP fast immer ein gutes Verhältnis, sie verhielt sich zur „Landes-ÖVP [...] auf Regierungsebene absolut loyal".[250] Im Interesse des Vorarlberger Kapitals arbeiteten die Parteien in der Landesregierung über Jahrzehnte intensiv und gut zusammen.

Ein wichtiger Überschneidungspunkt war dabei ironischerweise die Forderung nach einer Eingliederung in die Europäische Wirtschaftsgemeinschaft,[251] Vorgängerin der EU – eine Forderung, die für das Vorarlberger Kapital besondere Wichtigkeit hat, liegt das Ländle doch direkt zwischen den beiden wirtschaftlichen Schwergewichten Italien und Deutschland.

Nachdem Jörg Haider 1986 mit Unterstützung des deutschnationalen Flügels Vorsitzender wurde und die FPÖ ihren Kurs wechselte, wurde dieser Wechsel auch in Vorarlberg nachvollzogen. Der sozial verbrämte Rassismus als Wählermagnet stand allerdings nie über der Interessenvertretung für das Kapital. So war die FPÖ Vorarlberg mit ihrem Vorsitzenden Hubert Gorbach in der schwarz-blauen und danach schwarz-orangen Koalition beteiligt. Der Verkehrs- und Infrastrukturminister war von 2003 bis 2007 sogar Vizekanzler – und in eine der unzähligen Korruptionsfälle dieser Regierung, die Telekomaffäre, verstrickt.

Selbst nachdem die FPÖ nach 35 Jahren 2009 unter Parteiobmann Dieter Egger aus der Vorarlberger Landesregierung ausschied, gab sich die Partei bemüht, die ÖVP nicht offen anzugreifen (Egger ist mittlerweile Bürgermeister der Stadt Hohenems). Stattdessen bot sich die FPÖ durch wirtschaftsfreundliche Positionen dem Kapital als verlässlich und der ÖVP als Koalitionspartnerin an. Bei den Landtagswahlen 2014 zeigte die Partei unter anderem mit dem Slogan „Wirtschaft befreien", auf welcher Seite die FPÖ in Vorarlberg weiterhin steht: Sobald die Arbeiterinnen und Arbeiter für ihre Rechte aufstehen, wird die FPÖ eine der entschiedensten Verteidigerinnen der Großindustriellen und Banken sein.

Florian Keller ist Aktivist der marxistischen Strömung „der Funke" und Vorsitzender der Sozialistischen Jugend Vorarlberg

THOMAS RAMMERSTORFER

Wels: „Förderwesen deutlich gestrafft" – Sozialpolitik im FPÖ-regierten Wels

Die Wahlen 2015 wurden in Wels zum Triumph für die FPÖ: In der Bürgermeister-Stichwahl setzte sich der blaue Kandidat Andreas Rabl mit 63 % gegen seinen sozialdemokratischen Kontrahenten durch. Im Gemeinderat kam die FPÖ auf 43,1 % der Stimmen und regiert nun mit der ÖVP (17 %) als Juniorpartnerin und mit weitgehenden Vollmachten. Was bedeutet das für die Sozialpolitik der Stadt?

Das Kürzen bzw. Streichen kommunaler Sozialleistungen für MigrantInnen war schon im Wahlkampf Dauerthema: „Ohne Deutsch keine Sozialleistungen", „Ohne Deutsch keine Wohnung" und „Integration ist Pflicht" wurde plakatiert. Bereits in seiner Funktion als Stadtrat hatte Rabl den Zugang zu Wohnungen für Menschen mit „mangelhaften Deutschkenntnissen" eingeschränkt.

Nach der Machtübernahme sollte es weitere Maßnahmen gegen nicht näher definierte „Integrationsverweigerer" geben: „Ich habe vor, dass alle freiwilligen Sozialleistungen der Stadt Wels nur mehr Österreicher und EU-Staatsbürger erhalten. Mit der Möglichkeit, dass jemand Zugang zu diesen Leistungen bekommt, wenn er integriert ist." Und: „Wer eine Integrations- und Sprachförderung nicht annimmt, einfach weil er nicht will, ist Integrationsverweigerer und hat nicht den Anspruch, am Welser Sozialsystem teilzunehmen. In diesem Fall ist die Schulstarthilfe zu streichen", bekundete Rabl im Oktober 2015 in einem *Standard*-Interview.[252] Freilich scheiterten viele dieser Wünsche an rechtlichen Gegebenheiten.

Waren im Wahlkampf und den ersten Wochen der neuen Regentschaft angeblich „schlecht Integrierte" noch Hauptadressaten der blauen Kürzungswünsche, traf diese in der Praxis schnell alle WelserInnen. Unter dem Aufhänger „Förderwesen der Stadt Wels deutlich gestrafft und vereinfacht" verlautbarte die Stadt im Dezember 2015: „Ersatzlos gestrichen sind Förderungen für mobile Altenhilfe und soziale Betreuungsdienste, barrierefreies Planen und Bauen an öffentlichen Objekten, Badeinbauten und Wohnungskosten für Jugendliche, Familien und Alleinerzieher. Ebenfalls aufgehoben sind nun die Richtlinien der Förderung von Umwelt- und Schallschutzmaßnahmen."

Weitere in den ersten Monaten erfolgte Kürzungen betrafen die Ermessenssubventionen für die Kultur- und Sportvereine (minus 10 %) sowie das Kinderschutzzentrum. Als Maßnahmen beim Magistrat wurden ein Aufnahmestopp für Lehrlinge, eine Reduzierung der Anzahl der FerialpraktikantInnen sowie die Nicht-Verlängerung befristeter Dienststellen verordnet. Die bisherige Magistratsdirektorin wurde abberufen (was bis heute Gegenstand laufender Verfahren ist) und durch einen der FPÖ nahestehenden Juristen ersetzt.

Weitere „Einsparungen" sollten im Herbst 2016 durch die Ergebnisse eine „Bürgerbefragung" untermauert werden. Fragen wie „Soll die Stadt Wels den Verlust der Volkshochschule erheblich reduzieren?" oder „Sollen Veranstaltungen im Kulturbereich nur mehr teilweise von der Stadt Wels selbst durchgeführt werden?" wurden allerdings nur von 15 % der WelserInnen und damit wenig repräsentativ beantwortet. Zumal wurde bei der Organisation der Befragung gegen die Datenschutzbestimmungen verstoßen (ein entsprechendes Urteil ist noch nicht rechtskräftig, die Stadt Wels hat dagegen berufen). Ohne Befragung wurde im Dezember 2016 die Welser Jugendherberge auf dem Gelände des „Alten Schlachthofes" geschlossen.

Die Kürzungspolitik im Sozialbereich ist noch lange nicht zu Ende. Für Aufregung sorgte Anfang Juli 2017 ein Rundschreiben der neuen Leiterin der Abteilung Soziales. Darin ist von den kommenden „Herausforderungen" die Rede, „5 % der Sach- und Personalkosten einzusparen und die Fehlzeiten um 15 % zu reduzieren". In den Zuständigkeitsbereich der Abteilung Soziales – und damit am Stärksten von den geplanten Kürzungen betroffen – sind die Seniorenbetreuung, das Sozialservice und die Kinder- und Jugendhilfe.

Thomas Rammerstorfer ist Vorstandsmitglied der Grünen in Wels und Rechtsextremismus-Experte

Das Wirtschaftsprogramm der Strache-FPÖ. Von A bis Z

Die hier vorgestellten Positionen der FPÖ stammen aus programmatischen Texten der FPÖ oder von ihren SpitzenfunktionärInnen. Alle Forderungen und Aussagen sind mit Quellenangaben belegt. Dabei handelt es sich ausschließlich um Positionen,

die unter der Obmannschaft von Heinz-Christian Strache entwickelt, präsentiert oder weiterentwickelt wurden. Wir werden dabei sehen, dass es eine durchgehende Linie von der Haider-FPÖ bis heute gibt.

In einigen Fällen wird auf Positionen der Freiheitlichen Wirtschaft verwiesen. Nun könnte eingewandt werden, dass auch in anderen Parteien der Wirtschaftsflügel vehementer die Interessen der UnternehmerInnen vertritt als der ArbeitnehmerInnenflügel. Die Quellen zeigen, dass es hier bei der FPÖ kaum Unterschiede gibt. Etliche Anträge zur Vollversammlung der Arbeiterkammer Wien belegen das – dort stimmen die Freiheitlichen Arbeitnehmer ebenfalls gegen die Interessen großer Teile der Beschäftigten. Das sollte nicht verwundern: Die FPÖ vertritt in wirtschaftlichen Fragen eine eindeutige und durchgehende neoliberale Linie.

Die Führungsclique der Partei ist gleichzeitig ihr Wirtschaftsflügel. In wirtschaftspolitischen Fragen passt kein Blatt zwischen Parteispitze und Freiheitliche Wirtschaft, die als Vorfeldorganisation für Banken, Betriebe und Konzerne fungiert. Sehen wir uns also das Programm der FPÖ also an. Von A bis Z.

Arbeitslose Menschen

Die FPÖ ist seit vielen Jahren DIE Partei gegen Arbeitslose. Jahrelang wurde gegen „Sozialschmarotzer" gehetzt. In den vergangenen Jahren fanden allerdings immer mehr FPÖ-WählerInnen keinen Job oder kannten Betroffene. Also hat sich die Kritik der FPÖ auf BezieherInnen der Mindestsicherung verlagert – ein propagandistischer Trick, handelt es sich hierbei doch ebenfalls großteils um Arbeitslose.

In Wien erhalten (Stand Juni 2017) 77,9 % aller Mindestsicherungs-BezieherInnen eine sogenannte Ergänzungsleistung. Sie beziehen entweder ein niedriges Einkommen oder eine Pension, Notstandshilfe oder eben Arbeitslosengeld. Diese Bezüge sind aber so niedrig, dass sie durch Beiträge aus der Mindestsicherung ergänzt werden müssen.[253] Die Kritik der FPÖ an den BezieherInnen der Mindestsicherung ist alter Wein in neuen Schläuchen. Sie trifft in erster Linie arbeitslose Menschen. Die FPÖ macht dabei aber nicht halt und hat auch für erwerbsarbeitslose Menschen massive Verschlechterungen vorgesehen. Im „Handbuch freiheitlicher Politik" steht:

> „Die FPÖ will Langzeitarbeitslosen unter anderem anbieten, im Rahmen von Hilfsdiensten personelle Bedarfsspitzen bei gemeinnützigen Tätigkeiten abzudecken. Dies soll prinzipiell freiwillig erfolgen, sollte sich aber als Bonus/Malus auf die Höhe der Unterstützungsleistungen auswirken."[254]

Ob damit kurzfristige „Bedarfsspitzen" wie bei Schneeräumung oder langfristige „Bedarfsspitzen" wie im Pflegebereich gemeint sind, bleibt offen. Wenn die Betroffenen nicht können oder wollen, soll ihnen die Arbeitslosenunterstützung teilweise gekürzt werden. Bei vielen möchte die FPÖ noch weiter gehen:

> „Sogenannte Berufsarbeitslose hingegen haben unsere Unterstützung nicht verdient. Wer die Chance auf Arbeit hat, gesund ist und absolut nicht arbeiten will, der darf auch

finanziell nicht weiter unterstützt werden. Ihm gebührt lediglich eine Grundsicherung in Form von Sachleistungen. Hier handelt es sich um Obdach, Kleidung und Nahrung. Kein Österreicher muss hierzulande hungern oder erfrieren. Es hat aber auch niemand das Recht, seine Mitbürger schamlos auszunutzen." [255]

Unklar bleibt, wie „Berufsarbeitslosigkeit" diagnostiziert wird. Jedenfalls will die FPÖ diesen Menschen künftig alle Geldleistungen streichen. Bei Arbeitslosengeld und Notstandshilfe handelt es sich um Versicherungsleistungen. Um sie zu beziehen, haben die Betroffenen zuvor in das Arbeitslosenversicherungssystem eingezahlt.

Für Menschen, die arbeitslos sind, gilt in den ersten hundert Tagen der so genannte Berufsschutz. In dieser Zeit haben sie das Recht auf Vermittlung in das zuletzt ausgeübte Berufsfeld. Aber auch in dieser Periode ist eine Vermittlung außerhalb des bisherigen Berufes schon jetzt zulässig, „wenn dadurch eine künftige Beschäftigung im bisherigen Beruf nicht wesentlich erschwert wird."[256] Für den Wirtschaftsflügel der FPÖ geht das nicht weit genug. Die FW fordert 2016 „eine Hinterfragung der ‚Branchenschutzfristen' für Arbeitslose" und die „bevorzugte Umschulung für Gastronomie und Hotellerie". Damit die Betroffenen wissen, auf welche Arbeitsbedingungen sie sich in der Gastronomie einzustellen haben, wird im selben Absatz die „Flexibilisierung der Arbeitszeit" gefordert.[257] Die Forderungen der FW stehen übrigens unter dem Titel „Menschlichkeit hat Vorrang".

Zusammengefasst: Die FPÖ-Wirtschaft will den Branchenschutz für arbeitslose Menschen aufheben und diese bevorzugt für (zumeist schlecht bezahlte) Jobs in Gastronomie und Hotellerie heranziehen. Die ohnehin beschäftigtenfeindlichen Arbeitszeiten sollen nochmals „flexibilisiert" werden. Das Handbuch ergänzt: „Wer die Chance auf Arbeit hat, gesund ist und absolut nicht arbeiten will", soll künftig keine Geldleistungen bekommen. Noch schlimmer könnte es kommen, wenn die FPÖ zum Schluss kommt, dass die Betroffenen nicht näher definierten „Sozialmissbrauch" begehen. In diesem Fall sollen sie vor Gericht gestellt oder abgeschoben werden: „Ein funktionierender Sozialstaat hat die Verpflichtung, Sozialmissbrauch zu bekämpfen. Sozialmissbrauch ist als Straftatbestand ins Strafgesetzbuch aufzunehmen und für Ausländer mit Abschiebung zu ahnden."[258]

Für MigrantInnen könnte es künftig überhaupt keine Arbeitslosenversicherung geben. Im „Handbuch" heißt es:

> „Gastarbeiter müssen mit ihrem Einkommen nicht in unser Arbeitslosenversicherungssystem einbezahlen, weil das öffentliche Arbeitslosenversicherungssystem dazu dient, österreichische Arbeitslose zu vermitteln."[259]

Im Wirtschaftsprogramm 2017 heißt es etwas abgeschwächt, dass nach 26 Wochen Bezug des Arbeitslosengeldes verpflichtende Bewerbungen im „Heimatland" erfolgen sollen, nach 52 Wochen gebe es keine Notstandshilfe. Auch für die Mindestsicherung soll die StaatsbürgerInnenschaft Voraussetzung sein.[260]

Davon wären rund 15 % der Bevölkerung betroffen, also über 1,3 Millionen Menschen, die durch so entstehende finanzielle Zwangslagen zu LohndrückerInnen gemacht würden. (☞ Rassismus) Ob es dabei bleibt, ist unklar. 2011 wollte die FPÖ beim AMS drei Generationen lang einen Migrationshintergrund erheben, unabhängig von der StaatsbürgerInnenschaft.[261] Dadurch würden noch die Enkel von MigrantInnen extra erfasst.

Wenn sich eine Partei so intensiv gegen arbeitslose Menschen engagiert, sollte sie im Gegenzug daran interessiert sein, Menschen aus der Arbeitslosigkeit zu führen. Umso erstaunlicher das Stimmverhalten der FPÖ im Wiener Gemeinderat. Im Mai 2016 wurde diskutiert, ob das Projekt „back to the future" für junge MindestsicherungsbezieherInnen gefördert werden solle.[262] Ablehnung kam

von FPÖ und ÖVP. Tatsächlich können derlei Qualifikations-
programme mitunter Zwangsmaßnahmen darstellen. Wir dürfen
davon ausgehen, dass das nicht das Problem der FPÖ war.

Bei all diesen Verschlechterungen für arbeitslose Menschen
sollte es nicht verwundern, dass die FPÖ nicht mitgeht, wenn
Verbesserungen gefordert werden. So wurde im Mai 2016 in
der Vollversammlung der Wiener Arbeiterkammer ein gemeinsamer Antrag von zehn der elf Fraktionen der AK Wien eingebracht: Auch erwerbsarbeitslose Menschen sollten künftig einen
Urlaubsanspruch im Ausmaß von fünf Wochen haben. Die einzige Fraktion, die sich gegen den gemeinsamen Antrag stellte: die
Freiheitlichen Arbeitnehmer.[263]

Auch bei anderen Abstimmungen stellten sich die VertreterInnen der FPÖ-ArbeitnehmerInnen gegen die Rechte von
Arbeitslosen. So wurde im Mai 2017 ein Antrag in die AK Wien
eingebracht, dass eine zumutbare Beschäftigung für arbeitslose
Menschen dem Mindestkollektivvertrag entsprechen müsse und
Vermittlungen auf vom Wohnort weit entfernte Arbeitsplätze nur
freiwillig erfolgen sollten. Mehrheitlich angenommen. Dagegen:
die FA.[264]

Eine neue Regelung sieht vor, dass Personen mit Betreuungs-
pflichten (vor allem Frauen) dem Arbeitsmarkt künftig statt 16
nunmehr 20 Stunden zur Verfügung stehen müssen. Ein Antrag
an die Vollversammlung der Arbeiterkammer Wien forderte, dass
dann zumindest

> „auch nur mehr Arbeitsverhältnisse mit mindestens 20 h/
> Woche als zumutbare Beschäftigung im Sinne des Arbeitslo-
> senversicherungsgesetzes gelten – auch um Teilzeitarbeit mit
> sehr geringer Wochenstundenanzahl und entsprechend nied-
> rigem Einkommen einen Riegel vorzuschieben."[265]

Die Mehrheit der Delegierten war für den Schutz arbeitsloser
Frauen. Die Freiheitlichen Arbeitnehmer stimmten dagegen.

Arbeitsrecht und Kollektivverträge

Arbeitsrechtliche Bestimmungen gelten für alle Lohnabhängigen; rund 98 % der Beschäftigten in Österreich sind laut ÖGB von Kollektivverträgen erfasst.[266] Ein Kollektivvertrag (KV) wird zwischen den VertreterInnen der ArbeitnehmerInnen und den VertreterInnen der UnternehmerInnen abgeschlossen und gilt für alle Beschäftigten der jeweiligen Branche. Geregelt sind in den KVs Arbeitszeiten, Mindestgehälter, Urlaubs- und Weihnachtsgeld sowie die Einstufungskriterien für ein Arbeitsverhältnis.

Die FPÖ ist über Kollektivverträge sehr unglücklich. Bereits in der Haider-Ära wollte sie weg von diesem System. Diese Linie gilt bis heute. So heißt es im Impulsprogramm Wirtschaft der FPÖ: „Die Straffung der rechtlichen Bestimmungen ist (…) unumgänglich. Dies muss mit der Reduktion von Kollektivverträgen sowie flexiblen Betriebsvereinbarungen − statt zentraler Kollektivverträge und starrer Branchenvereinbarungen − einhergehen."[267] Die gleiche Forderung von Ex-FPÖ-Wirtschaftssprecher Themessl wird im Vorwort zitiert.

Ein Abgehen vom KV-System hätte für einen Großteil der Beschäftigten dramatische Folgen. Zum einen würde in vielen Betrieben der Druck massiv zunehmen, schlechteren Bedingungen zuzustimmen. Zum anderen würde mit hoher Wahrscheinlichkeit eine Abwärtsspirale in Gang gesetzt, wo Beschäftigte verschiedener Betriebe gegeneinander ausgespielt würden. Die Versuche der FPÖ, gegen das KV-System vorzugehen, kommen aber nicht nur aus dieser Richtung. Heinz-Christian Strache forderte im Juni 2017 eine Abschaffung der Pflichtmitgliedschaft sowohl in der Arbeiterkammer als auch in der Wirtschaftskammer.[268] Ungesagt bleibt: Eine Abschaffung der Pflichtmitgliedschaft der Betriebe in der Wirtschaftskammer wäre gleichzeitig ein Angriff auf das System der Kollektivverträge.

Die hohe KV-Bindung kommt in Österreich unter anderem dadurch zustande, dass sich Firmen nicht aussuchen können, ob sie einem KV unterliegen. Durch die Pflichtmitgliedschaft in der Wirtschaftskammer gelten Kollektivverträge ihrer Fachorganisation automatisch.[269] Mit dem Fall der Pflichtmitgliedschaft in der WK würde also auch das System der Kollektivverträge in Frage gestellt.

Auch in anderen Bereichen des Arbeitsrechts zeigt sich die FPÖ von Schutzbestimmungen nicht angetan. So zitiert *Stoppt die Rechten* eine Aussendung des steirischen RFW. Dieser habe sich 2010 in einer Aussendung an Tourismusunternehmen beschwert, dass es zu den Aufgaben der UnternehmerInnen zählt, „Hygienemaßnahmen zu kontrollieren, die Weisungen des Arbeitsmediziners zu befolgen, die Arbeitsaufzeichnungen zu führen …"[270]

Das passt zu einer Aussendung der FW Salzburg vom Mai 2017. Angekündigt werden Betriebsbesuche von FPÖ und FW, um über „Unternehmerschikanen" zu referieren. Dem „überbordenden Maß an Vorschriften, an Kontrollen, an Normen für unsere Klein- und Mittelunternehmen (KMU)" wollen die Salzburger Landesparteiobfrau Marlene Svazek und FW-Obmann Christian Pewny entgegentreten.[271] Für die Nationalratswahl 2017 wurde Svazek auf einen sicheren Listenplatz nominiert.[272] Im Wirtschaftsprogramm 2017 kritisiert die FPÖ ebenfalls ein angeblich „überbordendes Arbeitsrecht" (S. 50) und fordert die „Reduktion der Kompetenzen des Arbeitsinspektorates" (S. 27).

Im Parlament stimmt die FPÖ gerne gegen konkrete Verbesserungen für arbeitende Menschen. Im Juli 2013 wurde eine Bestimmung verabschiedet, wonach BauarbeiterInnen ein Überbrückungsgeld in der Höhe des Kollektivvertrags beziehen können, wenn sie arbeitslos sind und kurz vor dem Pensionsantritt stehen. Die FPÖ stimmte dagegen.[273]

Nun findet die FPÖ bei solchen Abstimmungen immer sehr gerne Haare in der Suppe. Auch in diesem Fall. Sie begründete ihre Ablehnung damit, dass nach dem neuen Gesetz Urlaubsansprüche nach drei Jahren verfallen würden, während sie bisher länger aufrecht geblieben wären.[274] Das stimmt. Hier handelte es sich aber um eine Angleichung an die gesetzliche Lage der meisten anderen Beschäftigten; im konkreten Fall stand mit dem Überbrückungsgeld eine deutliche Verbesserung für die Beschäftigten am Bau gegenüber. Dieser konnte die FPÖ offenbar nicht zustimmen.

Arbeitsplätze und Umweltschutz

Die unter der ÖVP-FPÖ/BZÖ-Regierung privatisierte **129** Voest Alpine bringt ihren privaten Eigentümer hohe Erträge. Im Geschäftsjahr 2014/15 machte der Konzern vor Steuern, Abschreibungen und Zinsen (EBITDA) einen Gewinn von 1,53 Milliarden Euro.[275] Im Jahr darauf steigerte er sich nochmals um 3,5 % auf 1,583 Milliarden Euro. Dennoch drohte Generaldirektor Wolfgang Eder im September 2014 mit einem massiven Stellenabbau in Europas Stahlindustrie.[276] Sofort meldete sich Oberösterreichs FP-Landesparteiobmann Manfred Haimbuchner zu Wort. Aber nicht, um den angedrohten Stellenabbau bei gleichzeitig hohen Gewinnen zu kritisieren. Für Haimbuchner stand im Vordergrund, die (ohnehin unzureichenden) österreichischen Klimaschutzmaßnahmen im Rahmen des Konzepts „Energiezukunft 2030" herunterzufahren: „Die derzeitigen Inhalte sind ganz klar grüne standort- und wirtschaftsfeindliche Utopien. Bereits jetzt ist klar, dass die überzogenen Ziele unrealistisch sind."[277] Dass geringere Umweltschutzmaßnahmen nicht zuletzt für die Menschen in der Umgebung von Industriestandorten schlecht wären, ist für Haimbuchner ebenso wenig Thema wie die Profite der Voest-EigentümerInnen.

Arbeitszeit und ihre Verlängerung

Geht es nach der FPÖ, könnte die wöchentliche Normalarbeitszeit 42 Stunden betragen. Das zeigt ein Antrag, den FPÖ-Industriesprecher Pisec im November 2016 im Parlament der Wirtschaftskammer Wien gestellt hat. Pisec, auch Vorstandsmitglied der Wiener Industriellenvereinigung:

> „In der Schweiz ist die Steuer- und Abgabenquote um ein Drittel geringer, die Wochenarbeitszeit beträgt 42 Stunden und die Menschen sind um ein Drittel wohlhabender. Dies ist eine Erkenntnis, die auch der österreichischen Wirtschaftspolitik offensteht. (…) Internationale Studien zeigen, dass die Erhöhung der Wochenarbeitszeit um eine Stunde das Wirtschaftswachstum eines Landes um 0,5 % steigert."[278]

So eindeutig für Arbeitszeit-Verlängerung ist die FPÖ selten; öffentlich wird meist der Begriff „Flexibilisierung" verwendet. Beim Vorarlberger FW-Obmann Edi Fischer klingt das so: „Arbeitszeitflexibilisierung ist ein Muss und kein Geschenk an die Wirtschaft!"[279] Hinter dieser Forderung steht die Idee, dass Beschäftigte zur Verfügung stehen, wenn es Betrieben genehm ist, ungeachtet von Ruhensbestimmungen oder Wochenenden. Laut Fischer muss das „starre Arbeitszeitkorsett" abgelegt werden.[280]

Im Jänner 2017 starten ÖVP-Wirtschaftsbund und FW eine Kampagne zur „Arbeitszeitflexibilisierung". Wirtschaftsbund-Generalsekretär Peter Haubner fordert die „Ausweitung der Tageshöchstarbeitszeit auf 12 Stunden, der Wochenhöchstarbeitszeit auf 60 Stunden". FW-Bundesobmann Krenn assistiert: „Das lässt sich aber nur mit einer bürgerlichen Regierung umsetzen."[281] Im Wirtschaftsprogramm 2017 will die FPÖ für Tourismus und Gastronomie ein „branchentaugliches Arbeitszeitrecht mit belastungsgerechten Nettogehältern" (S. 24).

Wenn es um Arbeitszeitverkürzung geht, steht die FPÖ hingegen auf der Bremse. 2015 wurde in der AK Wien ein Antrag

eingebracht, der „gesetzliche Schritte zu einer umfassenden Ver-
kürzung der wöchentlichen Normalarbeitszeit in Richtung
30-Stunden-Woche bei vollem Einkommensausgleich und einem
entsprechenden Personalausgleich" forderte.[282] Die Mehrheit der
Delegierten war dafür. Dagegen: die Freiheitlichen Arbeitnehmer.

Banken: Keine Bankenabgabe und keine Regulierung

Österreichs Banken finden in der FPÖ eine verlässliche Vertretung ihrer Interessen. Die FPÖ ist eine klare Gegnerin der sogenannten Bankenabgabe für den Finanzsektor sowie der Regulie-
rung von Banken.

Bereits bei der Einführung der Bankenabgabe im November 2010 war die FPÖ dagegen. Bei der Abstimmung im Parlament war die Bankenabgabe Teil eines größeren Pakets, des Bud-
getbegleitgesetzes 2011. Nur die Regierungsparteien stimmten zu.
Aber die Position der FPÖ war klar. In einer Presseaussendung
bezeichnete Generalsekretär Kickl die Bankenabgabe als „sozialpolitischen Rohrkrepierer" und „undurchdachten und kontrapro-
duktiven Pfusch".[283] Im Februar 2014 wurde die Bankenabgabe
auf 640 Millionen Euro pro Jahr erhöht. Wieder stimmte die FPÖ
dagegen, wieder handelte es sich um ein größeres Gesetzespaket.
Auch die Grünen stimmten gegen das Paket, Abgeordneter Bruno
Rossmann kritisierte, dass vor allem jene Banken, die für die Spe-
kulation verantwortlich seien, zu wenig betroffen wären.[284] Die
Kritik von FPÖ-Obmann Strache ging in die gleiche Richtung.
Er machte sich zum Anwalt der „Haushalte und KMUs" sowie
der „kleinen Sparkassen am Land", um die Ablehnung der FPÖ
zu begründen.[285]

Dieses Muster zeigt sich bei Debatten um Abgaben für Banken immer wieder: Die FPÖ argumentiert ihre Ablehnung mit
kleineren Banken und damit, dass Banken die Kosten weiterge-
ben würden. So meinte der damalige FPÖ-Budgetsprecher Elmar

Podgorschek 2014, dass „die Änderungen bei der Bankenabgabe (…) vor allem mittlere Geschäftsbanken [beträfen], was zu Problemen bei der Kreditvergabe an Klein und Mittelbetriebe führen werde“.[286] Einen Gesetzesantrag zur Verhinderung des Umwälzens der Bankenabgabe einzubringen, kommt der FPÖ allerdings ebenso wenig in den Sinn wie eigene Vorschläge, die die „großen Banken in der Stadt“ treffen würden. Worum es eigentlich geht, erklärte Podgorschek (der inzwischen in die oberösterreichische Landesregierung gewechselt ist) in einer Presseaussendung: „Statt mit eisernem Willen einen notwenigen Sparkurs zu verfolgen, riskiere man mit der Erhöhung der Bankensteuer eine neue Bürde für die Allgemeinheit.“[287] Statt einer Bankenabgabe fordert die FPÖ neue Sparpakete.

Wenn es um die Risikoabsicherung für BankkundInnen geht, ist die FPÖ konsequent auf Seite der Banken. Die „Basel III“-Richtlinie legt fest, dass Banken eine bestimmte Menge Eigenkapital besitzen müssen. So sollen vollständige Zusammenbrüche im Falle eines wirtschaftlichen Einbruchs erschwert werden – was auch den KundInnen zugute kommt, die größere Chancen haben, noch etwas von ihren Ersparnissen zu sehen. Die FPÖ spricht sich vehement gegen solche Richtlinien zur Bankenkontrolle aus. Bereits im Impulsprogramm Wirtschaft der FPÖ heißt es:

„Den ohnehin finanzschwachen, mit Eigenkapital unterversorgten und häufig fremd finanzierten KMUs droht mit Basel III ein weiteres Austrocknen der finanziellen Mittel (…) Die bevorstehende weitere Verschärfung der Kreditklemme – durch Basel III – muss verhindert werden.“[288]

Die FPÖ erklärt sich zur Anwältin der UnternehmerInnen, um Interessen der Banken zu verteidigen. Die FW beklagte 2015: „Die heimischen Kreditinstitute erleben durch die Basel-III-Eigenkapitalvorschriften finanzielle und vor allem bürokratische Strapazen (…) Gerade die kleinen vor allem regionalen Bankinstitute sind Förderer und Wegbereiter unserer heimischen Betriebe. Durch diesen regulatorischen Wahnsinn geraten die Regionalinstitute immer mehr unter Druck, womit auch die Belastungen für die Unternehmerschaft steigen."[289] Auch im FP-Wirtschaftsprogramm 2017 findet sich die Forderung nach „Lockerung des Basel-III-Regimes" (S. 21).

Wenn Banken von Zahlungen bedroht sind, rückt die FPÖ zur Verteidigung aus. Diese wird je nach Zielgruppe mit „kleinen Leuten", „kleinen Sparkassen" oder „Klein- und Mittelbetrieben" gerechtfertigt (wobei die Sorge um letztere als FP-Zielgruppe sogar glaubwürdig sein könnte). Auffallend oft fällt das Wort „klein", wenn es um Banken geht. Tatsächlich geht es der FPÖ um den „eisernen Willen für einen notwendigen Sparkurs" – und darum, Abgaben für Banken zu verhindern. Auch für die großen.

Brandschutz im sozialen Wohnbau

Die FPÖ Oberösterreich tritt für eine Reduktion der Brandschutzvorschriften im sozialen Wohnbau ein. „Reduziert man die Vorschriften betreffend mancher Ausstattungen, wie Barrierefreiheit, Brandschutz, aber auch mechanischer Lüftung bzw. überbordender Fluchtwegslängen auf ein sinnvolles Maß, könnten die Wohnungskosten hier um 20 bis 30 Prozent verringert werden", schreibt die FPÖ Oberösterreich am 15. Mai 2017.[290] Manfred Haimbuchner fordert: „Wir müssen ohne Tabus daran gehen, die gesetzlichen Rahmbedingungen zu ändern, Normen weiter entschärfen und entwirren. Ziel ist es, auf ein vernünftiges Maß zu reduzieren."[291] Am 14. Juni 2017 wird in einem Artikel in der oberösterreichischen Zeitung *Tips* nachgelegt.[292] „Der Bogen ist überspannt", meinen Haimbuchner und Oberösterreichs Bauinnungsmeister Norbert Hartl, der auch Funktionär des ÖVP-Wirtschaftsbundes ist,[293] zu „überbordenden Vorschriften" im sozialen Wohnbau.

An dem Tag, an dem der Artikel erschien, brannte in London der Grenfell Tower aus, ein Wohnturm des sozialen Wohnbaus. Mindestens 80 Menschen starben; die genaue Opferzahl wird sich möglicherweise nie eruieren lassen. Die Katastrophe soll auch eine Folge massiver Probleme beim Brandschutz gewesen sein. Für das zeitliche Zusammentreffen kann die FPÖ nichts. Doch London bestätigt, was auch vorher klar gewesen sein sollte: Lockerungen bei Brandschutzvorschriften, Lüftungen oder Fluchtwegslängen sind lebensgefährlich. Eine Verringerung der Barrierefreiheit schließlich bedeutet auch ohne Brände massive Probleme für ältere Menschen, für ☞ Menschen mit Behinderungen sowie für Menschen mit kleinen Kindern.

Familien, Familienbeihilfe und Menschen ohne Kinder

Kinderlose Menschen oder kinderlose Familien sind der FPÖ ein Dorn im Auge. Das hat ideologische Hintergründe: die völkischen Grundlagen der Partei. Möglichst viele Kinder sind für die FPÖ „keine soziale Frage, sondern (…) eine Frage des Überlebens unseres Volkes", wie in ihrem Handbuch steht.[294] Die FPÖ bedauert, dass immer weniger Frauen für den Großteil ihres Lebens hauptsächlich Mütter sein wollten und dass die Zahl der Großfamilien zurückgehe. Im „Handbuch" klingt das so:

„Die Umverteilung zu Lasten unserer Mehrkindfamilien hat dazu geführt, dass mehrere Kinder zu haben, zu drastischen finanziellen Einbußen führt. Dies ist eine der Hauptursachen dafür, dass sich heute nur noch sehr wenige österreichische Mittelstandsfamilien für mehr als zwei Kinder entscheiden und die Geburtenrate auf rund 1,3 Kinder pro Frau gesunken ist."[295]

Die Lösung der FPÖ ist das sogenannte Steuersplitting. Damit würden große Familien gegenüber kinderlosen Personen steuerlich bevorzugt.[296] In „Mut zu Wahrheit" gehen die Forderungen deutlich weiter. Der Niederösterreicher Herbert Vonach war Obmann des „Freiheitlichen Familienverbandes" und hat für die FPÖ Publikationen zur Bevölkerungsentwicklung verfasst.[297] Sein Mut zur Wahrheit:

> „Schließlich sollte der besondere Beitrag der kinderreichen Familien zum Erhalt unseres Sozialsystems auch bei den Beiträgen zur Pensionsversicherung berücksichtigt werden. Dies könnte etwa in der Weise geschehen, dass ab der Geburt eines 3. Kindes die Arbeitnehmerbeiträge zur Pensionsversicherung entfallen und stattdessen von Kinderlosen etwa ab dem Alter von 30 Jahren ein zusätzlicher Beitrag erhoben wird, der etwa 4 % betragen müsste."[298]

Bei Sozialleistungen sieht die Sache anders aus. Ab 2016 wurde in einer Reihe von Bundesländern die Mindestsicherung gekürzt. Unter anderem in Oberösterreich,[299] wo die FPÖ mit der ÖVP regiert, und im Burgenland,[300] wo sie in einer Koalition mit der SPÖ ist. Mehrkind-Familien gerieten dabei gezielt ins Visier. Ein sogenannter Deckel wurde eingezogen: Egal, wie groß eine Familie ist, sie soll künftig mit rund Euro 1500 auskommen (Stand 2017). In Niederösterreich stimmte die FPÖ im Landtag einer entsprechenden Regelung zu.[301]

Frauen sollen – zum „Wohl des Volkes" – möglichst viele Kinder gebären. Wer keine Kinder will, soll Strafsteuern zahlen. Wer in eine soziale Notlage gerät, hat Pech gehabt.

Frauen

Alle Verschlechterungen für Lohnabhängige, Arbeitslose, PensionistInnen, im Umweltbereich, in der Pflege, für Familien, MigrantInnen, etc., betreffen oft in besonderem Ausmaß Frauen. Darüber hinaus hat die FPÖ für Frauen noch einige spezifische Verschlechterungen parat:

Abtreibung ist in Österreich legal, wenn sie innerhalb der ersten drei Monate nach Beginn der Schwangerschaft vorgenommen wird. Davor muss eine Beratung durch einen Arzt oder eine Ärztin stattgefunden haben, wobei es sich um dieselbe Person handeln kann, die die Abtreibung durchführt. Weitere Einschränkungen gibt es nicht. Das würde die FPÖ gerne ändern. Ihr zufolge soll es künftig eine „verpflichtende unabhängige Beratung vor einem geplanten Schwangerschaftsabbruch" geben.[302] Vorbild ist Deutschland: „Die vorgesehene Beratung dient dort ausdrücklich dem Schutz des ungeborenen Lebens."[303] Im Sommergespräch auf *Puls4* bekräftigt Strache im Juli 2017 diese Forderung nochmals.[304]

Für viele Frauen stellt die Zeit rund um den Schwangerschaftsabbruch eine besondere Stresssituation dar. In dieser möchte die FPÖ Frauen, die sich für eine Abtreibung entscheiden, zu einer Beratung zwingen, die „dem Schutz des ungeborenen Lebens" dient. Das hat auch eine soziale Komponente: Frauen, die selbstbewusster sind, sich besser ausdrücken oder besser Deutsch können, werden einer solchen Beratung möglicherweise besser standhalten. Äußerst unangenehm dürfte sie für alle Betroffenen sein.

Das ungeborene Leben liegt der FPÖ also sehr am Herzen. Beim geborenen weiblichen Leben sieht die Sache laut „Handbuch" anders aus: Das Wegweisungsrecht regelt, dass im Falle von Gewalt gegen Frauen die Täter aus der Wohnung gewiesen werden können und ein Betretungsverbot ausgesprochen werden kann. Die FPÖ möchte das ändern und tritt „für einen zeitlichen Rückbau des missbrauchsanfälligen Wegweisungsrechts ein."[305]

In „Mut zur Wahrheit" wird zusätzlich die Forderung nach einem Zwangsdienst für Frauen erhoben. Auch für sie soll „der Präsenz/Zivildienst obligatorisch" sein. Auch diese Forderung kommt nicht ohne klassische Rollenbilder aus: „Das wird schon deshalb unumgänglich, weil insbesondere der Betreuungsbedarf älterer Menschen rapide steigt."[306] Frauen sind offenbar quasi genetisch für den Pflegebereich geeignet und verantwortlich.

Das Frauenbild der FPÖ ist steinzeitlich. Und zwar buchstäblich. Peter Fichtenbauer, ehemals stellvertretender Klubobmann im Parlament und aktuell Volksanwalt auf dem Ticket der FPÖ, erklärte *News*: „Stammesgeschichtlich hat sich die Verteilung, dass der Mann auf die Jagd geht und die Frau sich um das Heim kümmert, als Erfolgsmodell der Gattung Homo sapiens bewährt."[307] Tatsächlich ist die Vorstellung, dass in frühgeschichtlichen Kulturen vor allem Männer für die Jagd verantwortlich gewesen seien, historisch schon lange überholt. Doch wen kümmern schon Fakten, wenn die Vorurteile so gut ins (Rollen)bild passen? **137**

Gesundheit und Sozialbereich

Die FPÖ will im Gesundheitsbereich massiv kürzen. Im Dezember 2016 erklärt Norbert Hofer, es könnten in diesem Sektor „bis zu 4,7 Milliarden Euro pro Jahr" eingespart werden.[308] Im Juli 2017 bekräftigte Hofer diese Summe.[309] Im „Handbuch freiheitlicher Politik" kritisiert die FPÖ die jährlichen Förderungen des Spitalbereichs von 6 Milliarden Euro. „Sehr rasch" könnten Einsparungen „in der Höhe von rund 800 Millionen Euro" bei Spitälern (sowie den ÖBB und der Förderung des Hochtechnologiesektors) erzielt werden.[310] Vor der NR-Wahl 2017 wurden die Kürzungen geringer veranschlagt. Doch auch laut dem 2017er-Wirtschaftsprogramm soll in den Bereichen Gesundheit und Verwaltung eine Milliarde gekürzt werden.[311]

Von Einsparungsphantasien im Gesundheitsbereich wären PatientInnen und Beschäftigte massiv betroffen. Von Verbesserungen für jene, die im Gesundheits- und Sozialbereich arbeiten, wollen die Freiheitlichen Arbeitnehmer nichts wissen. Im Mai 2015 wurde in der Vollversammlung der AK Wien ein Antrag eingebracht. Inhalt: Die Forderung nach einer „Sozialmilliarde" sowie die „Unterstützung und Initiierung politischer, gewerkschaftlicher und betrieblicher Kampagnen für massiv mehr Ressourcen (zusätzlicher Personaleinsatz, bessere Ausstattung, höhere Gehälter) in allen Bereichen der Sozial- und Gesundheitsbranche." Der Antrag wurde mehrheitlich angenommen. Dagegen stimmten die Freiheitlichen Arbeitnehmer.[312]

Konkrete Vorschläge, wo im Gesundheitswesen gekürzt werden solle, legt die FPÖ keine vor. Die allgemeine Forderung nach einer ☞ „Verwaltungsreform" klingt harmloser als konkrete Kürzungen. Allerdings findet sich im „Handbuch" die Forderung nach niedrigeren Zigarettenpreisen.[313] Zweifelhaft ist allerdings, ob steigende Kosten für Krebsbehandlungen zu Kostensenkungen im Gesundheitswesen führen.

Wesentlich offener sagt hier schon Andreas Unterberger in „Mut zur Wahrheit", wo gespart werden soll. Er fordert eine weitgehende Privatisierung der Krankenversicherung inklusive Selbstbehalten: „Im Gesundheitssystem wird das System Pflichtversicherung durch das System Versicherungspflicht abgelöst (…) Die konkurrierenden Gesundheits-Versicherungen können Tarife mit Selbstbehalten anbieten."[314] Konkurrierende private Versicherungen bedeuten, dass vor allem Menschen mit hohen Gesundheitskosten große Probleme bekommen. Die Debatten um das US-Gesundheitssystem dürfen als warnendes Beispiel gelten. Die Spitäler sollen sich mit dem Mut zur Wahrheit künftig selbst finanzieren: „Der Staat – also meist Länder oder Gemeinden – darf zwar weiterhin Spitäler betreiben, aber dorthin keine Steuergelder fließen lassen."[315] Das würde für alle PatientInnen zu einer drastischen Erhöhung der Kosten für die medizinische Versorgung führen. In welchem Ausmaß Selbstbehalte durchgesetzt werden könnten, macht Unterberger ebenfalls klar: „Das einzige, was der Staat da noch zu tun hätte: einen Mindestkatalog an medizinischen Leistungen aufstellen, die jedenfalls von jeder Versicherung gedeckt werden müssen. In diesen [sic!] Katalog müssen alle großen und teuren Risiken enthalten sein. Hingegen sollten die vielen kostenintensiven Kleinigkeiten unberücksichtigt bleiben (Stichwort: Kopfwehpulver)."[316]

Doch was ist mit jenen, die Sozialabbau-Maßnahmen im Gesundheitsbereich nicht für der Weisheit letzten Schluss halten? Eine „Reduktion der Gesundheitsleistungen", die in Deutschland mit der „Agenda 2010" unter Rot-Grün durchgesetzt wurde, nennt Unterberger „mutige Sanierungen". GegnerInnen von Kürzungen seien hingegen „linke Träumer und viele jener, die es sich in der sozialen Hängematte bequem gemacht" hätten.[317]

Gewerkschaft und Arbeiterkammer

Seit vielen Jahren nimmt die FPÖ regelmäßig Gewerkschaft und Arbeiterkammern ins Visier. Bereits in den frühen 1990er Jahren griff Jörg Haider die AK an; in dieser Zeit gründete die Partei sogar eine eigene unternehmerInnenfreundliche („gelbe") Konkurrenz-Gewerkschaft zum ÖGB. 2011 forderte der damalige Kärntner Landeshauptmann Gerhard Dörfler von der FPK (zu diesem Zeitpunkt wieder Kärntner Ableger der FPÖ) sogar die Auflösung der „sinnlosen" Gewerkschaften.[318] Generalsekretär Kickl musste daraufhin in einer Presseaussendung beschwichtigen, dass die Auflösung der Gewerkschaften „kein Thema" sei. Gleichzeitig kritisierte er die Gewerkschaften scharf und behauptete einen „De facto-Zwangscharakter" der Mitgliedschaft im ÖGB.[319] Tatsächlich liegt der Organisationsgrad österreichischer ArbeitnehmerInnen im ÖGB bei rund 27 %.[320]

Rabiat antigewerkschaftlich gibt sich der FPÖ-Wirtschaftsflügel. In einer (auch grammatikalisch) bemerkenswerten Presseaussendung des RFW wird Fritz Amann, bis 2014 Bundesobmann des Rings freiheitlicher Wirtschaftstreibender, zitiert:

„Die GPA [Anm.: Gewerkschaft der Privatangestellten] hat weder etwas zu verlangen und schon gar nichts zu fordern. Sie sollen [sic!] aus dem täglichen Wirtschaftsleben endlich verschwinden und jene die Krise bewältigen lassen, die davon etwas verstehen, nämlich den [sic!] Unternehmen mit ihren Mitarbeitern (...) die Diktatur der Gewerkschaftsbonzen darf die Wirtschaft nicht weiter hinnehmen. Der Zeck [sic!] heiligt die Mittel und der Erhalt des Wirtschaftandortes [sic] mit all den Arbeitsplätzen geht nur ohne diese abgehobenen und realitätsfremden Gewerkschaftsbonzen."[321]

Vor allem steht aber die Arbeiterkammer im Fokus der FPÖ. Immer wieder versucht sie, durch eine substantielle Senkung der Arbeiterkammerumlage das Budget der AK drastisch zu kürzen. In ihrem Wirtschaftsprogramm 2017 fordert sie eine „stufenweise Senkung in den nächsten fünf Jahren auf 50 Prozent der derzeitigen Beträge".[322] Gelten solle das für AK und Wirtschaftskammer (die Landwirtschaftskammer bleibt „ausgeklammert"). Bei der Präsentation der Liste für die NR-Wahl 2017 erklärte Strache die Halbierung zur Koalitionsbedingung.[323] Das würde unter anderem massive Einschnitte bei der arbeitsrechtlichen Beratung bedeuten. Als Argument müssen die viel zitierten Lohnnebenkosten herhalten. So erklärte etwa FPÖ-Wirtschaftssprecher Kassegger 2015 im Parlament:

„Wir sprechen ja von Lohnnebenkosten, wo wir leider Europameister sind. Ich kann nur andeuten beziehungsweise klar feststellen: Wäre die FPÖ an der Macht (...) kann ich zusagen, dass wir die Kammerbeiträge massiv senken würden, denn das würde eine Entlastung für die Unternehmen darstellen."[324]

Das würde für so manchen Betrieb doppelte Ersparnis bedeuten: Einerseits sinken die Lohnnebenkosten, andererseits ist die Arbeiterkammer geschwächt, wenn es um die juristische Vertretung von Beschäftigten geht.

Ähnliche Beiträge finden sich zuhauf. Gleichzeitig scheint sich die FPÖ bewusst, dass diese Angriffe nicht überall populär sind. Eine Woche vor der NR-Wahl 2008 stimmte sie im Parlament überraschend gegen eine Senkung der Arbeiterkammerumlage. Damals meinte Strache auf einmal, dass „die AK eine wichtige Schutzfunktion" habe.[325] Heute kann sich Strache an diese Aussage offenbar nicht mehr erinnern. Im Wirtschaftsprogramm 2017 wird sogar die völlige Abschaffung der Pflichtmitgliedschaft sowohl in der Arbeiterkammer als auch in der Wirtschaftskammer gefordert (S. 28). Eine Abschaffung der Pflichtmitgliedschaft **141** für die Unternehmen würde allerdings auch die ☛ Kollektivverträge in Frage stellen.

In anderen Fällen hätte der Wirtschaftsflügel der FPÖ hingegen sehr gerne mehr Unterstützung durch die Wirtschaftskammer. In Österreich ist die Finanzpolizei für die Betrugsbekämpfung in Betrieben verantwortlich, also unter anderem für die Überwachung von Sozialversicherungsbetrug und die Kontrolle, ob Beschäftigte korrekt angemeldet sind, Lohnsteuern korrekt abgeführt werden und der korrekte Lohn bezahlt wird. Die FW scheint sich nicht sicher zu sein, ob das in den mit ihr sympathisierenden Betrieben der Fall ist. Jedenfalls fordert sie die „Schaffung eines Rechtsbeistanddienstes – durch die Interessenvertretung". Diese rechtliche Unterstützung „vor Ort" soll „z.B. bei Kontrollen der Finanzpolizei" zur Verfügung stehen.[326]

Der Wunsch nach Unterstützung im Fall behördlicher Kontrollen erklärt möglicherweise die Angriffe auf Arbeiterkammern und Gewerkschaften. Betriebe, die bei behördlichen Kontrollen anwaltliche Unterstützung benötigen, dürften aus guten Gründen daran interessiert sein, dass ihre Beschäftigten weniger Möglichkeiten zu arbeitsrechtlicher Beratung haben.

Kinder: Krankheiten, Sozialleistungen und Gewalt

Am 4. Dezember 2016 wurde im Parlament der Selbstbehalt für Kinder und Jugendliche bei einem stationären Aufenthalt im Spital abgeschafft. Zuvor mussten Eltern bei einem mehrwöchigen Krankenaufenthalt ihres Kindes bis zu 560 Euro bezahlen. Die FPÖ stimmte gegen diese Abschaffung.[327] Bemerkenswert: In der Vergangenheit hatte sie selbst immer wieder die Abschaffung dieses Selbstbehalts gefordert.

„Offenbar will die Regierung das Gesundheitssystem auf dem Rücken der kleinsten und ihrer Eltern sanieren. Das ist ein Skandal erster Güte", meinte FPÖ-Gesundheitssprecherin Dr. Dagmar Belakowitsch-Jenewein noch im Februar 2015. „Der Selbstbehalt ist abzuschaffen – vor allem chronisch kranke Kinder und deren Eltern sind schon genug belastet, sie brauchen nicht auch noch die finanzielle Belastung obendrauf".[328] Die Forderung nach der Aufhebung des Selbstbehaltes findet sich sogar im „Handbuch" als „dringend erforderlich".[329]

Nun die 180-Grad-Wende. Allerdings stand der Antrag nicht alleine zur Abstimmung. In einer Gesamtvereinbarung zur Organisation und Finanzierung des Gesundheitswesens waren auf insgesamt 40 Seiten zahlreiche unterschiedliche Beschlüsse zusammengefasst. Das erleichtert es SPÖ und ÖVP, einzelne sozialpolitische Verbesserungen unterzubringen und die Opposition zu kritisieren, die gegen das Gesamtpaket (und damit auch gegen die Abschaffung des Selbstbehalts) stimmt. Die FPÖ kann ihr Abstimmungsverhalten mit der Ablehnung anderer Teile des Pakets argumentieren.

In einem solchen Fall lohnt es, die stenografischen Protokolle des Parlaments nachzulesen.[330] Hauptrednerin für die FPÖ ist Belakowitsch-Jenewein, die angebliche Kämpferin gegen den Selbstbehalt. Von ihr gibt es kein einziges Wort zur Abschaffung. Stattdessen kritisiert sie, dass die Sozialversicherung kontrolliere, ob ÄrztInnen ihre Leistungen korrekt abrechneten, wodurch diese „unter Generalverdacht" gestellt würden. Im weiteren Verlauf der Sitzung findet sich ebenfalls keine Positionierung der FPÖ zur Abschaffung des Selbstbehalts. Es muss also davon ausgegangen werden, dass die FPÖ entgegen ihrer öffentlichen Forderungen bewusst gegen die Abschaffung der Selbstbehalte für Kinder im Krankenhaus gestimmt hat.

Skurril ist das Stimmverhalten der FPÖ auch aus einem anderen Grund. Drei Tage vor der Abstimmung hatte sich Oberösterreichs FP-Chef Haimbuchner für die Abschaffung des Selbstbehalts gelobt (auf Basis welcher Leistung, bleibt unklar): „LHStv. Dr. Haimbuchner: Abschaffung des Selbstbehaltes für Kinder entlastet das Familienbudget – eine langjährige Forderung von mir wurde endlich umgesetzt", heißt es in einem Artikel der FPÖ Oberösterreich.[331] Zwar sitzt Haimbuchner nicht im Nationalrat. Die FPÖ Oberösterreich allerdings stellt sieben Abgeordnete zum Nationalrat.[332] Es gehört eine gehörige Portion Dreistigkeit dazu, sich öffentlich für die Umsetzung einer Maßnahme zu loben, im Parlament aber dagegen zu stimmen.

Bei der Kinderbetreuung zeigt die FPÖ ihre konservativ-reaktionäre Schlagseite. Die Betreuung von Kleinkindern in der Familie sei

„staatlichen Einrichtungen wie Kinderkrippen vorzuziehen. Die Erziehung und der behütende Schutz unserer Kinder sind das Recht und die Pflicht der Eltern. Wir wollen keine gleichgeschaltete Erziehung und ideologische Indoktrinierung unserer Kinder durch den Staat."[333]

Arbeitenden Eltern begegnet die FPÖ kritisch. Im „Handbuch freiheitlicher Politik" heißt es: „Für das Wohl unserer Kinder ist entscheidend, dass den Eltern ausreichend Zeit für ihre Kinder bleibt. (…) Die Steigerung der Mütter- oder Väterbeschäftigungsquote bei Eltern von Kleinkindern ist für uns kein erstrebenswertes Ziel."[334] Obwohl die FPÖ gerade in diesem Fall ausnahmsweise (und möglicherweise bewusst verschleiernd) geschlechtsneutral formuliert, bedeutet das in der Praxis natürlich vor allem, dass Frauen an Heim und Herd bleiben sollen.

Gleichzeitig will die FPÖ, dass sich Eltern verstärkt an der Ausbildung von Kindern beteiligen, ansonsten soll es finanzielle Kürzungen geben:

> „Die Auszahlung von Familienförderungen ist zu verknüpfen mit der Beteiligung der Eltern am Entwicklungs- und Bildungsprozess der Kinder. Geldleistungen sind gleichsam als Anreiz zur Wahrnehmung der elterlichen Erziehungsverantwortung einzusetzen."[335]

Was darunter zu verstehen ist, wird nicht weiter ausgeführt. Möglicherweise ist eine Beteiligung der Eltern an der Arbeit in Kindergarten und Schule gemeint, die durch die Androhung der Kürzung sozialer Leistungen erzwungen würde. Das würde natürlich insbesondere ärmere Familien treffen, die auf staatliche Transferleistungen in besonderem Ausmaß angewiesen sind.

Apropos Transferleistungen: Andreas Unterberger fordert als „unvermeidliche Maßnahme" gegen die „Probleme des Wohlfahrtsstaats" in „Mut zur Wahrheit" sogar den gänzlichen Stopp der Auszahlung von Familienbeihilfen: „Die Familienbeihilfen als Kopfgeld pro Kind werden zehn Jahre lang eingefroren."[336] In der Praxis ist die FPÖ schon jetzt an Kürzungen bei den ärmsten Familien beteiligt. In Oberösterreich haben ÖVP und FPÖ und im Burgenland SPÖ und FPÖ eine Kürzung der Mindestsicherung durchgesetzt, die vor allem Kinder mit mehreren Familien hart trifft. (☛ Familie und ☛ Mindestsicherung).

Aufmerksamkeit verdienen die Positionen der FPÖ zum Thema Gewalt in der Familie. Das Wegweiserecht, mit dem die Polizei Täter aus der Wohnung weisen und ein Betretungsverbot aussprechen kann, möchte die FPÖ „rückbauen"[337] (☛ Frauen-

politik). Zum Thema Gewalt gegen Kinder heißt es im Parteiprogramm: „Wir bekennen uns im Rahmen des Schutzauftrags
des Staates nur dort, wo das Versagen der betroffenen Familie zu
einer klaren Beeinträchtigung des Kindeswohles führt, zum Ein-
griff in die familiäre Autonomie.“[338] Eine gewisse Relativierung
ist unüberhörbar. Bedenklicher wird es kurz danach. Die FPÖ
bekennt sich zwar zu „strengsten strafrechtlichen Bestimmungen
bei Straftaten, die sich gegen Kinder (…) richten“. Doch: „Rohe
Gewalt, insbesondere gegen Kinder, verdient keine Nachsicht.“[339]
Offen bleibt dabei, wie die FPÖ zu Gewalt gegen Kinder steht,
die nicht „roh“ ist.

Klimawandel

Die FPÖ steht in Österreich mit an der Spitze der sogenannten KlimaskeptikerInnen, die die Verantwortung der industriellen Entwicklung für die Veränderung des Weltklimas bezweifeln.
Dass alle seriösen Studien zu einem gegenteiligen Schluss kommen, wird ignoriert. Für Parteichef Strache ist keineswegs erwiesen, dass der Anteil des Menschen an Erderwärmung und Klimawandel so groß wie von ExpertInnen angenommen sei. Das erklärt
er gegenüber dem ORF Mittagsjournal im Juni 2017. Ohnehin
sei da nichts zu machen: „Die Erderwärmung wird man angesichts zunehmender Sonneneruptionen und einer Erwärmung der
Sonne nicht korrigieren können.“[340]

In dasselbe blaue Horn stößt Manfred Haimbuchner: „Man
weiß nicht, inwieweit der Mensch daran schuld ist“, behauptet
er im April 2017 in einem Interview mit *ATV*.[341] 2012 erklärte er:
„Ich habe da eine ganz eindeutige Meinung. Es ist mir nicht das
größte Herzensanliegen, den Klimaschutz zu bekämpfen.“[342] Als
oberösterreichischer Landesrat für Wohnbau und Naturschutz (!)
wollte Haimbuchner Fördermaßnahmen für Passivhäuser[343] und
alternative Heizsysteme wie Solaranlagen[344] abschaffen. Maßnah-

men zum Klimaschutz gehen Haimbuchner „so auf den Keks, ich halt das nicht mehr aus.“[345]

Bereits 2010 forderte die FPÖ eine „völlige Abkehr“ von der Klimaschutzpolitik.“[346] 2016 stimmte die FPÖ im EU-Parlament gegen die Ratifizierung des Weltklimavertrags.[347] An diesem Vertrag gibt es tatsächlich viel zu kritisieren, etwa die wenig ambitionierten Ziele. Die FPÖ-Kritik geht in die entgegengesetzte Richtung: Haimbuchner möchte einen Austritt Österreichs aus dem Kyoto-Protokoll, einem weiteren Klimaschutzabkommen. „Diese Ziele sind nicht erreichbar, nicht praxistauglich und eine wesentliche Bürde für die Wirtschaft.“[348] Hier wird deutlich, worum es geht.

146 Wir haben (☞ Arbeitsplätze und ☞ Umweltschutz) gesehen, dass Haimbuchner ausrückt, sobald Stahlindustrielle mit dem Finger zucken. Im November 2016 legte er nach: Klimaschutz würde zur „Entindustrialisierung der Welt und Oberösterreichs“ führen.[349]

Im Wirtschaftsprogramm 2017 heißt es, die Diskussion um ein Verbot von Dieselmotoren „trifft Motorenwerke und Produktionen großer Konzerne in Österreich mitten ins Herz“ (S. 6). Öko-Betrug und Täuschung der KäuferInnen sind somit nicht relevant, im Zentrum stehen Interessen der Auto-Konzerne.

Vielleicht geht es also gar nicht darum, ob der menschengemachte Klimawandel real ist oder nicht. Wichtiger dürfte sein, dass Klimaschutz-Maßnahmen die Industrie etwas kosten. In „Mut zur Wahrheit“ schreibt Joachim Haindl-Grutsch, Geschäftsführer der Industriellenvereinigung Oberösterreich: „Gegenwärtig wird die globale Wirtschaft von den drei gleich starken Akteuren Asien, USA und EU dominiert.“ Eine weitere Deindustrialisierung in Europa müsse verhindert werden.[350] Im Anschluss kritisierte er, dass „die EU sich unilaterale Ziele bei der CO_2-Reduktion, dem Ausbau erneuerbarer Energien und der Steigerung der Energieeffizienz“ setze.[351]

Zusammengefasst: Maßnahmen zum Klimawandel stören im weltweiten industriellen Konkurrenzkampf. Mit denselben Argumenten erklärte US-Präsident Donald Trump den Ausstieg der USA aus weltweiten Klimaschutzabkommen. Die Folgen dieser industriefreundlichen Politik wird die Bevölkerung des Planeten in den nächsten Jahrzehnten mit einem Anstieg des Meeresspiegels, extremen Klimaereignissen, Hungersnöten, Wasserknappheit und dadurch erzwungenen Fluchtbewegungen ausbaden müssen. Letzteres entbehrt in Anbetracht der FPÖ-Politik nicht einer gewissen zynischen Ironie.

Überraschenderweise sorgt sich die Freiheitliche Wirtschaft sehr wohl um das Weltklima. „Umweltfreundliche und schadstoffarme Fahrzeuge" seien notwendig. Doch bevor die Überraschung allzu groß wird: Hier geht es darum, dass der Staat (der sich sonst aus allem raushalten soll) den Betrieben neue Autos zahlt. „Investitionsförderung zur Flottenmodernisierung" nennt es die FW.[352]

KonsumentInnenschutz

Bestimmungen zum Schutz der KonsumentInnen sind gut und wichtig. Das sehen zumindest die meisten KonsumentInnen so. Anders sieht das die Freiheitliche Wirtschaft.

Die Richtlinie zum Verbraucherrecht bezeichnet die FPÖ-Wirtschaftsorganisation Ende 2015 als „Wirtschaftssünde" und „Monster" und beklagt, dass KonsumentInnen Informationen zum Rücktrittsrecht von Verträgen bekommen:

„Das ‚Monster' Verbraucherrechts-Richtlinie-Umsetzungsgesetz beschert den Unternehmen eine schier unüberschaubare Flut an Bürokratie! Verträge zwischen Unternehmer und Verbraucher, die außerhalb von Geschäftsräumen geschlossen werden, unterlaufen einer komplizierten ‚Zettelwirtschaft'. Man muss den Kunden vor Vertragsabschluss zahlreiche Informationen zum Vertragsgegenstand oder zum

Rücktrittsrecht schriftlich zukommen lassen. Hat der Unternehmer keinen Beweis, dass er der schriftlichen Informationspflicht beim Rücktrittsrecht nachgekommen ist, verlängert sich die Rücktrittsfrist für den Verbraucher automatisch um maximal ein Jahr."[353]

Im Pauschalreisegesetz wird seit April 2017 die Rechtsstellung von KonsumentInnen verbessert, die einen Urlaub buchen. Das Gesetz hat eine Reihe von Lücken, dementsprechend zeigte sich die Wirtschaftskammer erfreut, „dass im Pauschalreisegesetz im Großen und Ganzen keine strengeren Regeln beschlossen wurde [sic!] als notwendig".[354] Für die FW ist das noch lange nicht genug. Es seien die „Interessen der Tourismusbranche der großkoalitionären Klientelpolitik" geopfert worden. Zudem würden „optimale Dienstleistungsangebote (…) durch solche Gesetze behindert und das lehnen wir entschieden ab!"[355]

Dienstleistungen werden somit offenbar optimaler, wenn KonsumentInnen weniger Beschwerderechte haben.

Krankenstand

Wenn Menschen krank sind, sollten sie in den Krankenstand gehen. Dieser sollte auch als Krankenstand gelten. Anders wird das in Publikationen der FPÖ gesehen.

In „Mut zur Wahrheit" fordert Andreas Unterberger: „Der erste Tag jedes Krankenstandes wird als Urlaubstag gewertet. Damit wird das in manchen Betrieben verbreitete Krankfeiern an Montagen oder nach üppigen Festen eingebremst."[356] Wenn es nach der Freiheitlichen Wirtschaft ginge, wären Kuraufenthalte künftig „teilweise auf Urlaub anrechenbar".[357] Von der Unterberger-Forderung wären nicht nur alle kurzen Krankenstände betroffen, sondern auch alle längeren – denn klarerweise beginnt auch jeder längere Krankenstand mit dem ersten Tag. Das Modell der FW hätte ebenfalls drastische Einschränkungen zur Folge. Kuraufenthalte dauern in der Regel rund drei Wochen, große Teile des Jahresurlaubs wären also gefährdet. Beide Modelle hätten eine substantielle Verringerung des Urlaubsanspruchs zur Folge.

Worum es der FPÖ geht, beschreibt Edi Fischer, Vorarlberger Landesobmann der FW und Vizepräsident der Wirtschaftskammer Vorarlberg: „Die gesamtwirtschaftlichen Kosten von Krankenständen haben inzwischen einen zweistelligen Milliardenbetrag erreicht. Die Anzahl an Krankenstandtagen und Krankmeldungen ist gerade für die mittelständische Wirtschaft ein enorm belastender Faktor."[358] Fischers Vorschlag: Lohnabhängige sollten auch arbeiten gehen, wenn sie noch krank seien. „Durch die Einführung eines Teilkrankenstands könnten daher nicht nur die Krankengeld-Auszahlungen stark reduziert, sondern auch die Fehlzeitkosten in den Betrieben deutlich gesenkt werden."[359]

Lehrlinge

In den Discos dieses Landes spielt Parteiobmann Strache an Samstagabenden den Lehrlingsversteher. Am Montagmorgen, wenn für die meisten die Arbeit wieder beginnt, ist davon wenig zu bemerken. Wir haben gesehen, dass sich die FPÖ bereits unter Schwarz-Blau/Orange gegen die Interessen von Lehrlingen stellte. Daran hat sich bis heute nichts geändert. Nach dem „Handbuch" sollen arbeitsrechtliche Schutzbestimmungen für Lehrlinge künftig eingeschränkt werden:

„In bestimmten Bereichen baut das Arbeitsrecht aber überzogene und letztlich für die Beschäftigung kontraproduktive Hürden auf."[360]

Im Wirtschaftsprogramm 2017 heißt es auf Seite 45 ebenfalls, dass Bedingungen zur Aufnahme von Lehrlingen realitätsfern und die „arbeitsrechtlichen Hürden zu hoch" seien.

Auch bei der Lehrlingsentschädigung steigen FP-VertreterInnen auf die Bremse. Im November 2016 wurde in der Vollversammlung der Arbeiterkammer Wien ein Antrag eingebracht, der fordert, „dass für über 18jährige, die eine Lehre beginnen, der Lohn eines/r Hilfsarbeiters/Hilfsarberiterin [sic!] zu bezahlen ist."[361] Die Mehrheit der Delegierten war dafür. Dagegen: die Freiheitlichen Arbeitnehmer.

Offiziell will die FPÖ die Lehre aufwerten, wie aus ihrem neuen Wirtschaftsprogramm hervorgeht. Das schreibt zumindest der *Trend* im Mai 2017. Tatsächlich handelt es sich um eine hohe Unternehmenssubvention: Betriebe, die Lehrlinge aufnehmen, sollen bis zu 3000 Euro jährliche Förderung plus 3000 Euro Bonus je Lehrstelle.[362] Bei den Lehrlingen selbst könnte sogar gekürzt werden. Darauf deutet eine Aussage von Bernhard Themessl hin, bis vor kurzem Wirtschaftssprecher der FPÖ. Im August 2016 kritisierte er die Finanzierung der Freifahrt für SchülerInnen aus dem Familienlastenausgleichsfonds.[363] Diese Unterstützung bekommen auch BerufsschülerInnen, also Lehrlinge. Wenn sie wegfällt, könnten Lehrlinge Tickets für den öffentlichen Verkehr künftig selbst zum Vollpreis bezahlen müssen.

Arbeitslose Jugendliche wären von den Forderungen der FPÖ zur ☞ Mindestsicherung enorm betroffen. Darüber hinaus will sie es jungen Menschen künftig noch schwerer machen, überhaupt einen Arbeitsplatz zu finden. Im Wirtschaftsprogramm 2017 steht: „Die Freiheitlichen wollen eine aktive Lehrlingsförderung in den Betrieben statt überbetrieblicher und staatlich kontrollierter Lehrwerkstätten."[364] Ein Beispiel: Einer der größten Lehrlingsausbilder des Landes sind die Österreichischen Bundesbahnen. Was würde der Verlust staatlich kontrollierter Lehrwerkstätten hier bedeuten? (Alle Zahlen stammen aus einer schriftlichen Antwort der ÖBB an den Autor.)[365]

Mit Stichtag 1. August 2017 bilden die ÖBB bundesweit 1290 Lehrlinge in Lehrwerkstätten aus, insgesamt sind es etwa 1700 Lehrlinge. Im Jahr 2017 haben die ÖBB an die 600 neue Lehrlinge aufgenommen. Allein in den beiden Lehrwerkstätten in der Steiermark werden 239 Lehrlinge ausgebildet, davon 163 in Knittelfeld und 76 in Graz. Im September 2018 soll in Wien-Favoriten eine neue zentrale Lehrwerkstätte eröffnet werden, rund 650 junge Menschen sollen dort einen Beruf erlernen. Würde sich die FPÖ mit ihren Forderungen durchsetzen, wären diese Arbeitsplätze verloren.

LGBTI+

Die FPÖ unter Strache ist konsequent gegen gleiche Rechte für Schwule, Lesben, Bisexuelle, Transgender und intersexuelle Menschen. Nationalratsabgeordneter Wendelin Mölzer etwa behauptet: „Gleichgeschlechtliche Elternschaft ist anatürlich".[366] Auch ein „eigenes Rechtsinstitut für gleichgeschlechtliche Beziehungen" lehnt die FPÖ in ihrem Parteiprogramm ab. Denn: „Nur die Partnerschaft von Mann und Frau ermöglicht unserer Gesellschaft Kinderreichtum."[367] Dementsprechend wehrt sich die FPÖ gegen die Möglichkeit zu Ehe und Adoption für Schwule und Lesben. Die Positionen der FPÖ bedeuten nicht nur eine enorme Diskriminierung der Betroffenen – es geht auch um soziale Rechte, etwa den Eintritt in den Mietvertrag, Besuchsrechte für Kinder nach der Trennung oder Angehörigenbesuche im Krankenhaus.[368]

Lohn- und Sozialdumping

Die FPÖ stimmt im Parlament immer wieder gegen gesetzliche Bestimmungen gegen Lohn- und Sozialdumping. Im November 2014 wurde ein Gesetz verabschiedet, das die Strafen gegen Betriebe erhöhte, die ihren MitarbeiterInnen zu wenig Lohn zahlen oder zustehende Leistungen vorenthalten. Außerdem werden nach diesem Gesetz ArbeitnehmerInnen künftig automatisch informiert, wenn gegen einen Betrieb ein Strafbescheid wegen

Unterentlohnung verhängt wird. Die FPÖ verweigerte diesem Gesetz die Zustimmung.[369]

2016 wurde dieses Gesetz nochmals verschärft. Verwaltungsstrafen gegen Betriebe sollen leichter vollstreckt werden können. Auftraggeber im Baubereich sollen bei grenzüberschreitend tätigen ArbeitnehmerInnen dafür haften, dass österreichische Mindestlöhne und vorgeschriebene Abgaben tatsächlich bezahlt werden (vor allem im Bausektor stellt Lohndumping ein enormes Problem dar). Auch HeimarbeiterInnen und viele (allerdings nicht alle) LandarbeiterInnen werden vom neuen Gesetz besser geschützt.[370] Wiederum dagegen: die FPÖ.

Interessant ist in beiden Fällen die Argumentation: Die Gesetze würden nicht weit genug gehen. Stellen wir uns vor, ein FPÖ-Abgeordneter steht komplett dehydriert in seiner Burschenschaft und bekommt nur ein kleines Bier angeboten. Würde er tatsächlich mit dem Hinweis auf die zu geringe Menge lieber verdursten? (Obwohl: Die alkoholgeschwängerten Männlichkeitsrituale der Burschenschaften würden natürlich niemals ein kleines Bier erlauben).

Wiederum: Niemand hat die FPÖ daran gehindert, eigene Anträge einzubringen. 2016 hat sie das auch getan – mit einem rassistischen Ablenkungsmanöver. Zum einen forderte die FPÖ eine Schließung des österreichischen Arbeitsmarktes.[371] Wie das Protokoll der Parlamentssitzung zeigt, ist der FPÖ allerdings bewusst, dass das EU-rechtlich nicht möglich wäre.[372] Der zweite Antrag in der parlamentarischen Debatte im November 2016 ist dann pikant – die FPÖ will ein „burgenländisches Modell". Darin wird unter anderem die Einschränkung der Personenfreizügigkeit, die Schließung des Arbeitsmarktes sowie „Einschränkungen und Ausnahmeregelungen beim Zugang zum Sozialsystem für ausländische Arbeitnehmerinnen und Arbeitnehmer" gefordert.[373] Bemerkenswert ist allerdings der Ursprung des Antrags: Es handelt sich laut Antrag um eine Resolution des Parteivorstandes der SPÖ Burgenland!

Lohndumping ist tatsächlich ein enormes Problem. Betroffen sind einerseits jene MigrantInnen, die für Niedriglöhne schuften. Andererseits hat Dumping Auswirkungen auf alle Beschäftigen einer Branche. Denn natürlich steigt durch das Dumping auch der Druck auf jene, die bisher noch besser verdienen. Doch wenn es konkret gegen Lohndumping geht, stimmt die FPÖ im Parlament dagegen und schützt die Betriebe, die damit verdienen. Zur Ablenkung gibt es Rassismus. Folgerichtig also, dass die Freiheitlichen Arbeitnehmer im November 2016 in der Arbeiterkammer Wien einem Antrag, der unter anderem die „konsequente Umsetzung der Maßnahmen gegen Lohn- und Sozialdumping" forderte, ihre Zustimmung verweigerten.[374]

Lohnnebenkosten und ihre Senkung

Eines der zentralen Anliegen der FPÖ ist die Senkung der Lohnnebenkosten. In längeren Reden oder Interviews kommt Strache nur selten ohne Erwähnung dieses Herzensanliegens aus.[375] Was sind Lohnnebenkosten überhaupt? Ein Betrieb zahlt für Beschäftigte einen sogenannten Brutto-Brutto-Lohn. Dieser umfasst neben dem Bruttolohn den Anteil der Betriebe an den Lohnnebenkosten. Mit Stand 2017 umfasst der UnternehmerInnen-Anteil an den Lohnnebenkosten folgende Positionen:[376]

– Beitrag zur Pensionsversicherung
– Beitrag zur Krankenversicherung
– Beitrag zur Unfallversicherung
– Beitrag zur Arbeitslosenversicherung
– IESG-Zuschlag (Beitrag zum Insolvenz-Entgeltsicherungsfonds, aus dem im Fall von Firmenpleiten Löhne ausgezahlt werden.)
– Wohnbauförderungsbeitrag

- Beitrag zur betrieblichen MitarbeiterInnenvorsorgekasse
- Kommunalsteuer
- Dienstgeberbeitrag zum Familienlastenausgleichsfonds
- Dienstgeberbeitrag (Mitgliedsbeitrag in der Wirtschaftskammer, sogenannte Kammerumlage 2)
- In Wien: Dienstgeberabgabe der Gemeinde Wien, die sogenannte U-Bahn-Steuer

Bei den Beschäftigten gibt es zusätzlich die Unterscheidung zwischen Brutto- und Nettolohn. Der Bruttolohn beinhaltet Beiträge zur Sozialversicherung, die Lohnsteuer und die Arbeiterkammerumlage (sowie möglicherweise eine Betriebsratsumlage). Der Nettolohn ist, was auf dem Konto landet.

Unklar bleibt, wo die FPÖ Lohnnebenkosten kürzen möchte. Als Beispiel nennt sie immer wieder die Kammerumlagen, insbesondere die Umlage zur ☛ Arbeiterkammer. ArbeitnehmerInnen zahlen derzeit 0,5 % ihres Bruttolohns als AK-Umlage, der Anteil am Bruttobrutto-Lohn ist dementsprechend nochmals niedriger. Eine substantielle Verringerung der Lohnnebenkosten wäre damit nicht zu bewerkstelligen.

Der mit Abstand größte Posten der Lohnnebenkosten sind die Dienstgeberbeiträge zur Sozialversicherung (Krankheit, Unfall, Pension, Arbeitslosigkeit). Substantielle Kürzungen wären nur in diesem Bereich möglich. Jede Kürzung in diesem Bereich bedeutet logischerweise weniger Einnahmen für die Sozialversicherung. Weniger Sozialversicherungsbeiträge bedeuten auch weniger Leistungen, beispielsweise eine schlechtere Gesundheitsversorgung, niedrigere Pensionen, weniger Arbeitslosengeld oder höhere Selbstbehalte.

Dass es tatsächlich um viel mehr geht als um die AK-Umlage, zeigt ein Antrag der Wiener „FPÖ Pro Mittelstand". Im Mai 2013 brachte sie in der Wirtschaftskammer einen Antrag mit der Forderung ein, „die arbeitgeberseitigen Steuern und Abgaben (Lohnne-

benkosten) für die Dauer von drei Jahren ab Beginn des Arbeits-
verhältnisses" gleich komplett „auszusetzen".[377] Damit würden
Unternehmen für die ersten drei Jahre jedes Dienstverhältnisses
nicht mehr in die Sozialversicherung einzahlen. Laut einem Artikel der *Presse* wurden 2010 in Österreich 78 % von einer Million
neu aufgenommener Beschäftigungsverhältnisse innerhalb von
zwei Jahren wieder beendet.[378] Österreichs UnternehmerInnen
müssten im FPÖ-Modell also für den überwiegenden Teil aller
Dienstverhältnisse keinerlei Steuern oder Abgaben für die Sozialversicherung zahlen.

Zusätzlich gäbe es ein weiteres Problem: Wenn zuerst drei
Jahre keine Steuern und Abgaben für Beschäftigte bezahlt werden **155**
müssen, danach aber Zahlungen anfallen, ist vorhersehbar, was
passieren wird – kurz vor Ablauf der Frist würden regelmäßig sehr
viele Menschen gekündigt und durch neue billige Arbeitskräfte
ersetzt werden. Diese Forderung muss als eine der Gesamtpartei
gewertet werden. Die Presseaussendung kommt aus dem Freiheitlichen Parlamentsklub, der Präsident von Pro Mittelstand ist Reinhard Pisec, Industriesprecher der FPÖ.

Die Vorhaben der FPÖ würden dramatische Kürzungen bei
Pensionsversicherung, Krankenversicherung, Unfallversicherung,
bei der Absicherung im Fall von Firmenpleiten und der Wohnbauförderung bedeuten. Darüber hinaus würde ein relevanter Teil
der Lohnsteuern im Staatshaushalt fehlen. All das wird in einer
breiteren Öffentlichkeit von der FPÖ kaum thematisiert.

Was die FPÖ ebenfalls nicht sagt: Für Betriebe sind nicht primär die Lohnnebenkosten entscheidend, sondern die Lohnstückkosten, also der Aufwand für ein Stück eines Produkts – neben
dem Lohn sind das die (Aus)bildung der Beschäftigten, die Infrastruktur von Straße und Schiene (für Beschäftigte und Güter),
die Verlässlichkeit der Energieversorgung, die Gesundheitsversorgung, die Unternehmenssteuern, die soziale Absicherung im Fall

von Kündigungen, aber auch die Anzahl der Streiktage, die neben der Bereitschaft der Gewerkschaften zu Arbeitskämpfen von der allgemeinen sozialen Lage abhängen.

Im Vergleich zu vielen anderen Industrienationen haben Österreichs Unternehmen ziemlich niedrige Lohnstückkosten. 2015 waren sie laut dem „Institut der deutschen Wirtschaft" um 12 % niedriger als in Deutschland und auch unter dem EU-Durchschnitt.[379] Dass eine deutliche Senkung der Lohnnebenkosten drastische Sozialkürzungen für die Bevölkerung bedeuten würde, gibt die FPÖ indirekt zu. So heißt es im „Handbuch":

„Die FPÖ steht der Finanzierung des Sozialstaates über Lohnnebenkosten skeptisch gegenüber. Unsere heimische Wirtschaft steht durch die Belastung mit aufgeblähten Lohnnebenkosten in hoffnungsloser Konkurrenz mit schäbigsten Dumpinglöhnen rund um den Erdball. Die FPÖ steht einem Modell, das Arbeitskosten senkt und eine Gegenfinanzierung durch eine Entbürokratisierung der Verwaltung unseres Staates und eine Beschränkung von Subventionen anstrebt, positiv gegenüber."[380]

Arbeitskosten für die Wirtschaft sollen gesenkt, Subventionen im Gegenzug gekürzt und bei der Verwaltung soll gespart werden. Dass das umfangreiche Sozialabbau-Maßnahmen bedeutet, werden wir bei der ☞ Verwaltungsreform und beim ☞ öffentlichen Dienst genauer sehen.

Darüber hinaus geht es der FPÖ um die internationale Konkurrenz. Lohnnebenkosten sollen gesenkt werden, damit österreichische Betriebe im Vergleich zu Betrieben in anderen Ländern niedrigere Kosten haben. Auf die „schäbigsten Dumpinglöhne rund um den Erdball" soll reagiert werden, indem es auch in Österreich schäbiger wird. Eine Abwärtsspirale: In der Logik kapitalistischer Konkurrenz würde durch Senkungen in Österreich Druck auf eine Senkung von Lohnnebenkosten und Unternehmenssteuern in anderen Ländern entstehen. Hätten die nachgezogen, würde aus Kreisen der Wirtschaft wohl bald die nächste Forderung nach Senkungen – und damit weiterem Sozialabbau – erhoben werden.

Menschen mit Behinderungen und Einschränkung der Gehfähigkeit

In der Öffentlichkeit stellt sich die FPÖ gerne als Vertreterin von Menschen mit Behinderungen und älteren Menschen dar. Sobald es um Maßnahmen zur Barrierefreiheit geht, ist davon nichts mehr zu bemerken. Oberflächlich betrachtet klingt das „Handbuch" in dieser Frage gut:

> „Das Bundes-Behindertengleichstellungsgesetz verpflichtet den Bund, die geeigneten und konkret erforderlichen Maßnahmen zu ergreifen, um Menschen mit Behinderungen den Zugang zu seinen Leistungen und Angeboten zu ermöglichen. Dazu war (…) ein Plan zum Abbau baulicher Barrieren für die vom Bund genutzten Gebäude zu erstellen und die etappenweise Umsetzung vorzusehen. Nunmehr wurde die Frist zur Realisierung von Barrierefreiheit von der Bundesregierung weiter erstreckt. Investitionen in Barrierefreiheit sind nicht zu verschieben sondern vorzuziehen."[381]

Die Sache hat einen Haken: Hier geht es ausschließlich um Bundesgebäude. Bei privaten Gebäuden hingegen treten VertreterInnen der FPÖ gegen Maßnahmen zur Umsetzung der Barrierefreiheit auf. In Oberösterreich hat die FPÖ bereits gesetzliche Verschlechterungen auf den Weg gebracht. Der Reihe nach:

Das Bundes-Behindertengleichstellungsgesetz ist ein Gesetz gegen die Diskriminierung von Menschen mit Behinderungen. Einerseits geht es in diesem Gesetz darum, dass Menschen mit Behinderungen nicht persönlich diskriminiert werden dürfen. Andererseits geht es darum, dass Maßnahmen zur Barrierefreiheit umgesetzt werden, also zur Möglichkeit gleichberechtigter Teilhabe am Alltag und in der Öffentlichkeit. Das Gesetz sieht dabei sogar die Einschränkung vor, dass keine Diskriminierung vorliege, wenn die Beseitigung von Barrieren „wegen unverhältnismäßiger Belastungen unzumutbar" sei. Explizit wird „wirtschaftliche Leistungsfähigkeit" genannt.[382]

Der Freiheitlichen Wirtschaft ist das nicht genug. In einer eigens aufgelegten Flugschrift beklagt sie FW im Juli 2016: „Die Furcht vor teuren Umbauarbeiten, kostenverschlingenden Anpassungen im Web-Auftritt oder zivilrechtlichen Klagen setzen die Unternehmerschaft unter Druck."[383] Die FPÖ-Wirtschaftsorganisation fordert eine „Fristverlängerung zur Umsetzung des Bundes-Behinderten-Gleichstellungsgesetzes". Im Fall von Betrieben will sie also eine Verzögerung der Maßnahmen zur Sicherstellung der Barrierefreiheit – und somit das Gegenteil dessen, was die FPÖ für den Bund fordert.

In Oberösterreich ist Manfred Haimbuchner seit 2009 für die Wohnbauförderung verantwortlich, 2015 kam das Baurecht dazu. Bereits 2010 kritisierte Haimbuchner gegenüber „Bizeps", einer Beratungsstelle für Menschen mit Behinderungen, Maßnahmen zur Barrierefreiheit. Schließlich seien Aufzüge oder breitere Stiegenhäuser (die für RollstuhlfahrerInnen wichtig sind) nicht nur in der Errichtung, sondern auch in der Erhaltung teuer.[384] 2017 legte Haimbuchner in einem Pressegespräch mit Norbert Hartl, Oberösterreichs Landesinnungsmeister der Bauwirtschaft, nach. Barrierefreiheit sei „überzogen", hier gebe es laut Haimbuchner „Einsparungsmöglichkeiten". Hartl sprach von einem „Luxusproblem".[385] Das gelte vor allem für den sozialen Wohnbau – also für jene Menschen, die ohnehin nicht viel haben (☛ Brandschutz).

Mit der ÖVP machte die FPÖ Oberösterreich Nägel mit Köpfen: Im Juni 2017 wurde eine Novelle zur Bautechnik-Verordnung auf den Weg gebracht.[386] Die Grünen Oberösterreich kritisieren die massiven Rückschritte bei der Barrierefreiheit: „Vertikale Hebeeinrichtungen statt Liften, eine stärkere Rampenneigung,

Handlauf bei Treppen nur mehr an einer Seite, wenn ein Personenaufzug vorhanden ist – das sind nur einige Punkte, die diesen Rückschritt bei der Barrierefreiheit zeigen."[387]

Diese Politik deckt sich mit der Kritik an Förderungen für behinderten Menschen, die Andreas Unterberger in „Mut zur Wahrheit" erhob:

> „Im repräsentativ-demokratischen System hingegen müssen sich einzelne Lobbys, Sozialtechnokraten, NGOs und Gutmenschen-Vereine (…) nie der Öffentlichkeit stellen. (…) die Medien unterstützen – ungeachtet der allgemeinen hohlen Spar-Rhetorik – fast jede einzelne Forderung nach mehr Geld. Man denke nur an die abwechselnden Rufe nach mehr **159** Geld für Schulen, nach mehr Geld für Kindergärten, nach mehr Geld für Pflegeaufwand, (…) nach mehr Geld für Behinderte."[388]

Unterbergers Gegenkonzept: „Soziale Mindestsicherung für körperlich oder geistig Behinderte (aber auch für diese muss es finanziell attraktiver bleiben, eine in vielen Fällen ja teilweise mögliche Arbeit auszuüben, als nur vom Staat zu leben.)"[389] Es darf davon ausgegangen werden, dass mit „Attraktivierung" nicht die Lohnanhebung für Menschen mit Behinderungen, sondern eher der Wunsch nach Senkung der Mindestsicherung gemeint ist.

Wenn Unternehmen Menschen mit Behinderungen einstellen, gibt es eine Reihe von Förderungen. Für die FW ist das nicht genug. Für die Beschäftigung von Menschen mit Behinderungen empfiehlt die FW das Projekt „Spagat" des Landes Vorarlberg. Dort müsse „das Unternehmen (…) nur die real erbrachte Leistung des beeinträchtigten Angestellten bezahlen. Die Differenz auf ein kollektivvertragliches Entgelt, bis zu maximal tausend Euro brutto, wird durch eine Lohnkosten-Subvention des Landes Vorarlberg ausgeglichen." Die Frage ist allerdings, wer die „real erbrachte Leistung" festlegt.

Während FPÖ und FW regelmäßig und lautstark die Senkung der Abgabenquote, der Steuern und der Lohnnebenkosten sowie den Rückzug des Staates fordern, möchte die FW bei der Anstellung behinderter Menschen, dass der Staat zusätzliche Leistungen für Betriebe übernimmt – wie das zusammenpasst und wo bei all den Kürzungen das Geld dafür kommen soll, bleibt ein Geheimnis.

Mehrwertsteuer-Anhebung

Die Mehrwertsteuer ist für die breite Masse der Bevölkerung eine der spürbarsten Steuern überhaupt. Jedes Mal, wenn ein Produkt oder eine Dienstleistung gekauft wird, fällt sie an. Sie trifft umso stärker, je niedriger das Einkommen ist. Jeder Mensch braucht beispielsweise Lebensmittel. Ärmere Menschen müssen einen höheren Anteil ihres Einkommens aufwenden, um ihre Grundbedürfnisse zu befriedigen.

Das macht einen Vorschlag Barbara Kappels bemerkenswert. Kappel ist eine der vier Abgeordneten der FPÖ zum europäischen Parlament. 2011 schlug sie gegenüber den *Salzburger Nachrichten* vor, die Mehrwertsteuer um bis zu 2 % zu erhöhen.[390] Damit würden alle Waren und Dienstleistungen in Österreich auf einen Schlag teurer werden. Kappel gilt als ein zentrales wirtschaftspolitisches Aushängeschild ihrer Partei. Strache brachte sie sogar als Wirtschaftsministerin ins Spiel.[391] Im Juli 2015 gab es allerdings einen kleinen Karriereknick; ihr Ehemann legte mit Schulden von 1,3 Millionen Euro eine veritable Firmenpleite hin. Der *Kurier* schrieb: „Eine Wirtschaftsexpertin, deren Mann einen Masseverwalter vorgesetzt bekommt, ist kein Aushängeschild."[392]

Gleichzeitig dürfte Joachim Kappel einen einschlägigen ideologischen Hintergrund haben. Laut *Kurier* hielt er unter anderem Anteile an der rechtsextremen Wochenzeitschrift *Zur Zeit*, die vom FPÖ-Ideologen Andreas Mölzer herausgegeben wird. Doch solche

Verstrickungen sind bei den Freiheitlichen ohnehin fast selbstverständlich. Weit aufschlussreicher, dass eine zentrale Frontfrau der FPÖ mit der Forderung nach umfangreichen Preiserhöhungen für die breite Masse der Bevölkerung auftritt.

Mindestlöhne

Offiziell tritt die FPÖ für einen Mindestlohn ein. Seine Höhe ändert sich allerdings regelmäßig, teilweise buchstäblich im Monatsrhythmus. Im Nationalratswahlkampf 2013 forderte die FPÖ einen Mindestlohn in Höhe von 1600 Euro.[393] Es bleibt hier und in Folge unklar, ob die Beträge brutto oder netto gemeint sind. Da die Mindestlohn-Debatte mit Bruttolöhnen geführt wird, ist davon auszugehen, dass auch die FPÖ von Bruttolöhnen spricht.

2015 galt die 1600-Euro-Forderung noch. So forderte Generalsekretär Kickl in einer Aussendung des FPÖ-Parlamentsklubs im August dieses Jahres einen Mindestlohn von 1600 Euro.[394] Anfang 2017 sank dieser Betrag auf einmal beträchtlich. Beim Neujahrstreffen am 14. Jänner 2017 wollte FPÖ-Chef Strache nur noch einen Mindestlohn von 1300 Euro. Trotz steigender Preise eine Reduktion um 300 Euro.[395] Einen Tag zuvor hatte Oberösterreichs FPÖ-Chef Haimbuchner in der *Kleinen Zeitung* die Debatte überhaupt für beendet erklärt: „Sozialpolitische Träumereien werden wir uns nicht leisten können (...) Eine Mindestlohndebatte vom Zaun zu brechen, ist verantwortungslos."[396]

Zu Beginn des Nationalratswahlkampfes ging die FPÖ dann aber wieder nach oben. Am 1. Mai wollte Strache in Linz 1700 Euro Mindestlohn.[397] Pikanterweise hatte die FPÖ im niederösterreichischen Landtag im Dezember 2016 gegen genau diese Forderung gestimmt.[398] Anfang Juni 2017 will Strache in einem Interview mit der *Austria Presseagentur* auf einmal doch wieder nur 1300 Euro.[399] Im Sommergespräch auf *Puls4* am 3. Juli 2017 tritt Strache plötzlich für einen Mindestlohn von 1500 Euro ein. Mehr als im Juni, aber weniger als im Mai. Allerdings nennt Strache auf *Puls4* zusätzliche Einschränkungen: „Wir wollen den Mindestlohn von 1500 Euro, aber da braucht es Vorschritte. Wir müssen von der hohen Steuer- und Abgabenbelastung hinunter. Wir müssen den Faktor Arbeit entlasten. Wir müssen die Lohnnebenkosten senken.“[400] In dem Artikel, den die FPÖ anlässlich dieses Sommergesprächs publiziert, wird Strache so zitiert: „Es braucht Steuerentlastungen, sonst wird der kleine Friseur oder Lebensmittelhändler wieder einen von seinen wenigen Angestellten kündigen müssen. Die Betriebe müssen endlich wieder Gewinne von ihren Umsätzen haben, sonst funktioniert das nicht.“[401]

Offenbar sollen Mindestlöhne durch eine Senkung der Lohnnebenkosten gegenfinanziert werden – oder sind ohnehin nur eine Karotte, um diese Forderung populär zu machen. Die Verknüpfung bestätigt Strache-Stellvertreter Gudenus im Juni 2017: Beim Mindestlohn bis 1500 Euro sieht er Spielraum, „wenn es vorher eine spürbare Steuerreform gibt und die Lohnnebenkosten sinken.“[402] Scheinbar war Gudenus nicht über die in dieser Woche geltende 1300-Euro-Linie seines Chefs im Bilde.

Eine Senkung der Lohnnebenkosten würde deutlich geringere Staatseinnahmen bedeuten, also unter anderem weniger Geld für Sozialleistungen. Davon wären NiedrigverdienerInnen in besonderem Ausmaß betroffen (☛ Lohnnebenkosten). Bei der Präsentation des Wirtschaftsprogramms im August 2017 spricht Strache wieder von 1700 Euro, die Forderung findet sich allerdings nicht im Programm.[403] Damit hat die FPÖ ihre Position (von zuvor 1600 Euro) zwischen Jänner und August 2017 fünf Mal revidiert: 1300-1700-1300-1500 (mit „Vorschritten“)-1700. Es bleibt eigentlich nur noch abzuwarten, wann die nächste Änderung ansteht.

Mindestsicherung

Wenn Verschlechterungen für BezieherInnen der Mindestsicherung geplant oder eingeführt werden, ist die FPÖ an vorderster Front dabei. Bereits bei der Einführung im Juli 2010 war die FPÖ gegen die neue Regelung. Zwar hatte sie im Parlament versehentlich dafür gestimmt, woraufhin Generalsekretär Kickl mit einer eigenen Presseaussendung ausrückte und klarstellte, „dass die FPÖ klar gegen die Mindestsicherung ist."[404]

Nun hatte die „Bedarfsorientierte Mindestsicherung" (BMS) bei ihrer Einführung tatsächlich Licht und Schatten. Sozialeinrichtungen begrüßten, dass damit der „Angehörigen-Regress" gefallen war, also die Möglichkeit des Staates, Geld von nahen Verwandten zurückzufordern. Kritisiert wurde, dass die Mindestsicherung gegenüber der Sozialhilfe deutlich mehr Sanktionsmöglichkeiten des Staates beinhalte. Für die FPÖ ging es offensichtlich vor allem darum, dass Menschen eine Grundabsicherung durch den Staat erhalten.

Die BezieherInnen der Mindestsicherung spielen für die FPÖ heute offensichtlich jene Funktion, die früher arbeitslose Menschen hatten – wobei die meisten Bezugsberechtigten ohnehin Arbeitslose sind (☛ Arbeitslosigkeit). BMS-BezieherInnen werden vorgeschoben und vorgeführt, um ganz allgemein Stimmung gegen Sozialleistungen zu machen. Regelmäßig fordert die FPÖ eine weitere Senkung der Mindestsicherung bzw. setzt diese mit um, wo sie in Regierungsverantwortung ist, wie in Oberösterreich oder im Burgenland. Von der sogenannten Deckelung pro Haushalt auf rund 1500 Euro sind besonders ☛ Familien mit mehreren Kindern, Haushalte mit mehreren Generationen unter einem Dach sowie Wohngemeinschaften betroffen. Ebenfalls gekürzt wird bei geflüchteten Menschen. Die Klubobleutekonferenz der FPÖ mit Parteichef Strache forderte im Mai 2017, dass das oberösterreichische Modell zur Kürzung der Mindestsicherung „bundesweit zur Anwendung" komme.[405]

Die Stimmung gegen Bezieherinnen von Mindestsicherung bringt FP-OÖ-Chef Haimbuchner auf den Punkt. Er fordert, „den Unternehmern wieder mehr Wertschätzung gegenüberzubringen, im Gegensatz zu jenen, die nicht 40 Stunden arbeiten wollen und es vorziehen, Mindestsicherung zu beziehen."[406] Wertschätzung für Menschen, die sich das Notwendigste kaum oder nicht mehr leisten können, ist bei Haimbuchner offenbar keine Option.

164 Pensionen

Beim Thema Pensionen ist die FPÖ extrem vorsichtig, vor allem in Wahlkampfzeiten. Der *Trend* erklärt den Grund in Hinblick auf das Wirtschaftsprogramm 2017. Die FPÖ wolle „ihre Kernklientel in der Arbeiterschaft nicht verschrecken (…) Die schnellere Anhebung des faktischen Pensionsalters oder die Vereinheitlichung der Pensionssysteme – beides wurde diskutiert – könnten vorerst Lippenbekenntnisse bleiben."[407] Im Wirtschaftsprogramm findet sich nun die Forderung nach „Anpassung des faktischen Pensionsantrittsalters". Wien solle das Pensionsrecht für beamtete Landesbedienstete schneller verschlechtern als geplant (S. 40f).

In der Vergangenheit war Strache offener. Im Oktober 2014 meinte er gemeinsam mit Finanzsprecher Fuchs, dass Einsparungen von 8 Milliarden „locker gegenfinanziert" werden könnten, unter anderem durch „Maßnahmen" bei Pensionen oder im Gesundheitssystem.[408] Welche das sein könnten, verriet Wirtschaftssprecher Kassegger, der wie Fuchs als zentraler Autor des Wirtschaftsprogramms 2017 gilt.[409] In einem Beitrag für die rechtsextreme FP-nahe Plattform *unzensuriert* forderte er eine „Anpassung unseres Pensionssystems an die faktischen Gegebenheiten und Erfordernisse (Pensionsantrittsalter, Lebenserwartung)". Im Klartext: einen späteren Pensionsantritt.[410]

Zur Frage von Pensionskürzungen wird im „Handbuch" verschwurbelt formuliert:

„Grundsätzlich ist auf Basis der uns heute bekannten Rahmenbedingungen anzustreben, dass der herrschende Grundsatz, nach 45 Arbeitsjahren ohne Abschläge in Pension gehen zu können, auch weiterhin aufrecht erhalten bleibt."[411]

Eine eindeutige Absage an Pensionskürzungen klingt anders. Offener ist Andreas Unterberger im kleinen (Attersee)kreis in „Mut zur Wahrheit".[412] Die Erhöhung des Renteneintrittsalters in Deutschland auf 67 Jahre nennt Unterberger eine „mutige Sanierung".

165

Pensionen für Witwen und Witwer sollen komplett abgeschafft werden, „es gibt keine beitragslosen Pensionen für Witwen und Witwer mehr." Pensionen sollen nur in jener Höhe ausbezahlt werden, „die versicherungsmathematisch den eingezahlten Beiträgen entspricht." Das bedeutet: Wer ein weniger hohes Einkommen hatte, muss länger arbeiten und kann später in Pension. Bei Unterberger klingt das so: „Nicht der Staat (‚die Partei') garantiert (…) die Höhe meiner Pension, sondern ich selbst durch meine Leistungen und die Entscheidung, kürzer oder länger zu arbeiten."

Die Ausgleichszulage, also die Mindestpension, soll auf „höchstens 65 % des niedrigsten Kollektivvertrags-Vollzeitlohns" gesenkt werden. Ende November 2016 beträgt dieser (Bereich Zeitungen/Expedit) 879,99 Euro.[413] Nach diesen Vorstellungen hätte die Mindestpension in Österreich nicht mehr als 571,99 Euro betragen. Und selbst diese Ausgleichszulage soll es nur für jene geben, die „zu wenig einbezahlt haben, aber ab dem 70. [!] Lebensjahr nicht mehr arbeiten können."

Dass Unterberger in der Frage von Pensionskürzungen keine Einzelmeinung vertritt, zeigen die Debatten zum Budget 2017. Beim Hearing im November 2016 trat als FPÖ-Expertin Barbara

Kolm auf. FPÖ-Wirtschaftssprecher Kassegger zeigte dann mit seinen Fragen, worum es der FPÖ geht. Er wollte von Kolm wissen, wie die Pensionsausgaben reduziert werden könnten. Kolms Antwort: Die gegenwärtigen Pensionsausgaben seien „nicht tragbar" und müssten verringert werden, Vorbilder seien Asien und vor allem Lateinamerika.[414]

Pflege

Im Juni 2017 wurde im Nationalrat der sogenannte Pflegeregress abgeschafft. Alle Parteien außer den NEOS stimmten dafür. Dieser Regress bedeutete im Wesentlichen, dass für die Pflege alter oder kranker Menschen in einem Heim auf den Privatbesitz der Betroffenen zurückgegriffen wurde. In mehreren Bundesländern konnten EhegattInnen und LebenspartnerInnen zur Kostenbeteiligung gezwungen werden. Zum Zeitpunkt der Abschaffung waren 75 – 80.000 Menschen davon betroffen.[415]

Die Abschaffung des Pflegeregresses ist für viele eine enorme Erleichterung. In Wahlkampfzeiten gibt sich auch die FPÖ gerne großzügig. Tatsächlich hat zumindest ihre steirische Landesorganisation eine Kampagne (inklusive Unterschriftensammlung) gegen den Pflegeregress geführt.[416] Die FPÖ könnte hier also tatsächlich konsequent sein.

Interessant sind allerdings die Modelle zur Gegenfinanzierung. Die Bebilderung der E-Card zur Bekämpfung von angeblichem Missbrauch, die ebenfalls beschlossen wurde, darf unter rassistisch motiviertem Populismus verbucht werden – keine Überraschung, dass die FPÖ der Regierung für diese Maßnahme begeistert applaudierte. ÖVP-Finanzminister Hans Jörg Schelling hatte als Chef des Hauptverbandes der Sozialversicherungsträger 2009 der Idee noch eine klare Absage erklärt. Sie sei mit damals geschätzten 15 Millionen Euro „wahnsinnig kostenintensiv".[417]

Mehr Einnahmen könnte eine Maßnahme bringen, die Strache-Stellvertreter Johann Gudenus in einem Interview mit dem *Kurier* im Juni 2017 ins Gespräch bringt: „Den Pflegeregress könnte man auch abschaffen, indem man den Staat schlanker und den Föderalismus effektiver macht."[418] Wieder einmal die Forderung nach dem schlanken Staat – und damit nach Leistungskürzungen an anderen Stellen. Die Betroffenen würden damit die Abschaffung des Pflegeregresses teilweise selbst bezahlen müssen.

Die FPÖ ist also tatsächlich gegen den Pflegeregress. Oder auch nicht. Denn es gibt einen kleinen Schönheitsfehler: Kärnten. Dort wurde der Pflegeregress mit 1. Juli 2012 wieder eingeführt, nachdem er zuvor abgeschafft worden war. Verantwortlich dafür: die FPK, also die Freiheitlichen in Kärnten (die bis 2013 den Landeshauptmann stellten), sowie die ÖVP. Federführend: Soziallandesrat Christian Ragger von der FPK.[419]

Nach der Spaltung vom Haider-BZÖ war die FPÖ in Kärnten auf eine Kleinstgruppe zusammengeschmolzen. Das BZÖ repräsentierte das Dritte Lager. Nach Haiders Tod begann eine Wiederannäherung, 2010 vereinigten sich „Die Freiheitlichen in Kärnten", wie sich das BZÖ inzwischen nannte, wieder mit der Bundes-FPÖ. 2013 wurde fusioniert. Erster Landesparteiobmann der wiedervereinigten FPÖ Kärnten: Pflegeregress-Befürworter Christian Ragger. Ragger geriet 2014 erneut ins Gerede, als bekannt wurde, dass er in seiner Amtszeit als Soziallandesrat Aufträge von fast 400.000 Euro im Umfeld seiner Rechtsanwaltskanzlei vergeben hatte.[420] Als die neue Dreierkoalition aus SPÖ, ÖVP und Grünen im April 2013 den Pflegeregress in Kärnten wieder abschaffte, gab es im Landtag eine Gegenstimme. Sie kam von den Freiheitlichen.[421]

Mit dieser Position steht die FPK/FPÖ Kärnten in der FPÖ vielleicht weniger alleine da, als es im ersten Moment scheinen mag. Als im Jahr 2011 das Pflegegeld in der heutigen Form eingeführt wurde, stimmte die FPÖ im Parlament dagegen. Als Begründung mussten wieder einmal „die Ausländer" herhalten, die zu leicht Zugang zum Pflegegeld bekämen.[422]

Im Internet kursiert die Information, die FPÖ hätte im Dezember 2014 im Parlament gegen die Erhöhung des Pflegegelds gestimmt. Faktisch stimmt das. Im gleichen Antrag verpackten SPÖ und ÖVP allerdings auch eine enorme Verschlechterung für Pflegebedürftige. Sowohl bei Pflegestufe eins als auch bei Pflegestufe zwei wurde die Stundenanzahl erhöht, die nötig ist, um Pflegebedarf nachzuweisen.[423] Eine Steilvorlage für die FPÖ – Herbert Kickl konnte vom „sozialpolitischen Schandfleck des Jahres 2014" sprechen.[424]

Im Parlament setzt sich die FPÖ für die „Entlastung pflegender Angehöriger" ein, wie ein Antrag behauptet, den die FPÖ im Juni 2012 ins Parlament einbrachte.[425] Dabei ist dieser Antrag bezeichnend für das Frauenbild der FPÖ. Der Abgeordnete Rupert Doppler erklärte:

> „Wenn alle Personen, die zu Hause versorgt werden, in öffentliche Einrichtungen, Pflege- oder Seniorenheime aufgenommen werden müssten, dann würde die öffentliche Hand schön schauen: Die Situation wäre gar nicht bewältigbar, von den Kosten gar nicht zu sprechen. Die Leistung der Angehörigen macht Pflege und Betreuung in Österreich erst finanzierbar."[426]

Ziel der FPÖ ist also nicht, eine ausreichende Pflege durch die öffentliche Hand anzubieten. Stattdessen sollen Angehörige, zumeist Frauen, weiterhin zum Handkuss kommen. Eine tatsächliche „Entlastung" sähe anders aus. Dass es in diese Richtung geht, zeigt auch der entsprechende Abschnitt im „Handbuch". Darin heißt es: „Die private Pflege ist durch eine verantwortungslose Familienpolitik und durch eine Vernachlässigung der pflegenden Angehörigen zunehmend in Gefahr. Wir Österreicher leisten uns immer weniger Kinder."[427] In erster Linie soll nicht die öffentliche Hand Pflegebedürftige unterstützen, sondern die Angehörigen, in diesem Fall die Kinder, sollen dafür verantwortlich sein. In dieselbe Richtung weist das Abstimmungsverhalten der Freiheitlichen Arbeitnehmer in der Arbeiterkammer Wien. Im November 2016 wurde ein Antrag eingebracht, der unter anderem fordert:

> „Soziale Dienstleistungen ausbauen, va Pflege, Ganztagsschulen, Kinderbetreuung (…) Diese Dienste stehen den Menschen großteils unabhängig vom Einkommen zur Verfügung und wirken für Menschen im niedrigen Einkommensdrittel besonders günstig, da diese viele Leistungen privat nicht finanzieren könnten."[428]

Die Mehrheit der Delegierten stimmte dafür. Dagegen waren die Freiheitlichen Arbeitnehmer.

Wenn die Pflege staatlich organisiert werden soll, fordert die FPÖ möglichst billige Arbeitskräfte im Pflegesektor. Nach ihren Wünschen soll ein eigener Lehrberuf „Pflege und Betreuung" eingeführt werden.[429] Wer diesen Lehrberuf ergreift, würde wohl weitgehend dieselben Tätigkeiten ausführen wie die PflegehelferInnen zuvor – für deutlich weniger Lohn.

In Vorwahlzeiten und in der Opposition ist die FPÖ für die Anliegen Pflegebedürftiger durchaus offen. Im Falle der Regierungsverantwortung setzt sie jene Verschlechterungen um, die sie in der Opposition kritisiert. Anstelle des Staates sollen vor allem Angehörige für die Pflege verantwortlich sein. Und dort, wo doch der Staat einspringen soll, sollen die Löhne für die Beschäftigten sinken.

Privatisierungen

Offiziell spricht sich die FPÖ zumeist gegen weitere Privatisierungen aus. Dabei sind zwei wichtige Einschränkungen angebracht: Zum einen wurden wesentliche Teile des staatlichen Vermögens ab den späten 1980er Jahren von SPÖ und ÖVP und dann ab 2000 von ÖVP und FPÖ/BZÖ bereits privatisiert. Zum anderen ist die Linie der FPÖ keineswegs so klar, wie es scheint. Im „Impulsprogramm Wirtschaft" schreibt die Partei:

„Nationalökonomisch wichtige [sic!] Unternehmen aus Schlüsselsektoren sowie beschäftigungspolitisch bedeutsamen Betrieben ist im Interesse der Allgemeinheit und der Volkswirtschaft ein Verbleib unter maßgeblicher österreichischer Geschäftsleitung zu garantieren. Dies wird die öffentliche Hand durch den Behalt eines qualifizierten Anteils (50% plus), zumindest jedoch der Sperrminorität von 25% plus einer Aktie, erreichen."[430]

Bezeichnenderweise lautet die Überschrift des Kapitels „Privatisierung mit Hausverstand". Der Rückzug auf eine Sperrminorität von 25 % würde umfangreiche Privatisierungen ermöglichen.

Im Sommer 2017 hält die Republik an den ÖBB 100 %, an der Post rund 53 %, am Verbund 51 % (weitere 30 % halten regionale staatliche Energieversorger), an der OMV 31,5 % und an der Telekom Austria rund 28 %.[431] Ein Rückzug auf eine Sperrminorität von 25 % würde in jedem dieser Fälle umfangreiche Verkäufe von staatlichem Vermögen bedeuten.

Etwas verklausuliert findet sich „im Handbuch" ein Bekenntnis zu Privatisierungen:

„Liberalisierung und Privatisierung sind nur punktuell geeignete Rezepte, potentielles Marktversagen ist bei jedem Schritt nachdrücklich zu berücksichtigen. Ein Staat, der den Bürger nicht über Gebühr belastet und sich einer Deregulierung verpflichtet fühlt, wird sich höherer Akzeptanz erfreuen."[432]

Privatisierung liegt in den Genen der FPÖ, nur wurde in der Vergangenheit offener darüber gesprochen. Aufschlussreich ist etwa eine Passage aus dem FPÖ-Programm, das auf dem Parteitag 2005 verabschiedet wurde – also auf jenem, wo dem Strache Parteiobmann wurde: „Der Staat sollte sich jeder erwerbswirtschaftlichen und unternehmerischen Betätigung enthalten müssen, die derzeit lediglich zur Verzerrung der Wettbewerbsverhältnisse auf dem Markt zu Lasten der privaten Mitbewerber [...] führt."[433] Die Umsetzung dieser Forderung würde umfangreiche Privatisierungen bedeuten. Einzelne VertreterInnen der FPÖ sind ohnehin offener. Wirtschaftsexpertin Barbara Kolm forderte im März 2017 sogar die Privatisierung von Trinkwasser.[434]

SchülerInnen- und Lehrlingsfreifahrt

Die Freifahrt für SchülerInnen und Lehrlinge vom Wohnort zur Schule oder zum Betrieb wird aus dem Familienlastenausgleichsfonds (FLAF) finanziert. FPÖ-Wirtschaftsexperte Themessl ist damit nicht einverstanden. Gegenüber den *Vorarlberger Nachrichten* beklagt er: „[D]er FLAF finanziert auch Schülerfreifahrten. Warum muss ein Unternehmer das zahlen? Wir haben für den öffentlichen Verkehr und den Straßenausbau ja schon die Kfz-Steuer." Nachfrage: „Weniger Lohnnebenkosten heißt weniger Budget. Sollte in der Folge auf gewisse Leistungen verzichtet werden?" Antwort: „Wir fordern seit Jahren mehr Eigenverantwortung. Österreich muss sich von der Vollkaskomentalität verabschieden." [435]

Staatsverschuldung, Nulldefizit, Sozialstaat und Nachtwächterstaat

Ein zentrales Thema für die FPÖ ist ein „ausgeglichener Staatshaushalt", also ein Staat, der nicht mehr ausgibt, als er einnimmt. Im „Handbuch freiheitlicher Politik" liest sich das so: „Wir bekennen uns zu einer an den konkreten Herausforderungen der Zeit orientierten Wirtschaftspolitik, frei von ideologischen Vorbehalten, und zu einem über den Konjunkturzyklus ausgeglichenen Staatshaushalt."[436] Damit einher geht die Forderung nach einem Nulldefizit, wie sie Parteichef Strache etwa bei der Präsentation des Wirtschaftsprogramms 2017 erhebt.[437] Im ersten Moment klingt das logisch. Wer will schon Schulden haben?

Banken wollen Gewinn in Form von Zinsen, wenn sie dem Staat Geld leihen. Damit wird staatliches Geld privatisiert, nachvollziehbar, dass das nicht generell positiv ist. Gleichzeitig hat ein Staat andere wirtschaftliche Grundlagen als Private. Wenn eine Person einen Wohnungskredit aufnimmt, besitzt sie danach die Wohnung. Die bringt keinen Ertrag, sondern ist Wohnfläche (außer, sie wird vermietet oder verkauft). Wenn ein Staat in Ausbildung oder Infrastruktur investiert, ist das eine Investition in die Zukunft. Künftige Generationen zahlen wiederum in den Staatshaushalt ein – abgesehen davon, dass diese Investitionen an sich sinnvoll und wichtig sind.

Ein Staatshaushalt könnte sowohl durch Senkung der Ausgaben als auch durch Anhebung der Einnahmen (etwa Vermögenssteuern) ausgeglichen bilanzieren. Solche Einnahmen kommen der FPÖ nicht in den Sinn, sparen will sie vor allem ausgabenseitig. Wirtschaftssprecher Kassegger kritisiert, dass Österreich ausgabenseitig gesehen Werte habe, die „uns bald um die Ohren fliegen könnten." (Wer „uns" ist, bleibt offen.) Dieses Ausgabenproblem müsse die Regierung in den Griff bekommen.[438]

Wie eine solche Ausgabensenkung zustande kommen soll, beschreibt Andreas Unterberger: „In Wahrheit kann Österreich nämlich nur noch durch deutliche Einschnitte in den Wohlfahrtsstaat saniert werden."[439] Das passt zu den Forderungen von „FPÖ Pro Mittelstand", für die ersten drei Jahre eines Dienstverhältnisses alle „arbeitgeberseitigen Steuern und Abgaben" auszusetzen. Diese Forderung und die dadurch fehlenden Staatseinnahmen würden weite Teile des Sozialstaats in Frage stellen (☛ Lohnnebenkosten). Laut Wirtschaftsprogramm 2017 will die FPÖ bei Sozialausgaben 3,8 Milliarden kürzen, bei Gesundheit und Verwaltung 1 Milliarde. (S. 35) Insgesamt soll laut diesem Programm der Anteil der Ausgaben für Gesundheit und soziale Sicherung an den staatlichen Gesamtausgaben von 58,6 % auf 53 % sinken – eine Kürzung von 10 %. Ausgaben für „Arbeit, Soziales, Familie, [sic!] und Gesundheit" sollen begrenzt werden, also nicht wieder angehoben werden dürfen (S. 38f).

Das Ziel erklärt FP-Wirtschaftsideologin Kolm. Sie will „Staatsaufgaben radikal hinterfragen, damit die Steuern gesenkt werden können". Denn: „Wenn der Staat weniger Aufgaben hat, hat er auch weniger Geld für Misswirtschaft zur Verfügung."[440] Das ist das klassische Konzept eines Nachtwächterstaats, der nur wenige Aufgaben übernehmen soll. Es deckt sich mit den Vorschlägen der FPÖ zu ☞ Verwaltungsreform und ☞ Abgabenquote. Die massiven Kürzungen, die unter diesen Titeln vorgenommen werden sollen, würden bedeuten, dass große Teile der staatlichen Aufgaben und Leistungen nicht mehr finanzierbar wären.

Steuern: Senkung der „Abgabenqote"

Regelmäßig trommelt die FPÖ für eine Senkung der Abgabenquote, also des Anteils von Steuern und Sozialabgaben an der Wirtschaftsleistung eines Landes. 2015 betrug dieser Wert 43,5 %, für 2016 ist von einer ähnlichen Zahl auszugehen. In ihrem 2017er-Wirtschaftsprogramm fordert die FPÖ eine „Senkung der Abgabenquote auf 40 Prozent".[441]

Laut *Trend* geht die FPÖ davon aus, dass ihr Modell fehlende Steuereinnahmen von 14 Milliarden Euro bedeuten würde; in einem ersten Schritt sollen es 8 Milliarden sein.[442] Im Wirtschaftsprogramm 2017 sind es 12 Milliarden, laut Strache bei der Präsentation des Programms der „untere Bereich". Profitieren würden vor allem UnternehmerInnen. Denn Steuern senken will die FPÖ (neben den Lohnsteuern) bei Lohnnebenkosten, Körperschaftssteuer und anderen Unternehmenssteuern, die die FPÖ als Bagatellsteuern verniedlicht, aber selbst mit 1,5 Milliarden veranschlagt (S. 35).

Damit stünden mindestens 12 Milliarden weniger für Bildung, Pensionen, Infrastruktur, etc. zur Verfügung. Die FPÖ fordert zur Gegenfinanzierung im Programm Kürzungen von 3,8 Milliarden allein im Sozialbereich (S. 35). Insgesamt sollen 13,2 Milliarden gekürzt werden, laut Strache bei der Präsentation seien sogar 16 Milliarden möglich.[443] Gleichzeitig bedeutet eine Senkung der Abgabenquote weniger Sozialabgaben, beispielsweise Arbeitgeberbeiträge zur Pensions-, Kranken- und Unfallversicherung (☛ Lohnnebenkosten). Im Parteiprogramm folgt die Erklärung: „Niedrige Steuern und Leistungsanreize sind (…) Subventionen und Umverteilung vorzuziehen."[444] Also: Keine Subventionen, keine Umverteilung von oben nach unten, dafür niedrige Steuern für Unternehmen. Die FPÖ will ihre Vorstellung einer niedrigeren Abgabenquote sogar „im Rahmen einer Verfassungsbestimmung" festhalten.[445] So könnten Kürzungen nur mehr mit einer 2/3-Mehrheit im Parlament geändert werden.

Als im Rahmen des Abgabenänderungsgesetzes 2014 auch höhere Abgaben für Gehälter über 500.000 Euro beschlossen und Gewinnverschiebungen beschränkt wurden sowie die Solidarabgabe für hohe Einkommen unbegrenzt verlängert wurde, stimmte die FPÖ dagegen.[446] Es handelte sich um ein größeres Gesetzespaket, dem ausschließlich SPÖ und ÖVP zustimmten. Die FPÖ brachte ihren Ärger aber auch in einer Presseaussendung zum Ausdruck: Das Gesetz sei „ein weiteres Lehrstück rot-schwarzer Reformverweigerung", so Ex-Budgetsprecher Podgorschek.[447] Statt die Reichsten zu besteuern, solle „man den Staat schlanker" machen.

Steuern: Flat Tax

Die „Flat Tax" ist eine Steuer, bei der alle Menschen gleich viel Steuern zahlen, egal, wie viel sie verdienen. Dass davon vor allem Besserverdienende profitieren, liegt auf der Hand. In Österreich war es primär das dritte Lager unter Jörg Haider, das dieses Modell in die öffentliche Diskussion brachte.[448]

Auch Heinz-Christian Strache zeigte sich begeistert. 2005 forderte er BZÖ-Obmann Haider auf, „sein Versprechen der Flat Tax, eines einfachen und einheitlich-niedrigen Steuersatzes endlich in die Tat umzusetzen. [...] Wenn Haider sein Versprechen ernst meint, muss er schnell zur Tat schreiten. Wir haben angesichts der enormen Konkurrenz aus dem Osten, die die Flat Tax teilweise schon verwirklicht hat, keine Zeit zu verlieren. Sonst fallen wir noch weiter zurück."[449]

Als die Flat Tax auch in der ÖVP Anklang fand, kam aus der FPÖ Kritik. „Kopieren statt selber studieren scheint das Motto der neuen Volkspartei zu sein", erklärte im September 2007 Fritz Amann, bis 2014 Bundesobmann des Rings freiheitlicher Wirtschaftstreibender (und Burschenschafter bei der Arminia Feldkirch).

Heute ist die FPÖ vorsichtiger. Doch auch, was nicht gesagt wird, ist oft aufschlussreich. Im September 2013 wurde Strache vom ORF gefragt: „Wie sind Sie bezüglich der Idee der Einheitssteuer, der ‚Flat Tax', eingestellt? Ist dieses Steuermodell Ihrer Meinung nach ‚fair', oder sollte das bisherige Stufensystem behalten werden?" Danach folgten weitere Fragen zum Steuerkonzept der FPÖ.[450] Straches Antwort: „Ja, ich bin für ein gerechtes Steuermodell." Danach führt er die Positionen seiner Partei aus. Eine Absage an die Flat Tax ist nicht zu bekommen.

Steuern: Steuerhinterziehung und Bankgeheimnis

Mit dem Bankgeheimnis war Österreich über viele Jahre ein beliebter Ort für internationale SteuerhinterzieherInnen. 2016 wurde das Bankgeheimnis sowohl für „SteuerausländerInnen" als auch für österreichische StaatsbürgerInnen abgeschafft. Das deutsche Webportal *Lohnsteuer kompakt* zeigte sich darüber enttäuscht und erklärte, warum die Abschaffung des Bankgeheimnisses von Menschen mit viel Geld bedauert werde: „Das österreichische Bankgeheimnis in seiner weltweit einzigartigen Weise bietet der österreichischen und internationalen Kundschaft ein breites Maß an Diskretion und Sicherheit in Finanzangelegenheiten (…) auch viele Deutsche haben das Bankgeheimnis geschätzt."[451]

Diskretion bedeutet in diesem Zusammenhang, dass die deutschen Finanzämter nichts von den österreichischen Konten ihrer StaatsbürgerInnen wussten. Für die FPÖ kam eine Abschaffung des Bankgeheimnisses nicht in Frage. Ihr Budgetsprecher Roman Haider prognostizierte eine düstere Zukunft: „Aufhebung des Bankgeheimnisses ist Vorbereitung zur Enteignung von Bankguthaben."[452] FPÖ-Wirtschaftsexpertin Kolm sprach sich 2014 sogar für sogenannte Steueroasen für Unternehmen aus. Diese würden „für ein Minimum an Steuerwettbewerb sorgen. Ansonsten würden die Steuern wohl ins Unermessliche steigen."[453]

Auch bei internationaler Steuerhinterziehung zeigt sich Kolm großmütig. Als ihr die Frage gestellt wird: „Was ist in Ihren Augen moralisch verwerflicher: Steuern hinterziehen oder Sozialtransfers ergaunern?", meint sie: „Beides ist gleich verwerflich. Ehrlich gesagt verstehe ich aber jemanden, der das Land verlässt, weil die Steuerbelastung unmoralisch hoch ist." Für Menschen, die eine Sozialleistung beziehen, die ihnen gesetzlich nicht zustehe (also zumeist ärmere Menschen), hat Kolm hingegen offenbar kein Verständnis.

Parteichef Strache ist ebenfalls ein Gegner der Aufhebung des Bankgeheimnisses. In seiner Parlamentsrede vom 7. Juli 2015 musste zwar auch „Omas Sparbuch" als Argument herhalten. Doch in der gleichen Rede erklärte Strache, worum es eigentlich ging: „Sie gehen her und stellen die Unternehmer unter Generalverdacht. Da werden doch alle Unternehmer unter Generalverdacht gestellt, Steuer- und Abgabenhinterzieher zu sein."[454] Was

Strache nicht erwähnt: Unternehmen, die ihre Steuern ehrlich abführen, sollten eigentlich kein Problem damit haben, dass ihre Konten überprüft werden.

Steuern: Vermögen, Erbschaft, Schenkung

Ob Erbschaftssteuern, Schenkungssteuern oder Vermögenssteuern: Wenn es darum geht, die Reichsten zur Kasse zu bitten, ist die FPÖ auf deren Seite. Parteichef Strache nennt Vermögenssteuern gar „Enteignung".[455] 2012 nannte er sie „ungerecht und asozial",[456] 2013 waren Erbschaftssteuern und Steuern auf Grund und Boden „marxistisch" (es war wohl nicht lobend gemeint).[457]

Strache ist egal, wie reich die Personen sind, um die es geht. Als 2017 im Sommergespräch auf *Puls4* die Rede auf Erbschaftssteuern kommt, fragt Moderatorin Corinna Milborn nochmals nach, ob das auch für Beträge von beispielsweise 5 Millionen Euro gelten würde. Straches Antwort: Ein grundsätzliches Nein zu Erbschaftssteuern.[458]

Gleichzeitig möchte die FPÖ die Höchststeuergrenze deutlich anheben, die regelt, ab welchem Einkommen der Höchststeuersatz bezahlt werden muss. Laut Parteichef Strache soll „erst bei 80 bis 100.000 Euro im Jahr (…) der Höchststeuersatz greifen. Es ist wichtig für Leistungsträger wieder interessanter zu werden."[459] Damit würden Bestverdienende deutlich weniger Steuern zahlen.

Steuern: Unternehmensteuern

Immer wieder fordert die FPÖ eine Steuersenkung für Unternehmen. Aus dem Impulsprogramm Wirtschaft der Partei:[460]

- Steuerfreiheit für nicht entnommene Gewinne
- Streichung der Mindestkörperschaftsteuer
- Abschaffung der Werbeabgabe, Rechtsgeschäftsgebühren, Bodenwertabgabe, Gesellschaftssteuer, Schaumweinsteuer

- Steuersenkungen für Beteiligungen an Klein- und Mittelbetrieben (bis zu 250 Beschäftigten)
- Steuerbegünstigung von „Jungunternehmern"
- Steuerliche Begünstigung von „privatem Beteiligungskapital" bis zu einem „definierten Maximalbetrag"
- Senkung der Lkw-Steuern für die Transportwirtschaft (gleichzeitig wird vom Staat der Ausbau von Verkehrsleitsystemen gefordert, damit die „teuren und ständigen Staus reduziert werden")

Zudem fordert die FPÖ eine Senkung der Körperschaftssteuern für Unternehmen (☛ Steuerwettbewerb zwischen den Bundesländern). Industriesprecher Pisec nennt sie im Juli 2017 eine „dringend erforderliche Entlastung".[461] Im steirischen Landtag fordern FPÖ-Abgeordnete im Juli 2016, dass sich die Landesregierung für die „Senkung des Spitzensteuersatz auf Unternehmerseite" einsetze.[462]

Kürzungswünsche bei ☛ Abgabenquote und ☛ Lohnnebenkosten deuten darauf hin, dass die FPÖ weitere Unternehmenssteuern senken möchte. 2015 fordert Strache „nachhaltige Steuersenkungen" für internationale Konzerne – also keineswegs nur für Klein- und Mittelbetriebe, die die FPÖ sonst vorschiebt.[463] Im Wirtschaftsprogramm 2017 schreibt die FPÖ unter dem Titel „Freiraum und Entlastung für Betriebe" (S. 20) gar: „Die freiheitliche Maxime lautet: Die Steuern müssen sinken oder überhaupt gestrichen werden."

Sollten Steuersenkungen nicht schnell genug erfolgen, möchte Fritz Amann, Ex-Chef des Rings freiheitlicher Wirtschaftstreibender, weitergehen: 2012 forderte er Österreichs Unternehmer zu einem „flächendeckenden Lohnsteuer-Boykott" auf.[464] Damit wäre er ein Fall für die Finanzpolizei – möglicherweise erklärt das die Forderung der Freiheitlichen Wirtschaft, im Falle von Besuchen der Finanzpolizei Vor-Ort-Rechtsberatung zu erhalten.[465]

Ende Juni 2017 beschloss das Parlament ein multilaterales Abkommen zur Verhinderung von Steuervermeidung. Beim sogenannten „Profit Shifting" verschieben multinationale Konzerne ihre Gewinne zwischen verschiedenen Ländern, um Steuern zu vermeiden. Auch die FPÖ gab ihre Zustimmung. Einem Antrag der Grünen auf mehr Transparenz und für mehr Steuergerechtigkeit verweigerte die FPÖ die Zustimmung.[466]

Die Zustimmung der FPÖ zu Maßnahmen gegen Profit Shifting bedeutet eine 180-Grad-Wende. Als die Maßnahme (im Rahmen eines Pakets) im Februar 2014 im Parlament zur Debatte stand, sprach sich die FPÖ dagegen aus. Das Gesamtpaket wurde allerdings ausschließlich mit den Stimmen der Regierungsmehrheit angenommen.[467] Aufschlussreich ist also die Rede von FPÖ-Finanzsprecher Hubert Fuchs. Er kritisiert, dass das Gesetz „ein Desaster für den Finanzplatz Wien" sei. „Über kurz oder lang wird es zu einem massiven Kapitalabfluss aus Österreich kommen, vor allem, was die Gelder aus Nicht-EU-Staaten betrifft."[468] Im Juni 2017 nun die Kehrtwende – ob sie mit mit dem Nationalratswahlkampf 2017 zusammenhängt?

Steuern: Gruppensteuer

Mit der Gruppensteuer bekamen international tätige Unternehmen durch die schwarz-blau/orange Regierung 2005 ein enormes Geschenk. Mit ihr können Gewinne und Verluste verschiedener Unternehmensteile im In- und Ausland gegeneinander aufgerechnet werden. Die Wirtschaftskammer nennt die Gruppensteuer ein „zentrales Instrument der Konzernsteuerplanung".[469]

Die Position der FPÖ zu dieser Steuer hat sich im Laufe der Zeit mehrmals geändert. Nachdem die FPÖ die Gruppenbesteuerung eingeführt hatte, forderte Strache 2012, dass sie „mit einer Einschleifregelung von mehreren Jahren abgeschafft" werden solle.[470] 2014 war von einer kompletten Abschaffung keine

Rede mehr. Nun wollte Strache die Steuer nur noch auf Unternehmenstöchter in der EU beschränken. Im Gegensatz sollten andere Unternehmenssteuern gestrichen werden, etwa „die bei Gründung eines Unternehmens fällige Gesellschaftssteuer".[471]

Welche Probleme die FPÖ mit der Steuer tatsächlich hat, erklärt ein Interview mit FPÖ-Finanzsprecher Fuchs auf der rechtsextremen Plattform *unzensuriert*. Dort beklagte er 2013, dass von der aktuellen Form der Gruppenbesteuerung regionale Sparkassen „relativ wenig profitieren" würden.[472] Andere Aussagen gehen in eine ähnliche Richtung. Die FPÖ versteht sich gern als Vertreterin der „Klein- und Mittelbetriebe", denen es durchaus recht ist, wenn größere Konkurrenzbetriebe höhere Steuern zahlen müssen. Gleichzeitig könnten diese „regionalen Sparkassen" aber auch vorgeschoben sein (☛ Banken).

Inzwischen dürfte die FPÖ von der Forderung nach Einschränkung dieses Steuergeschenks gänzlich abgerückt sein. Der FPÖ-Wirtschaftsflügel erklärte eine „räumliche Einschränkung der Gruppenbesteuerung" 2015 zur „Wirtschaftssünde". Denn: „Für den Wirtschaftsstandort Österreich sind derartige Regulierungen schädlich. Unternehmen werden Auslandsinvestitionen künftig einfach über Zweigniederlassungen tätigen."[473] Das könnte natürlich gesetzlich beschränkt werden – dürfte für FPÖ-UnternehmerInnen aber keine Lösung sein. Im Wirtschaftsprogramm 2017 findet sich ebenfalls keine Forderung zur Einschränkung.

Steuern: Steuerwettbewerb zwischen Bundesländern

Laut FPÖ sollen Bundesländer zukünftig in einem Wettbewerb um die niedrigsten Unternehmenssteuern gegeneinander antreten. Diese Forderung findet sich im „Handbuch freiheitlicher Politik", wobei hinzugefügt wird, dass „die Steuerquote jedoch nicht ansteigen" dürfe.[474] Im Vorfeld des Parteitags im März 2017 wurde die Forderung nochmals bekräftigt und als Beispiel die Körperschaftsteuer für Betriebe genannt.[475]

FPÖ-Wirtschaftsexperte Kolm: „Es steht jedem Staat frei, etwa Sonderwirtschafts- oder Freihandelszonen einzurichten, um für Unternehmen und Holdings auch im eigenen Land steuerlich attraktiv zu bleiben."[476] Die einzelnen Bundesländer würden sich mit diesem Konzept in einem Konkurrenzkampf um neue Betriebsansiedlungen befinden. Um konkurrenzfähig zu bleiben, müssten die Bundesländer ihre Unternehmenssteuern immer weiter senken. Damit stünde den Bundesländern immer weniger Geld für öffentlichen Verkehr, Mindestsicherung oder Schulbudgets zur Verfügung.

StudentInnen, Studiengebühren und SchülerInnenaustausch

Die Position der FPÖ zu Studiengebühren ist von einem beständigen Hin und Her geprägt. 2001 hatten ÖVP und FPÖ Studiengebühren eingeführt. Nach dem Ende der schwarz-blauen Koalition beschlossen SPÖ und ÖVP, die Studiengebühren beizubehalten. Nach dem Scheitern der SPÖ-ÖVP-Regierung wurden die Studiengebühren 2008 mit den Stimmen von SPÖ, FPÖ und Grünen großteils abgeschafft. Ausgenommen waren Studierende, die nicht in der Mindeststudiendauer (plus zwei Semester) bleiben sowie Studierende aus Nicht-EU-Staaten.

2010 erklärte die FPÖ, dass sie ihr Nein zu Studiengebühren überdenken wolle. Die Gebührenfrage sah der damalige FPÖ-Wissenschaftssprecher Martin Graf (B! Olympia) „nicht als heilige Kuh".[477] Die (burschenschaftlich dominierte) Studierendenorganisation „Ring Freiheitlicher Studenten" (RFS) tritt für Studiengebühren ein.[478] Entsprechend positionierte sich der RFS bei den Wahlen zur österreichischen HochschülerInnenschaft 2015 und 2017.

Von FPÖ-Wissenschaftssprecher Andreas Karlsböck (B! Aldania Wien[479]) kommen andere Töne. Im Februar 2016 warnt er sogar davor, dass bei einem Studierendentransfer von den Unis Richtung FH Studiengebühren „durch die Hintertür" eingeführt würden.[480] Die FPÖ-Spitze hält sich auffallend bedeckt. Einzig für Manfred Haimbuchner seien Studiengebühren „selbstverständlich mit blauen Grundwerten vereinbar", erklärt er 2016 im *Profil*.[481]

Im November 2010 forderte die FPÖ, dass die Familienbeihilfe für Kinder, die sich im EU/EWR-Ausland aufhalten, entsprechend den Lebenshaltungskosten am Aufenthaltsort reduziert werden sollten.[482] Vorgeblich richtete sich diese Forderung gegen MigrantInnen. Sie hätte gleichzeitig zahlreiche Studierende und SchülerInnen in europäischen Austauschprogrammen getroffen. Laut statista.com waren 2015 die Lebenshaltungskosten innerhalb der EU in Deutschland, Italien, Spanien, Portugal sowie in allen mittel-und osteuropäischen Ländern niedriger als in Österreich.[483] Alle österreichischen Studierenden und SchülerInnen, die in einem dieser Länder einen Teil ihrer Ausbildung absolvieren, hätten im FPÖ-Modell weniger Anspruch auf Familienbeihilfe.

Übrigens ist sogar fraglich, ob diese Maßnahme irgendeine Ersparnis bringen würde.[484] In Frankreich, Großbritannien, den Benelux-Staaten und den skandinavischen Staaten sind die Lebenshaltungskosten bis zu einem Drittel höher als in Österreich. Bei Studienaufenthalten oder Schulbesuchen in diesen Staaten müsste folgerichtig auch mehr Familienbeihilfe ausbezahlt werden.

Urlaubsanspruch für ArbeitnehmerInnen

Im Mai 2015 wird in der Vollversammlung der Wiener Arbeiterkammer ein Antrag zur Arbeitszeitverkürzung gestellt, der auch die Forderung nach mehr Urlaub für arbeitende Menschen enthält: „Die sechste Urlaubswoche muss für alle ArbeitnehmerInnen leichter erreichbar sein, unabhängig davon, ob sie jahrelang in derselben Firma arbeiten. Angestrebtes Ziel sind sechs Wochen Urlaubsanspruch für alle unselbständig Beschäftigten." Der Antrag wird mehrheitlich angenommen. Dagegen stimmen die Freiheitlichen Arbeitnehmer.[485]

Verwaltungsreform: Einsparungen im öffentlichen Dienst und im Sozialsystem

Immer wieder fordert die FPÖ eine Verwaltungsreform. Die Summen, die dabei eingenommen werden sollen, gehen im Lauf der Jahre steil nach oben.

Im „Handbuch" hieß es 2013: „Es ist davon auszugehen, dass in Österreichs Verwaltung langfristig ein Einsparungspotential von 4 Mrd. Euro zu lukrieren ist."[486] Im Mai 2017 erklärt Heinz-Christian Strache nach einer Klubobleutekonferenz der Partei, dass eine „Staats- und Verwaltungsreform" bereits „mittelfristig zwölf Milliarden Euro pro Jahr" bringen solle. Eine Vervielfachung binnen vier Jahren (im „Handbuch" wird noch von einer Gesamtsumme geschrieben, nun ist es eine jährliche Einsparung).[487] Laut Vorabbericht des *Trend* zum neuen Wirtschaftsprogramm will die FPÖ den staatlichen Verwaltungsaufwand sogar halbieren – das wäre eine Kürzung von sechs bis sieben Milliarden Euro jährlich.[488]

Für Förderungen würden aktuell 19,5 Milliarden Euro pro Jahr ausgegeben, kritisiert Strache. Hier will er ebenfalls Milliarden einsparen. Welche Förderungen gemeint sind, bleibt offen. Die Summe ist ähnlich jener, die im „Handbuch" genannt wird. Dort wird allerdings konkreter, wo die FPÖ sparen möchte: „In Österreich werden jährlich über 18 Milliarden Euro an Förderungen ausbezahlt. Hiervon entfallen beinahe 6 Milliarden auf den Spitalsbereich und 4 Milliarden auf das Verkehrswesen, wo den Löwenanteil die ÖBB erhält."[489]

Es geht also um Gesundheit und öffentlichen Verkehr. Eine Verwaltungsreform würde natürlich auch weitere Teile des öffentlichen Dienstes umfassen. Allerdings wird ein Computer weiterhin etwas kosten, ebenso ein Skalpell oder eine Heftmaschine. Der überwiegende Teil des Verwaltungsaufwands besteht heute aus Gehältern der Beschäftigten.[490] Relevante Einsparungen sind also nur möglich, wenn massiv beim Personal gespart wird oder/und (Sozial-)Leistungen für die Allgemeinheit gekürzt werden.

Auch die FPÖ nennt als konkretes Beispiel „den Personalaufwand des öffentlichen Dienstes", hier würde das „Einsparungspotential bei rund 3,5 Mrd. Euro liegen".[491] Diese Summe kann nur durch eine Kombination aus Massenentlassungen, Lohnsenkungen und Einstellungsstopps erreicht werden. Die Folgen wären sowohl für die Beschäftigten als auch für alle, die auf den öffentlichen Dienst angewiesen sind, dramatisch. Zur Erinnerung: Öffentliche Dienstleistungen umfassen die gesamte Daseinsvorsorge, Spitäler, öffentlichen Verkehr, Berufsfeuerwehr, Müllabfuhr, Bereitstellung von Trinkwasser und Energie.

Mit diesen Einsparungen wäre es lange nicht getan. Das gesamte Budget Österreichs beträgt 2017 77,63 Milliarden,[492] inklusive aller Aufwendungen des Staates, aller Sozialleistungen, der Bildungsausgaben, der Aufwendungen für den Arbeitsmarkt, der Pflegeausgaben, der Gesundheitsausgaben, der Pensionen. Strache will bereits „mittelfristig" 12 Milliarden Euro jährlich einsparen. Mit einer „Halbierung des staatlichen Verwaltungsaufwandes" würden die Forderungen der FPÖ auf ein weitgehendes Zusammenbrechen des öffentlichen Dienstes und des Sozialsystems in der heute bekannten Form hinaus laufen.

Wirtschaftsdiktatur

Im August 2007 begann die größte Weltwirtschaftskrise seit dem Ende des Zweiten Weltkriegs. Als Reaktion forderte der Ring Freiheitlicher Wirtschaftstreibender (RFW) 2009 eine autoritäre „Notgesetzgebung", de facto eine Diktatur durch UnternehmerInnen. Bei einer Sitzung in Salzburg verabschiedete der Bundesvorstand des RFW eine Resolution an das Parlament. Darin heißt es:

„Daher muss das Handeln wieder dorthin geführt werden, wo die Entscheidungen zu treffen sind – also weg von den Sozialpartnern und der Politik – und zurück in die Unternehmen! Denn genau dort wird der Überlebenskampf geführt. An dieser Front müssen die Entscheidungen getroffen werden und nicht in den Tintenburgen der Verwaltung und der Politik.

Leider hat die Politik das Vertrauen der Wirtschaft enttäuscht und die Macht nicht im Sinne einer gesunden Volkswirtschaft eingesetzt. Sogar die gesunden Spielregeln des Marktes hat sie nicht verstanden, sondern so massiv beeinträchtigt, dass das gewachsene Wirtschaftsystem [sic!] zusammen zu brechen droht. Wer mit Macht nicht umgehen kann, dem muss man sie wieder nehmen. Denn Macht ohne Vertrauen in die Fähigkeit der Machthaber kann fatale Folgen für die gesamte Gesellschaft und deren Wohlstand haben!

Wir können den Wirtschaftsstandort nur dann nachhaltig sichern, wenn wir die Sozialpartner, sowie die Politik für die Dauer der Krise karenzieren, damit nicht noch mehr Unheil angerichtet wird.

Den Betrieben muss erlaubt sein, eigenständig und ohne Einfluss der Sozialpartner und der Politik, einzig und allein im Einvernehmen mit allen im Betrieb Betroffenen, maßgeschneiderte Überlebensstrategien zu treffen und umzusetzen.“[493]

„Die Macht“ soll also von gewählten MandatarInnen an UnternehmerInnen übergehen. Verhandlungen über Löhne, Schutzbestimmungen, Arbeitszeiten, etc. sollen nur noch in den Betrieben erfolgen, ☛ Kollektivverträge und überbetriebliche Schutzbestimmungen für die Beschäftigten abgeschafft werden. Die Handlungsfähigkeit soll der Politik entzogen werden, Entscheidungen stattdessen von UnternehmerInnen getroffen werden. Ein Aufruf zur Umsetzung einer neoliberalen Diktatur.

Wohnen, ImmobilienmaklerInnen und das Mietrecht

Im Juli 2017 lehnte der Verfassungsgerichtshof eine Beschwerde von Wiener HausbesitzerInnen ab. Diese protestierten gegen den ihrer Meinung nach zu niedrigen Richtwert-Mietzins. Hintergrund: Wohnungen, die bis 8. Mai 1945 gebaut worden sind, fallen in den Anwendungsbereich des Mietrechtsgesetzes (in manchen Fällen gilt der 30. Juni 1953 als Stichtag) und unterliegen einer Mietrechtsbeschränkung.

Diese Regelung würden Wiens HausbesitzerInnen gern ändern und künftig in sogenannten Altbauten höhere Mieten verlangen. Die Ablehnung dieser Forderung durch den Verfassungsgerichtshof empörte nicht nur die HausbesitzerInnen. Auch die Wiener FPÖ zeigte sich erbost. In einer Aussendung vom Juli 2017 kritisierte Alexander Pawkowicz, Wohnbau-Sprecher der Wiener FPÖ (und B! Aldania), die „absurde, rein historisch begründete Differenzierung des Mietrechts".[494] Pawkowicz versuchte sich dabei in einer vorgeblich mieterInnenfreundlichen Argumentation: „Warum muss aber ein Mieter in einem Plattenbau der 60er-Jahre, womöglich ohne Wärmedämmung, mit einer umweltschädlichen Außenwandtherme und hohen Betriebskosten jeden Preis akzeptieren?" Ende Mai 2017 war Pawkowicz offener: Auch für Altbauwohnungen solle künftig ein „einheitliches, gemeinsames Mietrecht gelten". Die Eintrittsrechte in Mietverträge nach Todesfällen sollten beschränkt werden und nur noch für „minderjährige Kinder und (Ehe-)Partner im Wohnungsverband" gelten. Ansonsten fordert die FPÖ Mieterhöhungen.[495]

Diese vermieterInnenfreundlichen Forderungen entsprechen dem neuen Wohnbauprogramm, das im März 2017 verabschiedet wurde.[496] Der Öffentlichkeit wird es natürlich anders verkauft: „Das aktuelle Mietrecht geht nicht mehr auf die Wohnbedürfnisse der Mieter ein", behauptet Manfred Haimbuchner, deshalb sei ein einheitliches Mietrecht notwendig.[497]

Die FPÖ darf insgesamt als Anwältin der HausbesitzerInnen und ImmobilienmaklerInnen gelten. Im April 2016 veröffentlichte sie einen Beitrag, in dem Bautensprecher Philipp Schrangl (B! Oberösterreicher Germanen Wien[498]) „hohe Steuerlast, immense Gebühren und unnötige Auflagen" kritisiert, die die Vermietung von Gebäuden für HausbesitzerInnen „vollkommen unattraktiv und nicht rentabel" mache.[499] MieterInnenfreundliche Bestimmungen hingegen sind der FPÖ ein Dorn im Auge: „Vermieten muss wieder attraktiv gemacht werden. Es braucht ein Mietrecht, das Mieter und Vermieter ausgewogen behandelt", so Bautensprecher Schrangl.[500] Im März 2017 setzt die FPÖ eins drauf: Erhaltungspflichten für VermieterInnen seien „Klassenkampf", das Mietrecht müsse „die Interessen beider Seiten berücksichtigen".[501]

In einem Antrag an die Vollversammlung der Wiener Arbeiterkammer wurde im Mai 2015 gefordert, dass bestimmte Sonderförderungen nur für neu errichtete Gemeindewohnungen gelten sollten, um „sicher zu stellen, dass gewerbliche Bauträger diese Sonderfördermaßnahmen nicht in Anspruch nehmen können."[502] Bei der „Umwidmung von Grundstücken auf Bauland sollte mit den Grundeigentümern vereinbart werden, dass diese Teile der Liegenschaften(en) zu günstigen Preisen an den Wohnfonds Wien oder an Gemeinnützigen Bauvereinigungen verkaufen, damit dort geförderte Mietwohnungen errichtet werden können." Der Antrag wurde mehrheitlich angenommen. Dagegen: die Freiheitlichen Arbeitnehmer.

Abgeordneter Themessl will Gelder für den Wohnbau kürzen. Die Wohnbauförderung müsse „raus aus den Lohnnebenkosten". Zur Nachfrage der *Vorarlberger Nachrichten*, ob somit

„auf gewisse Leistungen verzichtet werden" solle, meint Themessl: „Wir fordern seit Jahren mehr Eigenverantwortung. Österreich muss sich von der Vollkaskomentalität verabschieden".[503]

Besonders sorgt sich die FPÖ um ImmobilienmaklerInnen, wie eine Petition zeigt, die Bernhard Themessl im Oktober 2010 im Parlament einbrachte.[504] Ab August 2010 hatten Wohnungssuchende nur noch zwei Monatsmieten an MaklerInnen zu bezahlen, wenn der Mietvertrag unbefristet oder für mehr als drei Jahre abgeschlossen wurde. (Sonst eine Monatsmiete). Zuvor waren es drei Monatsmieten gewesen. Für die FPÖ ging das in die falsche Richtung, „die Änderungen sind für viele Immobilienmakler existenzbedrohend und haben mittlerweile auch zu erheblichen Umsatzeinbußen in der Branche geführt". Die Forderung der „Heimatpartei": „Aufhebung der jetzigen ‚Immobilienmaklerverordnung'". Ihre Umsetzung hätte bedeutet, dass Wohnungssuchende wieder drei Monatsmieten an MaklerInnen hätten bezahlen müssen.

MieterInnenhilfe-Gruppen und politische Organisationen, die im Wohnbereich aktiv sind, fordern seit Jahren eine Begrenzung des Mietzinses, eine Einschränkung der Befristung von Mietverträgen und eine Abgabe, wenn HausbesitzerInnen Wohnungen aus Spekulationsgründen leer stehen lassen. Erst im Frühjahr 2017 forderte das beispielsweise die linke Initiative „Aufbruch" in einer Kampagne unter dem Titel „Keine Millionen mit dem Wohnen! Keine Profite mit der Miete".[505] Für die FPÖ ist dergleichen undenkbar. „Mietzinsbegrenzung, Mietenlimit, Leerstandsabgabe" seien laut Bautensprecher Schrangl „kommunistische Phantasien".[506] Stattdessen will die FPÖ noch weniger Schutzvorschriften im Mietrecht und spricht von „Entflechtung der Vorschriften". Alles andere seien „kommunistische Ansätze", die laut dem Bautensprecher der FPÖ „in einem Land wie Österreich keinen Platz haben".[507]

Wenn sich die FPÖ „Heimatpartei" nennt, ist das möglicherweise als Hinweis für ihre Sympathien für HausbesitzerInnen und ImmobilienmaklerInnen gedacht. Zumindest deutet ihre Politik darauf hin.

Zwang zur Arbeit

Die FPÖ will, dass Menschen, die noch nie ins Sozialsystem eingezahlt haben, keinerlei Geldleistungen erhalten. Diese Forderung erhob Heinz-Christian Strache im Sommergespräch auf *Puls4* Anfang Juli 2017. Davon wären viele junge Menschen betroffen, die noch keinen Arbeitsplatz hatten.

Zuerst geht es um geflüchtete Menschen:

> „Für Menschen, die nie ins Sozialsystem eingezahlt haben, darf es keine Geldleistung als Mindestsicherung geben. Da müssen wir ein Dach über dem Kopf sicherstellen, da müssen wir sicherstellen, dass es auch eine Versorgung gibt, dass man das Essen sicher stellt, eine medizinische Versorgung sicherstellt und dass man diesen Menschen auch abverlangt, so lange es hier keinen Arbeitsplatz gibt und man nicht einzahlt, auch einen Gemeinschaftsdienst zu machen."[508]

Diese Forderung könnte der klassische Rassismus der FPÖ sein. Aber dann erklärt Strache, dass es genauso um österreichische StaatsbürgerInnen gehe: „Erst wenn man eingezahlt hat ins System im Sinne eines Gleichheitsgrundsatzes, und das gilt für alle EU-Bürger und für alle österreichischen Staatsbürger, soll auch ein Anspruch aus einer Versicherungsleistung entstehen." Ansonsten solle in Zukunft ein „Taschengeld in Höhe von 40 Euro" ausbezahlt werden. Diese Forderungen sollten nicht überraschen. Für arbeitslose Menschen gibt es ähnliche Ideen (☛ Arbeitslosigkeit ☛ Mindestsicherung).

Am Tag nach Straches Auftritt geht die FPÖ in einer Aussendung noch weiter. Nun geht es nicht mehr nur um Geldleistungen, sondern allgemein um Leistungen aus dem Sozialsystem: „Für Menschen, die nie ins Sozialsystem eingezahlt haben, darf es keine Gegenleistung geben. Da müssen wir ein Dach über dem Kopf, ein Essen, eine medizinische Versorgung sicherstellen und ihnen einen Gemeinschaftsdienst abverlangen."[509] Im Gegenzug für eine Grundversorgung will die FPÖ vor allem junge Menschen zwingen, einen „Gemeinschaftsdienst" zu leisten, also zwangsweise zu arbeiten. Dass diese Forderung auch für österreichische StaatsbürgerInnen gilt, wird in der Aussendung verschwiegen.

Ein abschließendes Resümee

In Wahlkämpfen verweist die FPÖ gern auf ihre soziale Ader, in Wahlkampfzeiten stimmt sie im Parlament sogar das eine oder andere Mal entsprechend ab. Gleichzeitig sollten Forderungen, die die Partei in solchen Zeiten erhebt, nicht besonders ernst genommen werden. Die FPÖ tut das offenbar selbst nicht, wie sich bei der regelmäßigen Veränderung der Höhe ihrer Mindestlohnforderung zeigt.

An anderer Stelle hingegen ist die FPÖ sehr konsequent. Wenn es die Privilegien der Wohlhabenden geht, steht die FPÖ verlässlich auf ihrer Seite: Nein zu Vermögenssteuern, Kritik an Maßnahmen gegen Steuerhinterziehung, Widerstand gegen Bankenabgabe. Gleichzeitig fährt die FPÖ – wie schon unter Schwarz-Blau – einen harten Kurs gegen den Sozialstaat, gegen das Gesundheitswesen, gegen Arbeitslose, gegen PensionistInnen, gegen Lehrlinge, gegen Wohnungssuchende und gegen Familie mit mehreren Kindern.

Die hier gesammelten Forderungen, Aussagen und Abstimmungen sind keine Fehler oder Ausrutscher. Sie sind in den Programmen und programmatischen Aussagen der FPÖ festgelegt und vorweggenommen. Und sie müssen in ihrer Gesamtheit gesehen werden. Das Kernprogramm der FPÖ lautet: Massiver Sozialabbau und Zerschlagung des Sozialstaats.

Der Rassismus der FPÖ: ein gutes Geschäft für die Betriebe

Der Rassismus der FPÖ ist vor allem ein gutes Geschäft für Österreichs UnternehmerInnen. Ein genauerer Blick auf die Positionen der Partei zeigt, dass es darum geht, migrantische ArbeitnehmerInnen für Betriebe möglichst billig und die Menschen dabei möglichst rechtlos zu machen.

Das ist einerseits ein riesiges Problem für alle Betroffenen; immerhin haben 15 % keine österreichische StaatsbürgerInnenschaft, also über 1,3 Millionen Menschen. Andererseits würden die Vorschläge der FPÖ auch alle anderen Lohnabhängigen treffen. Wenn eine große Gruppe von Menschen im Arbeitsleben weitgehend rechtlos ist, bedeutet das enormen Druck auf die Löhne und Arbeitsbedingungen für alle arbeitenden Menschen.

Besonders betroffen wären dabei manuelle ArbeiterInnen. Vor allem bei ungelernten ArbeiterInnen können Arbeitskräfte relativ schnell ersetzt werden, gleichzeitig finden sich in diesem Sektor verhältnismäßig viele MigrantInnen, die zu LohndrückerInnen gemacht werden könnten. Lohndruck in diesem Bereich würde also genau jene ArbeiterInnen treffen, deren Verteidigung die FPÖ immer behauptet.

MigrantInnen sollen laut Norbert Hofer (April 2016) kein Arbeitslosengeld bekommen, wenn sie arbeitslos sind, für sie soll es eine eigene Sozialversicherung geben.[510] Im Wirtschaftsprogramm 2017 lautet die Forderung, dass der Bezug von Notstandshilfe und Mindestsicherung nach 52 Wochen endet.[511] Für die Betroffenen wäre beides existenzbedrohend. Auch wenn sie gearbeitet haben, hätten sie im Fall von Arbeitslosigkeit keine oder zeitlich befristete Ansprüche. Die Forderung von Hofer böte zudem enorme finanzielle Vorteile für Betriebe; sie werden von der FPÖ allerdings verschwiegen.

Allein der Arbeitgeberbeitrag zur Arbeitslosenversicherung beträgt 3 % des Bruttolohns. Diesen würden sich die Betriebe ersparen, MigrantInnen könnten künftig viel billiger angestellt werden als österreichische StaatsbürgerInnen. MigrantInnen, die arbeitslos werden, werden im „Handbuch freiheitlicher Politik" mit dem Ausschluss vom Arbeitsmarkt bedroht: „Ausländer sollen darüber hinaus die Arbeitserlaubnis verlieren, wenn sie über längere Zeiträume oder wiederholt arbeitslos sind. Denn das ist ein Zeichen dafür, dass die Qualifikation des Gastarbeiters – so vorhanden – am heimischen Arbeitsmarkt nicht nachgefragt wird."[512] Das würde alle Menschen betreffen, die im Baugewerbe arbeiten, in dem es saisonbedingt regelmäßig zu Arbeitslosigkeit kommt. An anderer Stelle heißt es: „Gastarbeiter, die in Österreich arbeitslos werden, haben die Möglichkeit, im Heimatland Arbeit zu finden."[513]

Was bedeutet das konkret? MigrantInnen müssten künftig alles tun und akzeptieren, damit sie ihren Arbeitsplatz auf keinen Fall verlieren und könnten als Druckmittel gegen ihre KollegInnen eingesetzt werden. Die arbeitsrechtlichen Folgen wären für alle fatal.

Auch auf anderer Ebene wären zahlreiche österreichische StaatsbürgerInnen von den Vorschlägen der FPÖ betroffen. Laut „Handbuch" will sie die „bedingungslose Niederlassungsfreiheit für EU-Bürger" aufheben.[514] Das träfe im Umkehrschluss auch die rund 250.000 ÖsterreicherInnen, die in anderen EU-Staaten leben.[515] Worum es in der Debatte eigentlich geht, kann möglicherweise Heinz-Christian Strache erklären. 2009 brachte er eine dringliche Anfrage im Parlament ein,[516] in der die „verfehlte

Zuwanderungs- und Integrationspolitik" kritisiert wird, die „auf dem Rücken der Österreicher" betrieben werde. Strache beklagt sich über das österreichische Sozialsystem und „großzügige Familientransfers, de facto beitragsfreie bzw. hoch subventionierte Versicherung im öffentlichen Gesundheits- und Pensionssystem, niedrige oder keine Steuern für geringe Einkommen und ein dichtes Netz von Sozialleistungen". Durch diese werde Österreich zum „Zielland für Asylbetrüger" und „unqualifizierte Arbeitsmigranten und deren Familienangehörige". Straches Schlussfolgerung: Den Sozialleistungen „stehen Steuern und Abgaben in unerträglicher Rekordhöhe gegenüber". Wir haben bereits bei ☞ Steuern und ☞ Abgabenquote gesehen, dass Strache damit Steuererleichterungen für Unternehmen meint.

193

Natürlich hat der Rassismus der FPÖ eine völkische Grundlage. Gleichzeitig sollten seine ökonomischen Beweggründe nicht übersehen werden: MigrantInnen sollen als billige und rechtlose LohndrückerInnen missbraucht werden und die Betriebe sich dadurch Steuern und Abgabensparen können. Diese Politik würde auf dem Rücken aller Lohnabhängigen Österreichs betrieben.

Die Haltung zu Euro und EU: Im Herzen des Imperiums

Austritt oder kein Austritt? Euro oder Schilling? Die Position der FPÖ zu EU und Euro sorgt immer wieder für Verwirrung. Das sollte nicht verwundern: Die diesbezüglichen Positionen wirken oft eher wie ein Geschenkkorb, aus dem sich jede Person nehmen kann, was ihr gerade gefällt. Tatsächlich gibt es sehr wohl einige Konstanten.

Die FPÖ gilt als Partei des EU-Austritts. Im „Handbuch freiheitlicher Politik" heißt es: „Für die FPÖ ist ein Austritt aus einer Europäischen Union, die sich zu einem Zentralstaat entwickelt und die Grundsätze der Subsidiarität und der Demokratie mit Füßen tritt, kein Tabu, sondern ultima ratio."[517] Zu beachten sind die Einschränkungen bezüglich des Austritts. Wenige Zeilen später die Relativierung:

„Festzuhalten ist aber auch, dass ein Alleingang bei einem möglichen Austritt Österreichs aus der Europäischen Union unter den heutigen Gegebenheiten ohne große wirtschaftliche Einschnitte nahezu unmöglich wäre, da Österreich in hohem Ausmaß an die Wirtschaft Deutschlands gekoppelt ist und – im Gegensatz zur Zeit des Kalten Krieges – die Nachbarländer des ehemaligen Ostblock mittlerweile ebenfalls alle in die EU integriert [sic!] sind. Nicht-EU-Länder wie etwa die Schweiz oder Norwegen mögen vielleicht als Gegenbeispiel dienen, sind jedoch auf Grund der spezifischen Vorteile (Schweiz: internationaler Finanzplatz, Norwegen: Rohstoffexportland) mit Vorsicht zu beurteilen."[518]

Was die Koppelung der österreichischen Wirtschaft insbesondere an die deutsche betrifft, hat die FPÖ natürlich recht. Die FPÖ weiß also genau, warum diese Relativierung nötig ist. Sie ist keineswegs für einen Austritt und braucht diese Hintertür für den Fall einer Regierungsbeteiligung sowie als Botschaft für die Wirtschaft.

Während der Bundespräsidentschaftswahl 2016 laviert die FPÖ in dieser Frage. Im Juni 2016 fordert Hofer ein Referendum über einen EU-Austritt.[519] Nur wenige Tage später hingegen wäre in einem Interview mit der *Presse* ein Austritt aus der EU ein „Schaden für Österreich".[520] Im Wirtschaftsprogramm 2017 folgt schließlich die Festlegung: „Die FPÖ bekennt sich zur Europäischen Union" (S. 51).

Trotz scheinbar schwankender Aussagen lassen sich grundlegende ideologische Überlegungen ausmachen. Diese zeigen vor allem das Bedürfnis, österreichische und EU-Unternehmen in ihren Kämpfen um Marktanteile auf den Weltmärkten zu unterstützen. Im „Handbuch" heißt es: „Wir bekennen uns zur europäischen Integration, damit sich Europa im Zeitalter der Globalisierung in den weltweiten Verteilungskämpfen, insbesondere gegenüber den USA, gegenüber China, Russland, der islamischen Welt und anderen Teilen der Dritten Welt behaupten kann."[521]

Solche Verteilungskämpfe haben für die FPÖ auch eine militärische Komponente. Norbert Hofer tritt offen „für eine europäische Armee ein",[522] die nach Parteiobmann Strache auch Atomwaffen besitzen solle: „Selbstverständlich ist das auch ein Teil der europäischen Verteidigungspolitik", erklärte er im Februar 2017.[523] In die gleiche Richtung geht ein Beitrag in der Zeitschrift des FPÖ-nahen Think Tank „Genius. Gesellschaft für freiheitliches Denken":

„Die für alle EU-Mitglieder verbindlichen Vorschriften müssten daher auf eine gemeinsame Außen- und Verteidigungspolitik beschränkt werden, wogegen die gemeinsame Wirtschafts- und Währungspolitik sorgfältig auf die Unionsmitglieder angepasst werden sollte. Zur Verteidigung gehört vor allem der gemeinsame Schutz der Außengrenzen."[524] Was mit „Anpassung der Wirtschafts- und Währungspolitik auf die Unionsmitglieder" gemeint sein könnte, zeigen andere Wortmeldungen. Norbert Hofer fordert in der Zeitung der Freiheitlichen Wirtschaft die „Neugründung der EU als reine Wirtschaftsunion."[525] Worum es dabei geht, wird durch eine Wortmeldung der FPÖ-Abgeordneten Dagmar Belakowitsch-Jenewein im Parlament klarer, die als enge Vertraute von Parteichef Strache gilt. Um die negative Haltung der FPÖ bei einer Abstimmung zur europäischen Sozialcharta zu begründen, meinte sie 2011:

> „Bei einer zweiten Betrachtung ist es dann aber schon so, dass man sieht, dass damit auf eine Entwicklung innerhalb der EU in Richtung Sozialunion abgezielt wird. Es droht also sozusagen eine Auflösung der Republik, eine Entstaatlichung unserer eigenen Republik hin zu einem Zentralstaat Europa/EU. Und das ist etwas, dem wir nicht sehr viel abgewinnen können."[526]

Ähnliche Positionen finden sich immer wieder. Johannes Hübner, außenpolitischer Sprecher der FPÖ bis zur Nationalratswahl 2017, wünscht sich die EU als „Freihandelszone mit einer Zone für Reisefreiheit ohne Eintritt in die Sozialsysteme."[527] Die Positionen der FPÖ zu den Weltmärkten sind klassischer Imperialismus. Sie entsprechen damit im militärischen Bereich übrigens den Vorstellungen der EU-Führung, wie sie etwa in den „Headline Goals" festgelegt sind.[528] Gleichzeitig will die FPÖ, dass keine EU-weiten Sozialstandards festgelegt werden.

Tatsächlich etwas wirr waren lange die währungspolitischen Positionierungen der FPÖ. Im „Handbuch freiheitlicher Politik" gibt es Passagen, die einander direkt widersprechen.[529] Zuerst heißt es: „Österreichs Zukunft liegt im Schilling. (…) wirtschaftliche Nachteile (…) aus einem Ausscheiden aus dem Euroverbund [sind] nicht zu befürchten. Im Gegenteil würde der Wohlstand (…) steigen." (S. 276) Wenige Seiten später: „Die FPÖ setzt sich für die Schaffung eines Kerneuropas in der EU ein. Ziel eines engen Staatenverbundes (…) sollte (…) eine funktionstüchtige und schlagkräftige Währungspolitik für den Euro sein." (S. 282) Weiter vorne im Text „plädiert die FPÖ für eine Teilung der Eurozone in eine Hartwährungszone mit Deutschland, Österreich, Niederlande, Finnland und anderen stabilen Staaten sowie in eine Weichwährungszone unter der Führung Frankreichs." (S. 176)

Im Wirtschaftsprogramm 2017 ist weder vom Euro-Austritt **197** noch von Hartwährungszone die Rede, es findet sich ausschließlich die Forderung nach „strategischen Partnerschaften" mit Ländern, „die vor der Einführung des Euros als Hartwährungsländer gegolten haben" (S. 53). Das alles ist, gelinde gesagt, widersprüchlich. Doch im Kern steht die FPÖ spätestens mit dem Wirtschaftsprogramm 2017 zum Euro, im Hintergrund eventuell mit der Idee eines sogenannten Nord-Euro. Diese Forderung erhob Parteiobmann Heinz-Christian Strache immer wieder, wobei er meist sicherheitshalber die Rückkehr zum Schilling als Alternative nannte (das dürfte der Beruhigung von Teilen der Basis dienen). [530] Die Idee des Nord-Euro findet sich auch in „Mut zur Wahrheit". Hans Olaf Henkel fordert dort „Mut zum Nord-Euro". [531] Henkel ist ehemaliger Präsident des Bundes Deutscher Industrie, Mitbegründer der rechtsextremen Alternative für Deutschland und nach deren Spaltung EU-Abgeordneter der Partei „Liberal-konservative Reformer".

Unklar bleibt, wie der Nord-Euro auf den Währungsmärkten positioniert werden soll. Im Handbuch wird kritisch von der „unterbewerteten Währung Österreichs, dem Euro"[532] geschrieben. Eine Aufwertung würde allerdings eine Verteuerung österreichischer Exportprodukte auf dem Weltmarkt bedeuten. Sie hätte auch fatale Folgen für den Tourismus, weil Urlaub in Österreich für alle Menschen teurer würde, deren Währung nicht der Nord-Euro wäre. Das müsste die FPÖ ihren Hoteliers in den Tourismusgebieten wohl etwas genauer erläutern.

Im Wesentlichen beruht die EU-Position der FPÖ somit auf drei Säulen:

1. Eine EU als Wirtschaftsgemeinschaft mit losen Strukturen nach innen, insbesondere in Hinblick auf Sozialstandards
2. Bekenntnis zum gemeinsamen militärischen Vorgehen der EU-Staaten nach außen
3. Bekenntnis zum Euro; eventuell ein Nord-Euro als gemeinsame Währung der reichsten EU-Staaten

Warum wird die FPÖ gewählt?

Seit Jahren zeigen alle Umfragen, dass das Hauptmotiv für ein Kreuz bei der FPÖ Rassismus ist. Was sich seit den Kampagnen der 1990er Jahre verändert hat: Waren es damals allgemein „die Ausländer", werden heute speziell jene Bevölkerungsgruppen ins Visier genommen, die aus islamisch geprägten Kulturräumen stammen (wobei diese Zuschreibung an sich schon ungenau und problematisch ist.) Damit wurde der Rassismus der FPÖ mit christlichem Kulturkampf angereichert. Gleichzeitig wird der potentielle WählerInnenpool um rassistische MigrantInnen (insbesondere vom Westbalkan und aus Osteuropa) erweitert, die eingebürgert und wahlberechtigt sind.

Nach den Wiener Gemeinderatswahlen im Oktober 2015 wurden 1200 Personen gefragt, welche Wahlmotive für sie entscheidend gewesen seien. Unter den WählerInnen der FPÖ war das Thema „Asyl und Flüchtlinge" für 69 % „sehr" oder „eher wichtig".[533] Die Wiener Gemeinderatswahl 2010 bestätigt dieses Bild. Damals gaben 68 % an, dass eines ihrer Wahlmotive das Auftreten der FPÖ gegen Zuwanderung gewesen sei.[534] Bei der Landtagswahl in Oberösterreich, die im September 2015 stattfand, nannten 83 % der FPÖ-WählerInnen das Thema „Asyl" besonders wichtig.[535] Ein ähnliches Bild bei den Nationalratswahlen 2013: Die beiden wichtigsten Themen für FPÖ-WählerInnen waren Zuwanderung/Integration sowie Sicherheit/Kriminalität, die jeweils von 65 % genannt wurden – wobei beide Themen für viele FPÖ-WählerInnen wohl zusammenhängen.[536]

Bei der Nationalratswahl 2008 war laut einer Umfrage von Fessel Gfk das wichtigste Motiv für FPÖ-WählerInnen eine „härtere Ausländerpolitik", gefolgt von „gegen Asylmissbrauch", „Zuwanderungsstopp" sowie „Ärger über/Ablehnung anderer Parteien" und dem Wunsch nach politischer Erneuerung.[537] Auch Untersuchungen aus der Phase des ersten Aufstiegs der FPÖ nach 1986 zeigen, dass die Freiheitlichen vor allem beim Thema Migration punkten konnten.[538]

Es nützt wenig, diese Daten und Fakten zu relativieren. Wir haben es hier mit verfestigten rassistischen Positionen zu tun. Mittlerweile hat die FPÖ ein stabiles Klientel an StammwählerInnen – nur unterbrochen durch die Phase der Regierungsbeteiligung zwischen 2000 und 2006. Seit dem Innsbrucker Parteitag 1986, als Jörg Haider die Obmannschaft übernahm, sind mehr als 30 Jahre vergangen. In vielen Familien wird die FPÖ in zweiter oder dritter Generation gewählt – entsprechende politische Überzeugungen inklusive.

Gleichzeitig sollte der Rassismus der FPÖ nicht isoliert betrachtet werden. Durchaus zu Recht lobte Haider Franz Löschnak, den sozialdemokratischen Innenminister von 1989 bis 1995, als seinen „besten Mann in der Regierung". Auch während der Großen Koalition ab 2007 und insbesondere seit den Fluchtbewegungen ab Herbst 2015[539] überboten sich die Spitzen von SPÖ und ÖVP regelmäßig in immer neuen Überlegungen zu Abschottung, Obergrenzen und weiteren Verschärfungen gegen Menschen auf der Flucht. Dass die FPÖ von solchen Positionen profitiert – weil sie beim Rassismus am glaubwürdigsten ist –, sollte auf der Hand liegen. Doch selbst wenn der Zulauf zur FPÖ durch den rassistischen Kurs anderer Parteien gestoppt werden könnte: Für die betroffenen Menschen ist es egal, welche Partei für ihre Diskriminierung oder Abschiebung verantwortlich ist.

Eine erfolgreiche Strategie gegen die FPÖ

Beim Rassismus ist die FPÖ schlüssig. Die WählerInnen wissen das. Für viele ist er ohnehin *das* wichtigste Wahlmotiv. Andere finden ihn zumindest in Ordnung oder nehmen ihn billigend in Kauf. Die bisweilen geäußerte Vermutung, dass es sich bei WählerInnen der FPÖ um reine ProtestwählerInnen ohne politische Ideologie handle, ist nicht nachvollziehbar. Bei fast jeder Wahl stehen verschiedene linke Parteien oder Listen zur Wahl. Niemand hindert die WählerInnen, aus Protest diese Parteien zu wählen. Und der Rassismus muss keineswegs nur stellvertretend für andere Fragen stehen. Manchmal steht er schlicht und ergreifend für sich selbst.

Die Aufdeckung regelmäßig auftretender sogenannter Einzelfälle von besonders ekelhaftem Rassismus, Antisemitismus oder NS-Propaganda wird ebenfalls wenig verändern. Das bedeutet nun nicht, dass es nicht wertvoll wäre, solche Einzelfälle aufzudecken – und sei es nur, um die TäterInnen zu benennen. Doch sollten sich alle, die sich damit beschäftigen, darüber klar sein, dass damit kaum jemand von einer Stimme für die FPÖ abgehalten wird: Die WählerInnen dürften über die grundlegende politische Ausrichtung der Partei Bescheid wissen. Gleiches gilt für Kampagnen, die den Rassismus der FPÖ ins Zentrum rücken. Jede Auseinandersetzung damit ist zweifellos verdienstvoll – es sollte aber niemand glauben, dass Hinweise auf Rassismus für FPÖ-WählerInnen neu oder abschreckend wären.

Innerhalb der WählerInnenschaft der FPÖ finden sich verschiedene Rassismen: Da gibt es die faschistisch geprägte Blut-und-Boden-Mythologie der burschenschaftlichen Kader, den

Wohlstandschauvinismus der bürgerlichen Eliten, die ländliche Abschottung gegen alles Fremde, die Abstiegsängste kleiner UnternehmerInnen sowie die Reaktion auf den Verdrängungswettbewerb, in dem sich viele Lohnabhängige sehen – wobei bei jeder Gruppe neben subjektiven Ängsten eine Vielzahl rassistischer Vorurteile wirken.

Gerade im Niedriglohnbereich aber sind Verdrängungsängste keineswegs irreal. Wo wenige Vorkenntnisse nötig sind, können Arbeitskräfte sehr schnell ersetzt werden. MigrantInnen können als LohndrückerInnen eingesetzt werden, neu angekommene Flüchtlinge sind oft auch besser ausgebildet. Ähnlich die Situation bei verhältnismäßig günstigem Wohnraum im städtischen Bereich. SpekulantInnen vermieten gern überteuert an MigrantInnen, die schlecht informiert sind oder dringend eine Wohnung benötigen. Und auch wenn es nicht um Betrug geht: Knappe Ressourcen bedeuten Konkurrenz. Nicht zuletzt deshalb kann die FPÖ auch unter manchen MigrantInnen punkten. Solche Ängste können nicht einfach abgetan werden, sondern es sollte über die Hintergründe und Ursachen debattiert werden.

Dennoch hat die FPÖ vor allem bei sozial unzufriedenen Lohnabhängigen ein enormes Problem: die klaffende Lücke zwischen ihrer scheinbar sozial-radikalen Propaganda und ihrer tatsächlichen wirtschaftsliberalen Politik.

Der Widerspruch zwischen der FPÖ-Propaganda als „soziale Heimatpartei" und ihrer wirtschaftspolitischen Ausrichtung ist beträchtlich. Die FPÖ war und ist eine Partei des Wirtschaftsliberalismus, der Eliten und der UnternehmerInnen. Sie war das bei ihrer Gründung, sie hat diese Positionen politisch und programmatisch fortgeführt, und sie ist das heute mehr denn je.

Darüber will die FPÖ nicht reden. Sie weiß, dass sie ein enormes Problem mit Teilen ihrer WählerInnen bekäme. Wirtschaftspolitische Positionen werden in einer breiteren Öffentlichkeit selten laut geäußert oder hinter komplizierten Wortkonstruktionen versteckt. Anders ist das freilich, wenn sich die FPÖ an UnternehmerInnen wendet, hier wird Klartext gesprochen. Doch an der Regierung muss die FPÖ Farbe bekennen – wie zwischen 2000 und 2006.

Die FPÖ hat damit das klassische Dilemma rechter Parteien, die sich agitatorisch an die arbeitende Bevölkerung wenden: Wenn sie an die Macht kommen, werden die Widersprüche offensichtlich. Das anschaulichste Beispiel dafür sind die Auseinandersetzungen in der NSDAP nach der Machtergreifung. Das Programm von 1920 hatte auch sozialpolitische Forderungen enthalten, etwa Verstaatlichungen. Doch der Aufstieg der Partei war wesentlich von Großkonzernen finanziert worden. An der Macht hatten die Nazis kein Interesse, die alten Forderungen umzusetzen. Adolf Hitler reagierte auf den Konflikt durch die Ermordung seiner Widersacher im Juli 1934 im Zuge des sogenannten „Röhm-Putsches".

Die Exekution „sozialradikaler" Widersacher ist für rechtsextreme und faschistische Parteien in Westeuropa heute keine Option, wenn sie an die Regierung kommen. Aber die Problemlage bleibt ähnlich: Egal ob es sich um die Spaltungen der FPÖ zwischen 2000 und 2006 handelt, um die Debatten in der „Alternative für Deutschland" oder um die „Wahren Finnen". Die Spaltung in Finnland im Juni 2017 ist dabei exemplarisch, die Situation der FPÖ ab 2000 drängt sich auf. Die Partei beteiligte sich an einer Austeritäts-Regierung, Unruhen und eine Abspaltung von Parteichef und Regierungsflügel waren die Folge. „Die Verteidiger des kleinen Mannes zu sein, war es, was der Partei ihre Glaubwürdigkeit gab. Ihre Unterstützer (…) nahmen diese Kompromisse sehr schlecht auf", erklärte Erkka Railo, ein finnischer Politikwissenschaftler.[540]

Dieser Bericht erinnert frappant an die Erfahrungen der FPÖ unter Schwarz-Blau/Orange – und somit daran, was der FPÖ in der Regierung blühen könnte. Den SpitzenfunktionärInnen ist das durchaus bewusst. Auch deshalb wird der Kanzler-Anspruch formuliert – die Probleme würden als Seniorpartnerin aber nicht kleiner. Im Fall einer Koalition mit der ÖVP würde sie dabei wahrscheinlich versuchen, sich als der „soziale Flügel" der Regierung darzustellen. Doch der grundlegende Widerspruch zwischen der Erwartung der WählerInnen und der FPÖ-Programmatik wird dadurch nicht kleiner.

Aktuell laviert die FPÖ in dieser Frage. So finden sich durchaus sozialpolitische Forderungen, gleichzeitig haben diese oft eine Hintertür. Einerseits will die FPÖ zwar offiziell einen Mindestlohn (dessen Höhe permanent schwankt). Andererseits wird er mit den Lohnnebenkosten gegengerechnet, wodurch Sozialabbau vorprogrammiert wäre. Dieses Hin und Her wird in einer Bundesregierung, die grundlegende Weichenstellungen für breite Bevölkerungsschichten sichtbar und spürbar macht, nicht funktionieren. Gesellschaftliche und innerparteiliche Konflikte sind vorprogrammiert.

Seit einiger Zeit versucht die FPÖ, einem tiefen Fall bei einer Regierungsbeteiligung vorzubeugen, indem sie sich verstärkt an bürgerlich-konservative WählerInnen wendet. Damit geht eine etwas offenere Darstellung ihrer wirtschaftspolitischen Positionen einher, wie sie um die Diskussionen zum neuen Wirtschaftsprogramm im Frühjahr und Sommer 2017 zu beobachten war. Dennoch wird die FPÖ vor allem in Städten besonders von Lohnabhängigen gewählt. Hier könnten verstärkte Hinweise auf wirtschaftspolitische Positionen für die eine oder andere Nachdenkpause sorgen.

Um selbst glaubwürdig zu bleiben, ist allerdings eine authentische Politik nötig. Politische Plattformen, die den Rassismus ins

Zentrum rücken, die soziale Frage aber ausklammern, erleichtern es der FPÖ, sich als vermeintlich einzige Opposition darzustellen. Besonders gilt das, wenn solche Plattformen Parteien ein Podium bieten, die Sozialabbau-Maßnahmen zu verantworten haben.

Das bedeutet nicht, Rassismus nicht mehr zu thematisieren. Im Gegenteil, die Debatte um Menschenrechte und Rassismus ist eine wesentliche Debatte um ein solidarisches Miteinander aller in Österreich lebenden Menschen und um die globale Frage der internationalen Solidarität.

Die Frage ist, wie der Rassismus als zentrales Thema ausgehebelt werden kann. Hier scheinen Strategien erfolgreicher, die vor allem die soziale Frage ins Zentrum rücken. Gleichzeitig würden damit auch ganz andere Fragen in den Vordergrund gerückt. Es ginge dann nicht mehr um ein völkisches „Wir"-Gefühl, sondern um tatsächlich drängende Fragen: steigende Mieten, stagnierende Reallöhne, sinkende Pensionen, Zustand des Gesundheitssystems oder hohe Arbeitslosigkeit.

Damit würde sich die Frage stellen, ob eine Wirtschaftsordnung tatsächlich der Weisheit letzter Schluss ist, in der das reichste Prozent der Bevölkerung 34 Prozent des Vermögens besitzt, wie es in Österreich der Fall ist.[541]

Es könnte auch hinterfragt werden, ob es in einem Land wie Österreich, in dem 40 MilliardärInnen insgesamt 140.000 Milliarden Euro besitzen,[542] irgendeine legitime Begründung dafür gibt, dass an die 1,5 Millionen Menschen, also fast 20 % der Bevölkerung, armutsgefährdet sind?[543] Ob es in einem Land mit solchem Reichtum tatsächlich notwendig ist, dass es sich 3 % der Menschen nicht einmal leisten können, im Winter ihre Wohnungen angemessen zu heizen?[544]

Gleichzeitig könnte auch daran erinnert werden, dass das Leben aus mehr als Arbeit besteht. Dass Zeiten der Pause, des Urlaubs und der Erholung absolut legitim sind – und dass Arbeitszeitverkürzung sowohl mehr Arbeitsplätze als auch mehr Freizeit bedeutet.

Ebenfalls könnte gefragt werden, ob ältere Menschen in ihrer Pension ein Recht auf ein Leben ohne Existenzängste haben sollten. Und wie es mit dem Recht auf ausreichende und professionelle Pflege aussieht, anstatt dass Angehörige, zumeist Frauen, jahrelang schuften müssen. Es könnte darüber gesprochen werden, wie Frauen sozial, durch Rollenbilder, Gewalt und allgegenwärtigen Sexismus ausgebeutet werden. Es könnte eine Debatte über tatsächlich gleiche Rechte begonnen werden, für Frauen und für alle gleichgeschlechtlich lebenden und liebenden Menschen. Ebenfalls ein Thema wäre der immer massivere Leistungsdruck, unter dem junge Menschen leiden. Es könnte diskutiert werden, ob die Möglichkeit zu breit gefächerter Ausbildung ohne Zwang, zu Zeiten der Ruhe, zum Kennenlernen der Welt und des Lebens in all seinen Facetten nicht auch wesentlich zur Persönlichkeitsentwicklung beitragen.

In den Debatten um die internationale Lage müsste nicht die Abschottung der Festung Europa im Zentrum stehen. Stattdessen könnte die Frage gestellt werden, ob eine globale Wirtschaftsordnung akzeptabel ist, in der eine Handvoll Männer mehr besitzt als die ärmere Hälfte der Weltbevölkerung.[545] Dann könnte auch die Situation von flüchtenden Menschen anders behandelt werden. Es könnte gefragt werden, welche Großmächte hinter vielen kriegerischen Auseinandersetzungen stehen, woher die Waffen dafür stammen und aus welcher kolonialen Vergangenheit und welchen kolonialen Verbrechen viele dieser Konflikte ableitbar sind.

Hilfreich wäre der Hinweis, dass der Wohlstand in den Ländern des Nordens nicht ohne die jahrhundertelange und bis heute andauernde Ausbeutung des globalen Südens und seiner Menschen erklärbar ist – und dass es weder überraschend noch unstatthaft ist, wenn diese Menschen gern ein Stück von jenem Kuchen hätten, den sie gebacken haben und backen.

Es könnte darüber gesprochen werden, dass schlechtere Löhne in anderen Ländern gern als Argument eingesetzt werden, um die Arbeitsbedingungen hierzulande zu verschlechtern, „weil sonst die Betriebe abwandern". In den anderen Ländern ist die Argumentation natürlich dieselbe. Die Lohnabhängigen verschiedener Länder werden gegeneinander ausgespielt – eine globale Abwärtsspirale wird in Gang gesetzt. Gleichzeitig werden jene Menschen, die es über die Mauern der Festung Europa schaffen oder die innerhalb des Kontinents migrieren, als Sündenböcke und LohndrückerInnen missbraucht.

Schließlich sollten die für die gesamte Menschheit verheerenden Folgen des Klimawandels diskutiert werden. Auch er ist eine soziale Frage. Jene, die am meisten Geld haben, werden sich am längsten vor seinen Folgen schützen können. Sie stammen wiederum aus jenen gesellschaftlichen Schichten, die die Hauptverantwortung für den Klimawandel tragen.

In all diesen sozialen Fragen und Auseinandersetzungen liegen die Positionen der FPÖ klar auf dem Tisch. Ob es um Sozialleistungen, Pensionen, die Gesundheitsversorgung, den Zugang zu Wohnraum, die Spaltung der Lohnabhängigen, den Schutz des Vermögens der Reichsten oder die Folgen des Klimawandels geht: Überall steht die FPÖ auf der Seite der Banken, der Konzerne und der UnternehmerInnen – und nicht auf der Seite der breiten Masse der Bevölkerung.

Sprechen wir darüber.

Endnoten

Alle Onlinequellen stehen auf der Seite www.mandel-baum.at/buch.php?id=825 als Link zur Verfügung und können von dort abgerufen werden.

1   Entner, Birgit: „Warum halten wir noch an Kollektivverträgen fest?" in: Vorarlberger Nachrichten (VN), 18.08.2016

2   ORF Wien: „Sie werden sich wundern" Teil der Biografie, 12.05.2016, abgerufen am 21.08.2017

3   FPÖ: Handbuch freiheitlicher Politik. Ein Leitfaden für Führungsfunktionäre und Mandatsträger der FPÖ, Wien 2013, abgerufen 01.07.2017

4   FPÖ: Parteiprogramm der FPÖ, beschlossen 18.06.2011, abgerufen 25.07.2017

5   FPÖ: Freiheitliches Impulsprogramm. Wirtschaft, Neuauflage Oktober 2010, abgerufen 21.07.2017

6   FPÖ: Fairness. Freiheit. Fortschritt. Das freiheitliche Wirtschaftsprogramm, Wien 2017

7   Freiheitlicher Arbeitskreis Attersee: Mut zur Wahrheit, Hrsg: Haimbuchner, Manfred/Graudauer, Alois, Linz 2015

8   Howanietz, Michael: Für ein freies Österreich. Souveränität als Zukunftsmodell, Hrsg: Hofer, Norbert für den Freiheitlichen Parlamentsklub, Wien 2013

9   Haider, Jörg: Die Freiheit, die ich meine, Frankfurt/M-Berlin 1993

10   Vergleiche: Wolfram, Herwig (Hrsg.): Österreichische Geschichte 1890–1990, Der lange Schatten des Staates, Wien 1994, S. 149ff,

11   Vergleiche: Bonvalot, Michael: Warum der Februar 1934 heute besonders wichtig ist, in: Bonvalot.net, 12.02.2017

12   Vergleiche: Enderle-Burcel, Gertrude: Die österreichischen Parteien 1945-1955 in: Sieder, Reinhard/Steinert, Heinz/Tálos, Emmerich (Hrsg.): Österreich 1945–1955, Wien 1995, S. 88

13   Stüber, Fritz: Ich war Abgeordneter. Die Entstehung der freiheitlichen Opposition in Österreich, Graz 1974, S. 65f, in: Wolfram (Hrsg.): Österreichische Geschichte, Wien 1994, S. 150

14 Wolfram (Hrsg.): Österreichische Geschichte, Wien 1994, S. 150

15 Wolfram (Hrsg.): Österreichische Geschichte, Wien 1994, S. 149

16 Erker, Linda/Huber, Andreas/Taschwer, Klaus: „Deutscher Klub": Austro-Nazis in der Hofburg in: Der Standard, 22.07.2017

17 Achleitner, Josef: Die alten und neuen Hochburgen der Blauen in Oberösterreich, in: Oberösterreichische Nachrichten, 05.10.2015

18 Rathkolb, Oliver: NS-Problem und politische Restauration: Vorgeschichte und Etablierung des VdU, Wien 1986, S. 73–99, in: Wolfram (Hrsg.): Österreichische Geschichte, Wien 1994, S. 150

19 Kraus, Herbert: Untragbare Objektivität. Politische Erinnerungen 1917–1987, Wien 1988, S. 194, in: Wolfram (Hrsg.): Österreichische Geschichte, Wien 1994, S. 150

20 Der Standard: VdU, o.J.

21 Kurier: FPÖ-Vorläufer VdU: Werben um ehemalige Nazis, 19.10.2016

22 Wolfram (Hrsg.): Österreichische Geschichte, Wien 1994, S. 151

23 Wolfram (Hrsg.): Österreichische Geschichte, Wien 1994, S. 151

24 KPÖ: Historischer Teil des Schriftsatzes für das Handelsgericht, o.J.

25 Vergleiche: Achleitner, Josef: Die alten und neuen Hochburgen der Blauen in Oberösterreich, in: Oberösterreichische Nachrichten, 05.10.2015,

26 Narodoslawsky, Benedikt: Blausprech, Graz 2010, S. 10

27 Vergleiche u.a.: Bailer, Brigitte/Neugebauer, Wolfgang: Die FPÖ: Vom Liberalismus zum Rechtsextremismus, in: Dokumentationsarchiv des österreichischen Widerstandes (Hrsg.), Handbuch des österreichischen Rechtsextremismus, Wien 1994, S. 359

28 Rechtsdrall Blog: Haimbuchner ehrt SS-Brigadeführer, 22.11.2016

29 Bailer/Neugebauer: Die FPÖ in: Handbuch des österreichischen Rechtsextremismus, Wien 1994, S. 359

30 Express, 09.10.1963 in: Bailer/Neugebauer: Die FPÖ in: Handbuch des österreichischen Rechtsextremismus, Wien 1994, S. 360

31 Bailer/Neugebauer: Die FPÖ in: Handbuch des österreichischen Rechtsextremismus, Wien 1994, S. 360

32 Vergleiche: Bonvalot, Michael: Braune Wölfe im Schafspelz in: FM4, 07.09.2016

33 Seidl, Conrad: Steirisches Experimentierfeld, in: Der Standard, 10.06.2015

34 FPÖ Graz: FPÖ Graz tritt mit 162 Kandidaten an, 29.12.2016

35 Vergleiche: Purtscheller, Wolfgang: Aufbruch der Völkischen, Wien 1993

36 Vergleiche: Bonvalot, Michael: Biertonnen, Terror und Faschismus in: FM4, 30.01.2017

37   Dokumentationsarchiv des österreichischen Widerstandes (Hrsg.): Handbuch des österreichischen Rechtsextremismus, Wien 1994, Wien 1994, S. 172

38   Vergleiche: Scharsach, Hans-Henning: Haiders Kampf, München 1992, S. 91

39   Horaczek, Nina: Geschichten aus dem Unterholz in: Falter 13/09

40   Bailer/Neugebauer: Die FPÖ in: Handbuch des österreichischen Rechtsextremismus, Wien 1994, S. 363ff

41   Freiheitlicher Arbeitskreis Attersee: Der Atterseekreis, o.J.

42   Vergleiche: Grimm, Christian: Wirtschaftspolitische Positionen österreichischer Parteien im historischen Verlauf in: ICAE Working Paper Series – No. 51 – July 2016, S.15

43   Holzer, Willibald I.: Rechtsextremismus. Konturen, Definitionsmerkmale und Erklärungsansätze in: Dokumentationsarchiv des österreichischen Widerstandes (Hrsg.), Handbuch des österreichischen Rechtsextremismus, Wien 1994, S. 12ff

44   Lackner, Silke: Freiheitliche Partei Österreichs, Linz 2007, S. 50 in: Narodoslawsky, Benedikt: Blausprech, Graz 2010, S. 13

45   Vergleiche: Schiedel, Heribert: Der rechte Rand, Wien 2007, S. 111

46   Becker, Joachim: Verspätung und Avantgardismus in: Beigewum, o.J., S. 103

47   Geden, Oliver: Diskursstrategien im Rechtspopulismus. Freiheitliche Partei Österreichs und schweizerische Volkspartei zwischen Opposition und Regierungsbeteiligung, Wiesbaden 2006, S. 121f, in: Narodoslawsky, Benedikt: Blausprech, Graz 2010, S. 14

48   Schiedel, Heribert: Der rechte Rand, Wien 2007, S. 111

49   Vergleiche: Narodoslawsky, Benedikt: Blausprech, Graz 2010, S. 14

50   Vergleiche: Ötsch, Walter/Horaczek Nina: Populismus für Anfänger, Frankfurt/Main 2017, S. 13ff

51   Geden, Oliver: Diskursstrategien im Rechtspopulismus. Freiheitliche Partei Österreichs und schweizerische Volkspartei zwischen Opposition und Regierungsbeteiligung, Wiesbaden 2006, S. 121f, in: Narodoslawsky, Benedikt: Blausprech, Graz 2010, S. 16

52   Vergleiche: Sarkowicz, Hans: Rechte Geschäfte. Der unaufhaltsame Aufstieg des deutschen Verlegers Herbert Fleissner, Frankfurt am Main 1994

53   Weidinger, Bernhard: Im nationalen Abwehrkampf der Grenzlanddeutschen. Akademische Burschenschaft und Politik in Österreich noch 1945, Wien 2015, S. 384

54   Haider, Jörg: Die Freiheit, die ich meine, Frankfurt/M-Berlin 1993, S. 173

55 Haider: Freiheit, S. 114

56 Haider: Freiheit, S. 115

57 Haider: Freiheit, S. 33

58 Haider: Freiheit, S. 150

59 Laut Scharsach die Ausgabe Aula 10/1985, vergleiche: Scharsach, Hans-Henning: Haiders Clan, Wien 1995, S. 280

60 Asshauer, Thomas: Volksgemeinschaft in: Die Zeit, 10.02.2000

61 Mölzer, Andreas: Jörg! Der Eisbrecher, o.O., 1990, in: Scharsach Hans-Henning: Haiders Kampf, München 1992, S. 145

62 Freiheitliches Bildungswerk. Politische Akademie der FPÖ: Schriftenreihe Bd. 17: 100 Jahre freiheitliche Tradition in Kärnten, in: Scharsach, Hans-Henning: Haiders Clan, Wien 1995, S. 248

63 Vergleiche: Scharsach, Hans-Henning: Haiders Clan, Wien 1995, S. 248

64 Howanietz, Michael: Für ein freies Österreich. Wien 2013, S. 128

65 Der Standard: Haiders blaue Kassen. Die Teile I bis IX der STANDARD-Serie, 24.11.2000

66 Bauer, Gernot: Prinzhorn, Zwist um Spende für Van der Bellen in: Profil, 14.01.2017

67 Der Standard: Halbe-halbe zum gegenseitigen Nutzen, 14.11.2000

68 Leeb, Markus R./ Melichar, Stefan: Haiders Erben sollen zahlen in: News, 27.03.2014

69 Wiener Zeitung: Die Arisierung des Bärentals wieder im Gespräch, 14.02.2000,

70 Nikbakhsh, Michael/Kramar-Schmid, Ulla: Haider soll 45 Millionen Euro nach Liechtenstein geschleust haben in: Profil, 31.07.2010,

71 Vergleiche: Lackner, Herbert: Sind im Bermudadreieck um Jörg Haider Gaddafi-Millionen versickert in: Profil, 26.02.2011,

72 Die Presse: Jörg Haider besaß Ölquelle im Irak, 11.09.2015,

73 Vergleiche: Bonvalot, Michael: In Hypotopia werden Parks gebaut statt Banken gerettet, 23.10.2014,

74 Narodoslawsky, Benedikt: Blausprech, Graz 2010, S. 29

75 Der Standard: Tausend Euro für jeden Kärntner Jugendlichen, 29.12.2009

76 Der Standard: Schlosshotel Velden Millionen Grab für Hypo, 30.06.2015

77 Schmid, Gabriele: Vier Jahre schwarz-blaue Sozialpolitik in: Arbeit&Wirtschaft, o.J.

78 Bauer, Lucia: Trugbild Sozialkompetenz: Schein und Sein der sozialpolitischen Forderungen der FPÖ in: Arbeit&Wirtschaft, 10.12.2013

79 Der Standard: Pensionsreform 2000, 30.05.2000

80 Der Standard: Was bringt die Pensionsreform 2003, 31.10.2003

81   Schmid, Gabriele: Vier Jahre schwarz-blaue Sozialpolitik in: Arbeit&Wirtschaft, o.J.,

82   Schmid, Gabriele: Vier Jahre schwarz-blaue Sozialpolitik in: Arbeit&Wirtschaft, o.J.,

83   Schmid, Gabriele: Vier Jahre schwarz-blaue Sozialpolitik in: Arbeit&Wirtschaft, o.J.,

84   ÖGB: ÖGB sieht krasse Verschlechterung für Lehrlinge im Gastgewerbe, 13.06.2000,

85   Parlament, Stenographisches Protokoll, Sitzung 20.05.1996, S. 85

86   Schmid, Gabriele: Vier Jahre schwarz-blaue Sozialpolitik in: Arbeit&Wirtschaft, o.J.,

87   Sozialministerium: Hausbetreuer und Hausbesorger, o.J.

88   Vergleiche: Bonvalot, Michael: Der Gemeindebau – ein Ort für ein Leben in: Bonvalot.net, 13.11.2013

89   ÖVP und FPÖ: „Österreich neu regieren", o.J.

90   Der Standard: In zwei Tagen steht der Hochofen, 14.11.2003

91   Die Presse: Neue ÖBB-Struktur: Zwei Firmen und acht Chefs weniger, 06.05.2009

92   Der Standard: Privatisierungen in der Schüssel-Grasser-Ära, 28.06.2010

93   Der Standard: Aus für Zigaretten Made in Austria, 05.05.2011,

94   Die Presse: Chronologie: Die Geschichte der Studiengebühren, 14.12.2010

95   Österreichische HochschülerInnenschaft: Studiengebühren, o.J.

96   Wirtschaftskammer: Die Gruppenbesteuerung, 01.02.2016

97   Bauer, Lucia: Trugbild Sozialkompetenz: Schein und Sein der sozialpolitischen Forderungen der FPÖ in: Arbeit&Wirtschaft, 10.12.2013

98   Der Standard: Haiders blaue Kassen. Die Teile I bis IX der STANDARD-Serie, 24.11.2000

99   Die Presse: Hypo Kärnten: Sorger soll 800.000 Euro verdient haben, 01.09.2010

100   Vergleiche: Bailer/Neugebauer: Die FPÖ in: Handbuch des österreichischen Rechtsextremismus, Wien 1994, S. 371ff

101   Trend: Heide Schmidt und Hans Peter Haselsteiner führen das LIF zur Ehe mit den NEOS, 25.01.2014

102   Der Standard: Nationalratswahl: Haselsteiner spendet Neos knapp 200.000 Euro, 23.06.2017

103   Vergleiche: Narodoslawsky, Benedikt: Blausprech, Graz 2010, S. 73

104   Der Standard: Schulden: Strache schließt FP-Neugründung nicht aus, 11.04.2005

105   Stoppt die Rechten: Die Burschis von der Silesia, 11.11.2010

106 Profil: Sekretär von Martin Graf wurde von seiner Burschenschaft ausge-schlossen, 18.09.2010

107 News: Vorstoß des BZÖ-Chefs: Landeshauptmann Jörg Haider fordert Einführung der Flat-Tax, 09.08.2006

108 ORF: Strache doch zu Koalition mit BZÖ bereit, o.J.

109 Steiner, Elisabeth: „Kärnten ist wieder freiheitlich und ungeteilt" in: Der Standard, 28.06.2013

110 Bündnis Liste Burgenland: Wer wir sind, o.J.

111 Bündnis Liste Burgenland: Facebook Eintrag, 21.05.2017

112 Bündnis Liste Burgenland: Themen, o.J.

113 Der Standard: Team Stronach kandidiert bei Nationalratswahl nicht mehr, 27.06.2017

114 ORF: NR-Wahl: Schnell will mit eigener Partei antreten, 14.07.2017

115 Freie Partei Salzburg: Die Freie Partei Salzburg (FPS): Politik mit Herz und Hirn!, o.J.

116 Vergleiche: Freie Partei Salzburg: Steuerreform, o.J.

117 Scharsach, Hans-Henning: Strache im braunen Sumpf, Wien 2012, S. 50

118 Horaczek, Nina: Geschichten aus dem Unterholz in: Falter 13/09

119 FPÖ: Strache: Tirol – Von Kufstein bis Salurn, 17.01.2007

120 Meine Abgeordneten: Heinz-Christian Strache, o.J.

121 News: News deckt auf: Söldner für Einsatz im Irak wurden im Burgenland ausgebildet, 12.10.2005

122 ORF: Rumpold schweigt über 6,6 Mio, Euro, o.J.

123 Kern, Maria/Metzger Ida: Warum Strache Firma mit Rumpold betrieb in: Kurier, 27.02.2017

124 Vergleiche: Bonvalot, Michael: Ist jetzt alles wieder gut? Spoiler: Nein in: Vice, 04.12.2016

125 Narodoslawsky, Benedikt: Blausprech, Graz 2010, S. 208

126 Narodoslawsky, Benedikt: Blausprech, Graz 2010, S. 214f

127 Narodoslawsky, Benedikt: Blausprech, Graz 2010, S. 208

128 Jungnikl, Saskia/Fidler, Harald/Herrnböck, Julia: Strache, Biertonnen und das Heilige Land in: Der Standard, 20.12.2010

129 Vergleiche: Bonvalot, Michael: Die FPÖ, die „Sache des Feindes" und der Koloman-Wallisch-Platz in: Bonvalot.net, 03.04.2016

130 Krone: Strache: „Wir sind jetzt die Erben von Kreisky!", 01.05.2016

131 Narodoslawsky, Benedikt: Blausprech, Graz 2010, S. 183

132 Narodoslawsky, Benedikt: Blausprech, Graz 2010, S. 184

133 Narodoslawsky, Benedikt: Blausprech, Graz 2010, S. 184

134 Narodoslawsky, Benedikt: Blausprech, Graz 2010, S. 185ff

135   Narodoslawsky, Benedikt: Blausprech, Graz 2010, S. 183

136   Salzburg24: „Gefahr in Verzug": Salzburger FPÖ-Spitze mit sofortiger Wirkung abgesetzt, 10.06.2015

137   Brettner-Messler, Gerald: Die FPÖ und die Akademiker, 30.11.2013

138   Vergleiche: Bonvalot, Michael: Biertonnen, Terror und Faschismus in: FM4, 30.01.2017

139   Vergleiche: FIPU: Korporierte FPÖ-PolitikerInnen, o.J.

140   Parlament: Liste gemäß § 9 Bezügebegrenzungs-BVG: Nationalrat. Bei Drucklegung lagen Zahlen bis 2016 vor. Zahlen für 2017 müssen bis spätestens 30.06.2018 genannt werden, einige Abgeordnete haben das bereits getan.

141   Sterkl, Maria: FPÖ-Mandatar Johannes Hübner tritt bei Nationalratswahl nach antisemitischen Anspielungen nicht mehr an in: Der Standard, 25.07.2017

142   Der Standard: FPÖ-Wirtschaftssprecher soll Partner geschädigt haben, 11.12.2012

143   Rechnungshof: Kundmachung des Rechnungshofes über die Begrenzung von Bezügen öffentlicher Funktionäre, Dezember 2016

144   Kurier: Lopatka: Hofer „ist der bessere Kandidat", 24.11.2016

145   Heute: ÖVP: Auch NÖ-Klubchef hält Hofer für wählbar, 30.11.2016

146   Der Standard: Van Staa hat eine „sehr gute Meinung" von Hofer, 12.11.2016

147   Kurier: 20.02.2016

148   Österreich: Doskozil: „Van der Bellen würde unsere Linie konterkarieren", 10.04.2016

149   Ritzer, Cornelia: Die FPÖ organisiert sich in den Bundesländern in: Tiroler Tageszeitung, 03.01.2017

150   FPÖ Graz: FPÖ Graz tritt mit 162 Kandidaten an, 29.12.2016

151   Freiheitliche Wirtschaft Oberösterreich in: Facebook, 05.07.2017

152   Tiroler Tageszeitung: Rechnungshof: Kolm will Zusatzeinnahmen generieren, 08.06.2016

153   FPÖ: Barbara Kolm ist die Idealbesetzung für das Amt des Rechnungshofpräsidenten, 01.06.2016

154   Kordik: Hanna: Hört die Signale (der FPÖ) in: Die Presse, 02.05.2016

155   Heinz-Christian Strache: Barbara Kolm, FPÖ-Expertin beim gestrigen ESM-Hearing im Nationalrat, 29.06.2012

156   Vergleiche: Homepage Österreichisches Parlament

157   Schulmeister, Stephan: Die Finanzschmelze und der schlaue August in: Der Standard, 25.09.2013

158   Handelsblatt: Chile erhöht offizielle Opferzahl auf 40.000, 18.08.2011

159   FW: Antrag an das Wirtschaftsparlament der WK Wien, 31.05.2016

160   Austrian Economics Center: Wirtschaftliche Freiheit weltweit langsam im Vormarsch, 15.01.2014

161   Salomon, Martina: Kolm: „Der Staat mischt sich zu sehr ein" in: Kurier, 16.07.2013

162   Hayek-Institut: Barbara Kolm, o.J.

163   Walser, Harald: Barbara Kolm will Wasser privatisieren, 28.03.2017

164   Hämmerle, Walter: Die Frau, die den Staat nicht mag in: Wiener Zeitung, 21.02.2014

165   Sperl, Gerfried: Der Rechnungshof als Gegenregierung in: Der Standard, 03.06.2016

166   Hämmerle, Walter: Die Frau, die den Staat nicht mag in: Wiener Zeitung, 21.02.2014

167   Hecking, Claus/Marchart Jan Michael: Dagegen sein ist alles, 19.05.2016

168   Kurier: Norbert Hofer: „Für eine europäische Armee", 13.11.2016

169   Tiroler Tageszeitung: Hofer im TT-Interview: „Für Kooperation mit Visegrád-Gruppe", 17.11.2016

170   Focus: Die Hundts-gemeinen Sprüche des Ex-Arbeitgeber-Chefs, 19.11.2013

171   Markovics, Alexander: 60 Jahre EU-ropa, 15.05.2017

172   Lenart, Patrick: Umbrüche der Arbeitsgesellschaft, 27.11.2016

173   Vergleiche: Bonvalot, Michael: Eine Reihe von Attacken bedroht Wiens linke Treffpunkte in: FM4, 03.05.2017

174   Stoppt die Rechten: „Unwiderstehlich"? Brauner Aufguss!, 15.01.2017

175   Vergleiche: Bonvalot, Michael: Das Nazi-Problem der Wiener Austria in: Vice, 13.12.2016

176   Bauer, Gernot: Strache-Vertraute lassen Streit im RFW eskalieren in: Profil, 25.05.2013

177   Bauer, Gernot: Strache-Vertraute lassen Streit im RFW eskalieren in: Profil, 25.05.2013

178   Bauer, Gernot: Strache-Vertraute lassen Streit im RFW eskalieren in: Profil, 25.05.2013

179   Bachler, Martina: HC Strache und die Wirtschaft – wird er Euch auch belügen? In: Trend 24/2015

180   Hecke, Bernd: Warum der FPÖ-Chef nicht immer nur glänzen kann und will in: Kleine Zeitung, 18.06.2017

181   Wirtschaftsliste Salzburg (RFW): Unsere konkreten Ziele, o.J.

182   Erker/Huber/Taschwer: „Deutscher Klub": Austro-Nazis in der Hofburg in: Der Standard, 22.07.2017

183 Freiheitlicher Akademikerverband Salzburg: Zusammenarbeit. Die Aktivitäten des Neuen Klub, o.J.

184 Freiheitlicher Akademikerverband Salzburg: Zusammenarbeit. Die Aktivitäten des Neuen Klub, o.J.

185 Vergleiche: FW: Fachthemen 2016-4: Diktatur der Handelskartelle

186 Freiheitliche Wirtschaft: Tätigkeitsbericht zum 28. ordentlichen Bundestag, o.J. (Veröffentlichung Facebook: 13.04.2017), S. 4

187 Howanietz, Michael: Für ein freies Österreich. Wien 2013, S. 73

188 Howanietz, Michael: Für ein freies Österreich. Wien 2013, S. 93

189 Kordik, Hanna: Strache macht sich salonfähig in: Die Presse, 12.08.2016

190 Kordik, Hanna: Strache macht sich salonfähig in: Die Presse, 12.08.2016

191 Hager, Johanna: Wo Strache schon „salonfähig" ist in: Kurier, 21.06.2017

192 Kordik, Hanna: Strache macht sich salonfähig in: Die Presse, 12.08.2016

193 FIPU: Korporierte FPÖ-PolitikerInnen, o.J.

194 Marchart, Jan Michael/Hämmerle, Walter: Und wieder droht der Abgrund in: Wiener Zeitung, 22.07.2016

195 Vergleiche: Haindl-Grutsch, Joachim: Mut zur Industrie in: Atterseekreis: Mut zur Wahrheit, 2015, S. 107ff

196 Freiheitlicher Arbeitskreis Attersee: Der Atterseekreis, o.J.

197 FPÖ OÖ: Der schmutzige Wahlkampf der FSG, 25.09.2015

198 Unterberger, Andreas: Mut zu Sozialreformen heißt Mut, konkret zu werden, 22.08.2015

199 Vergleiche: Webauftritt des Liberalen Klubs

200 Kordik, Hanna: Hört die Signale (der FPÖ) in: Die Presse, 02.05.2016

201 Kleine Zeitung: ÖVP- und FPÖ-Wirtschaft erhöhen Druck auf längere Tagesarbeitszeit, 25.01.2017

202 Steinlechner, Daniel: Drohung mit dem Knüppel in: News, 09.10.2013

203 Horaczek, Nina/Reiterer, Claudia: HC Strache, Wien 2009, S. 167

204 Sozialistische Offensive Vorwärts: Wen vertritt die FPÖ wirklich?, August 1997, Faksimile des Briefs, o.S.

205 Kerschbaum, Thomas: Schein und Sein. Das Programm der blauen „Gewerkschaft" FGÖ, 11.07.1998

206 FA: Dafür stehen wir, o.J.

207 FA: Kopftuch- und Schleierverbot im öffentlichen Dienst und Bildungseinrichtungen, Antrag an die 168. Tagung der VV der AK Wien, 24.05.2017

208 FA: Offenlegung der Gesundheitskosten für Asylwerber durch die Gebietskrankenkasse, Antrag an die 168. Tagung der V der AK Wien, 24.05.2017

209 Arbeitsgemeinschaft Unabhängiger und Freiheitlicher: Webauftritt

210 Gewerkschaft öffentlicher Dienst: Ergebnisliste der Bundes-Personalvertretungswahlen 2014 in: Die Presse, o.J.

211 Gewerkschaft der Gemeindebediensteten: Personalvertreterwahl Gemeinde Wien 2014, o.J.

212 FA-KAV: Personalvertretung, o.J.

213 Vergleiche: KIV, Webauftritt, o.J.

214 FA OÖ: FA-Betriebsräte, o.J.

215 FA: Tätigkeitsbericht der Freiheitlichen Arbeitnehmer 2014-2017, o.J.

216 Sozialistische Offensive Vorwärts: Wen vertritt die FPÖ wirklich?, August 1997, Faksimile des Briefs, o.S.

217 Gartner, Gerold: Wer wem seine Stimme gegeben hat in: Der Standard, 04.12.2016

218 Ennser-Jedenastik, Laurenz: Wie Wählerstromanalysen funktionieren in: Der Standard, 27.04.2016

219 Ennser-Jedenastik, Laurenz: Warum nicht alle ÖVP-Anhänger Bauern, Unternehmer und Beamte sind in: Der Standard, 13.07.2017

220 Kurier: Studie: FPÖ hat die treuesten Wähler, 08.08.2016

221 Der Standard: Wer wem seine Stimme gegeben hat, 04.12.2016

222 Mayr, Peter: Wer den Präsidenten wählen geht – oder lieber nicht in: Der Standard, 09.03.2016

223 Statistik Austria: Bevölkerung nach Staatsangehörigkeit und Geburtsland, o.J.

224 Mayr Peter: Wer den Präsidenten wählen geht – oder lieber nicht in: Der Standard, 09.03.2016

225 Österreichische Sozialversicherung: Statistische Daten, o.J.

226 Narodoslawsky, Benedikt: Blausprech, Graz 2010, S. 181

227 Narodoslawsky, Benedikt: Blausprech, Graz 2010, S. 181

228 Weidinger, Bernhard: Im nationalen Abwehrkampf der Grenzlanddeutschen, Wien 2015, S. 352

229 Vergleiche: Bonvalot, Michael: Biertonnen, Terror und Faschismus in: FM4, 30.01.2017

230 FPÖ Wien: FP-Herzog: FPÖ Initiative ermöglicht Kulturaustauschprogramm mit der ostanatolischen Stadt Diyarbakir!, 29.04.2009

231 Pink, Oliver: „Outlaws" unter sich: Der serbophile HC Strache in: Die Presse, 19.02.2008

232 Narodoslawsky, Benedikt: Blausprech, Graz 2010, S. 180

233 News: H.-C. Strache: mit dem Kreuz in der Hand zum Wahlkampf, erst mit 40 zur Firmung, 29.06.2009

234 Wir sind Kaiser: Studiobesuch Heinz-Christian Strache, 14.01.2010

235 Scharsach, Hans-Henning: Strache im braunen Sumpf, Wien, 2012, S. 257

236 Stuhlpfarrer, Samuel: Wen die Wiener Migranten wählen in: Die Presse, 22.07.2013

237 ORF: Wer was wählte, 11.10.2015

238 Horaczek Nina/Reiterer Claudia: HC Strache, Wien 2009, S. 169

239 ORF: Kooperationsvertrag zwischen FPÖ und Putin-Partei, 19.12.2016

240 FPÖ Steiermark: Russland-Sanktionen: FPÖ-Kassegger: Kern und Mitterlehner müssen sich für die Aufhebung stark machen, 22.11.2016

241 FPÖ: Kassegger: Verlängerung der Russland-Sanktionen schadet Österreichs Wirtschaft, 16.12.2016

242 Übereinkommen zwischen SPÖ und ÖVP für die XXI. Gesetzgebungsperiode 2015 bis 2020 des burgenländischen Landtages in: Der Standard, o.J.

243 ORF Bgld: Aufregung um Förderung für behinderte Schüler, 21.12.2016

244 Pittner, Roland: Gratis-Schulbesuch für behinderte Kinder im Burgenland gestrichen in: Kurier, 20.12.2016

245 Kurier: FPÖ Burgenland will berittene Polizei an Grenze, 03.04.2017

246 Rohrhofer, Markus: Oberösterreichs Industrie drängt auf Schwarz-Blau in: Der Standard, 28.09.2015

247 Oberösterreichische Nachrichten: Haimbuchners Wohnbau-Vorschriften lösen Sturm der Entrüstung aus, 15.06.2014

248 Vergleiche: Vogel, Bernd: Die „Blauen" in der Zwischenkriegszeit, Regensburg-Bregenz 2004, S. 94ff., S. 264ff

249 Vogel, Bernd: Die „Blauen" in der Zwischenkriegszeit, Regensburg-Bregenz 2004, S. 298

250 Wanner, Gerhard: Politik. In: Dachs, Herbert (Hrsg.): Geschichte der österreichischen Bundesländer seit 1945, Wien-Köln-Weimar 2000, S. 436

251 Wanner, Gerhard: Politik. In: Dachs, Herbert (Hrsg.): Geschichte der österreichischen Bundesländer seit 1945, S. 436

252 Der Standard: Welser Bürgermeister will Sozialleistungen für Nicht-EU-Bürger streichen, 17.10.2015

253 Kroisleitner, Oona: Mindestsicherung: Drei Viertel bekommen Ergänzungsleistung in: Der Standard, 20.06.2017

254 FPÖ: Handbuch, Wien 2013, S. 117

255 FPÖ: Handbuch, Wien 2013, S. 117

256 AMS: Wichtiges für LeistungsbezieherInnen, o.J.

257 FW: Fachthemen 2016-01: Menschlichkeit hat Vorrang

258 FPÖ: Handbuch, Wien 2013, S. 118

259 FPÖ: Handbuch, Wien 2013, S. 113

260 FPÖ: Fairness. Freiheit. Fortschritt. Das freiheitliche Wirtschaftsprogramm, Wien 2017, S. 39ff

261 FPÖ Parlamentsklub: FPÖ-Kickl: Regierung liefert Farce bei AMS-Migrantenerhebung, 24.11.2011

262 Gemeinde Wien: Gemeinderat 20. Wahlperiode 9. Sitzung vom 24.05.2016

263 FSG, ÖAAB/FCG, AUGE/UG et al: Antrag an die 166. VV der AK Wien: Urlaubsanspruch bei Erwerbslosigkeit, Stimmverhalten: schriftliche Auskunft der AK Wien, 20.07.2017

264 FSG: Antrag an die 168. VV der AK Wien: Regierungsübereinkommen neu, Stimmverhalten: schriftliche Auskunft der AK Wien, 20.07.2017

265 FSG: Antrag an die 168. VV der AK Wien: Regierungsübereinkommen neu

266 Müller, Martin: Wir können's besser in: Arbeit&Wirtschaft, 18.04.20217

267 FPÖ: Impulsprogramm Wirtschaft, 2010, S. 6

268 Der Standard: FPÖ-Chef Strache gegen Pflichtmitgliedschaft bei Kammern, 03.06.2017

269 Vergleiche: Müller, Martin: Wir können's besser in: Arbeit&Wirtschaft, 18.04.20217

270 Stoppt die Rechten: Politik gegen die Menschen: ArbeitnehmerInnenschutz im Visier der FPÖ, 05.08.2013

271 FW Salzburg: Freiheitliche Wirtschaft Salzburg (FWS) und FPÖ-Salzburg starten Wirtschaftstour durch das ganze Bundesland!, 31.05.2017

272 Der Standard: Strache präsentiert FPÖ-Bundesliste mit Lugar auf Platz acht, 11.08.2017

273 Parlament: Bauarbeiter-Urlaubs- und Abfertigungsgesetz, Allgemeines Sozialversicherungsgesetz u.a., Änderung (2363/A), o.J.

274 Parlament: Stenographisches Protokoll, Sitzung 04. und 05.06.2013, S. 95

275 voestalpine: Geschäftsentwicklung 2015/16, o.J.

276 Industriemagazin: Voest-Chef Eder: „Europas Stahlbranche droht massiver Stellenabbau", 29.09.2014

277 FPÖ OÖ: LR Dr. Haimbuchner zu VOEST-Eder: „Es ist eine Minute vor Zwölf", 29.09.2014

278 FW: Antrag an das Wirtschaftsparlament der WK Wien, 29.11.2016

279 FW: WKV Vizepräsident Ing. Edi Fischer: Starres Arbeitszeitkorsett gefährdet Wirtschaftsstandort!, 03.07.2017

280 FW: WKV Vizepräsident Ing. Edi Fischer: Starres Arbeitszeitkorsett gefährdet Wirtschaftsstandort!, 03.07.2017

281 Kleine Zeitung: ÖVP- und FPÖ-Wirtschaft erhöhen Druck für längere Tagesarbeitszeit, 25.01.2017

282 AUGE/UG: Antrag an die 164. VV der AK Wien: Arbeit FAIRteilen, Stimmverhalten: schriftliche Auskunft der AK Wien, 20.07.2017

283 FPÖ Parlamentsklub: FPÖ-Kickl: Bankenabgabe ist nächster sozialpolitischer Rohrkrepierer der SPÖ, 08.11.2010

284 Parlament: Stenographisches Protokoll, Sitzung 24.02.2014, S. 116

285 Parlament: Stenographisches Protokoll, Sitzung 24.02.2014, S. 90

286 FPÖ Parlamentsklub: Podgorschek: Österreich braucht Mut zu Reformen statt rot-schwarzem Stillstand, 25.02.2014

287 FPÖ Parlamentsklub: FPÖ-Podgorschek: Bankenabgabe: Kanzlerpartei versagt bei Budgetkonsolidierung auf ganzer Linie!, 12.05.2011

288 FPÖ: Impulsprogramm Wirtschaft, 2010, S. 13

289 FW: 2015: Wirtschaftssünden der Bundesregierung, 12/2015

290 FPÖ OÖ: Kostentreiber im sozialen Wohnbau stoppen, 15.05.2017

291 FPÖ OÖ: Kostentreiber im sozialen Wohnbau stoppen, 15.05.2017

292 Tips: Wirtschaftskammer Oberösterreich: Kosten für sozialen Wohnbau stutzen, 14.06.2017

293 Rabl, Maria: Hartl leitet Wirtschaftsbund in: Mein Bezirk, 06.07.2016

294 FPÖ: Handbuch, Wien 2013, S. 147

295 FPÖ: Handbuch, Wien 2013, S. 147

296 FPÖ: Handbuch, Wien 2013, S. 147

297 Vergleiche: Vonach, Herbert: Bevölkerungsvorausschau, o.J., in: FPÖ Bildungsinstitut

298 Vonach, Herbert: Mut zur Familie in: Freiheitlicher Arbeitskreis Attersee: Mut zur Wahrheit, 2015, S. 97

299 ORF OÖ: Deckelung der Mindestsicherung beschlossen, 08.06.2017

300 ORF Bgld: Einigung bei Mindestsicherung, 07.03.2017

301 ORF NÖ: Landtag: Mindestsicherung neu beschlossen, 17.11.2016

302 FPÖ: Handbuch, Wien 2013, S. 161

303 FPÖ: Handbuch, Wien 2013, S. 160

304 Puls4: Sommergespräch mit Heinz-Christian Strache, 03.07.2017

305 FPÖ: Handbuch, Wien 2013, S. 159

306 Unterberger, Andreas: Mut zu Sozialreformen heißt Mut, konkret zu werden, 22.08.2015

307 Duffek, Tatjana: „Ein Mann will anschaffen" in: News, 05.11.2011

308 Die Presse: FPÖ arbeitet an Regierungsprogramm und Kriterienkatalog, 30.12.2016

309 Der Standard: SPÖ-FPÖ-Koalition für Hofer nicht vom Tisch, 23.07.2017

310 FPÖ: Handbuch, Wien 2013, S. 178

311 FPÖ: Fairness. Freiheit. Fortschritt. Das freiheitliche Wirtschaftsprogramm, Wien 2017, S. 35

312 KOMintern: Antrag an die 164. VV der AK Wien:: „Nein zum sozialen
Backlash in Wien", abgerufen 19.07.2017, Stimmverhalten: schriftliche
Auskunft der AK Wien, 20.07.2017

313 FPÖ: Handbuch, Wien 2013, S. 187

314 Unterberger, Andreas: Mut zu Sozialreformen heißt Mut, konkret zu werden, 22.08.2015

315 Unterberger, Andreas: Mut zu Sozialreformen heißt Mut, konkret zu werden, 22.08.2015

316 Unterberger, Andreas: Mut zu Sozialreformen heißt Mut, konkret zu werden, 22.08.2015

317 Unterberger, Andreas: Mut zu Sozialreformen heißt Mut, konkret zu werden, 22.08.2015

318 ORF: Dörfler will Gewerkschaften auflösen, 31.07.2011,

319 FPÖ Parlamentsklub: FPÖ-Kickl: De facto-Zwangscharakter der Gewerk-
schaftsmitgliedschaft ist problematisch, 31.07.2011

320 Marterbauer, Markus: Schweden und Österreich: Ein Vergleich an der
Spitze der EU in: Arbeit&Wirtschaft, 27.07.2016

321 RFW: RFW-BO Fritz Amann: „Gewerkschaft entwickelt sich immer mehr
zum Wirtschaftsstandort Killer!" [sic!], 27.04.2009

322 FPÖ: Fairness. Freiheit. Fortschritt. Das freiheitliche Wirtschaftsprogramm, Wien 2017, S. 29

323 Der Standard: Strache reicht FPÖ-Liste ein: „Karten neu gemischt",
21.08.2017

324 Parlament: Stenographisches Protokoll, Sitzung 23.04.2015, S. 76,

325 Die Presse: FPÖ lehnt Senkung der AK-Umlage nun doch ab, 21.09.2008

326 FW: Fachthemen 2016-01: Menschlichkeit hat Vorrang

327 Parlament: Sitzung des Nationalrates am 04.12.2016, TOP 13, Vereinbarung
gem. Art 15a B-VG über die Organisation und Finanzierung des Gesundheitswesens

328 Freiheitlicher Parlamentsklub: FPÖ-Belakowitsch-Jenewein, Selbstbehalt
für Kinder im Krankenhaus abschaffen, 16.02.2015

329 FPÖ: Handbuch, Wien 2013, S. 225

330 Parlament: Stenographisches Protokoll, Sitzung 14.12.2016, S. 90ff, abgerufen 30.06.2017

331 FPÖ OÖ: LHStv. Dr. Haimbuchner: Abschaffung des Selbstbehaltes für
Kinder entlastet das Familienbudget – eine langjährige Forderung von mir
wurde endlich umgesetzt, 01.12.2016

332   Parlament: Nationalrat aktuell, o.J.

333   FPÖ: Handbuch, Wien 2013, S. 142

334   FPÖ: Handbuch, Wien 2013, S. 141

335   FPÖ: Handbuch, Wien 2013, S. 142

336   Unterberger, Andreas: Mut zu Sozialreformen heißt Mut, konkret zu werden, 22.08.2015

337   FPÖ: Handbuch, Wien 2013, S. 159

338   FPÖ: Parteiprogramm der FPÖ, 2011, S. 8

339   FPÖ: Parteiprogramm der FPÖ, 2011, S. 8

340   ORF Mittagsjournal, 03.06.2017

341   Thür, Martin: Interview mit Manfred Haimbuchner, 10.04.2017

342   Putschögl, Martin: Interview mit M. Haimbuchner: „Der Wohnbau ist der Klimaschutz-Mistkübel" in: Der Standard, 14.11.2012

343   Oberösterreichische Nachrichten: Passivhaus-Bonus soll bleiben, 23.11.2011

344   ORF OÖ: „Ja – aber" der FPÖ zu Budget-Voranschlag, 28.11.2014

345   Der Standard: FPÖ Oberösterreich geht Klimaschutz „auf den Keks", 23.11.2016

346   FPÖ Parlamentsklub: FPÖ will völlige Abkehr von bisheriger Klimaschutzpolitik, 07.12.2010

347   Der Standard: EU-Parlament stimmte zu: Weltklimavertrag kann in Kraft treten, 04.10.2016

348   FPÖ OÖ: LR Dr. Haimbuchner zu VOEST-Eder: „Es ist eine Minute vor Zwölf", 29.09.2014

349   Der Standard: FPÖ Oberösterreich geht Klimaschutz „auf den Keks", 23.11.2016,

350   Haindl-Grutsch, Joachim: Mut zur Industrie in: Atterseekreis: Mut zur Wahrheit, 2015, S. 109f

351   Haindl-Grutsch, Joachim: Mut zur Industrie in: Atterseekreis: Mut zur Wahrheit, 2015, S. 110

352   Freiheitliche Wirtschaft: Fachthemen 2016-5: Entlastung macht konkurrenzfähig

353   FW: 2015: Wirtschaftssünden der Bundesregierung, 12/2015

354   WKÖ: WKÖ: Pauschalreisegesetz heute beschlossen – Nachbesserungen nötig, 30.03.2017

355   FW: Wirtschaft aktiv 01/2017, April 2017, S. 16

356   Unterberger, Andreas: Mut zu Sozialreformen heißt Mut, konkret zu werden, 22.08.2015

357   FW: Fachthemen 2016-3: Freie Unternehmer gegen Zwangsverstaatlichung

358   Fischer, Edi: Ein JA zum Teilkrankenstand, aber nur für alle Kranken! in: FW: Wirtschaft aktiv, 2/2016, S. 11

359   Fischer, Edi: Ein JA zum Teilkrankenstand, aber nur für alle Kranken! in: FW: Wirtschaft aktiv, 2/2016, S. 11

360   FPÖ: Handbuch, Wien 2013, S. 209

361   AUGE/UG: Antrag an die 167. VV der AK Wien: Lehre nach dem 18. Lebensjahr, Stimmverhalten: schriftliche Auskunft der AK Wien, 20.07.2017

362   FPÖ: Fairness. Freiheit. Fortschritt. Das freiheitliche Wirtschaftsprogramm, Wien 2017, S. 48

363   Entner, Birgit: „Warum halten wir noch an Kollektivverträgen fest?" in: VN, 18.08.2016

364   FPÖ: Fairness. Freiheit. Fortschritt. Das freiheitliche Wirtschaftsprogramm, Wien 2017, S. 45

365   ÖBB Pressestelle: Schriftliche Auskunft an den Autor, 25.07.2017

366   Brickner, Irene: Die Pläne der FPÖ für Lesben und Schwule, 28.04.2016

367   FPÖ: Parteiprogramm der FPÖ, 2011, S. 8

368   Vergleiche: Bonvalot, Michael: „Wir müssen jeden Millimeter erkämpfen" in: Liga 2/2016

369   Parlament: Bestimmungen gegen Lohn- und Sozialdumping werden verschärft, 20.11.2014

370   Parlament: Politik setzt weitere Schritte zur Bekämpfung von Lohndumping, 12.05.2016

371   Parlament: Entschließungsantrag sektorale Schließung des Arbeitsmarktes im Zusammenhang mit der Entsendung von ausländischen Arbeitnehmern nach Österreich, 27.01.2016

372   Parlament: Stenographisches Protokoll, Sitzung 11.10.2016, Rede Dr. Dagmar Belakowitsch-Jenewein (FPÖ), S. 97ff

373   Parlament: Entschließungsantrag Vorrang für österreichische Arbeitnehmer (Burgenländisches Modell), 28.04.2016

374   FSG: Sozialstaat stärken und progressiv weiterentwickeln, 14.11.2016, Stimmverhalten: schriftliche Auskunft der AK Wien, 20.07.2017

375   Vergleiche bspw.: Der Standard: Strache fordert von der SPÖ eine klare Linie zur FPÖ, 09.06.2017

376   Vergleiche: AK OÖ: Dienstgeberbeiträge zur Sozialversicherung 2017, Jänner 2017, sowie WK Österreich: Lohnverrechnung, 02.05.2017

377   FPÖ Parlamentsklub: Pisec: Senkung der Lohnnebenkosten wäre Job-Turbo, 28.05.2013

378   Die Presse: Österreich, Land der Karrierehopper, 15.12.2016

379   Schröder Christoph: Lohnstückkosten im internationalen Vergleich in: Institut der deutschen Wirtschaft Köln: Vierteljahresschrift zur empirischen Wirtschaftsforschung, Jahrgang 43, 4/2016, 19.01.2017

380   FPÖ: Handbuch, Wien 2013, S. 184

381   FPÖ: Handbuch, Wien 2013, S. 121

382   Bundeskanzleramt RIS: Bundes-Behindertengleichstellungsgesetz

383   FW: Rot-Schwarze Interpretation zu Lasten der Unternehmer, 06/2016

384   Bizeps: Haimbuchner: Bauvorschriften auf ein vernünftiges Maß reduzieren, 12.10.2010

385   ORF OÖ: Diskussion über Wohnbaukosten, 10.05.2017

386   Vergleiche: Bundeskanzleramt RIS: Oö Bautechnikverordnung, o.J.

387   Böker, Ulrike: Haimbuchner baut Barrieren beim Wohnbau auf in: OÖ Grüne, 20.06.2017

388   Unterberger, Andreas: Mut zu Sozialreformen heißt Mut, konkret zu werden, 22.08.2015

389   Unterberger, Andreas: Mut zu Sozialreformen heißt Mut, konkret zu werden, 22.08.2015

390   Pessl, Fritz: Starke Wurzeln in Europa in: Salzburger Nachrichten, 29.12.2011

391   Pessl, Fritz: Starke Wurzeln in Europa in: Salzburger Nachrichten, 29.12.2011

392   Metzger, Ida: Straches Wirtschaftsexpertin in Turbulenzen, 23.07.2015

393   Freiheitlicher Parlamentsklub: NR-Wahl: FPÖ-Wahlprogramm mit „inländerfreundlicher" Linie 1, 14.08.2013

394   FPÖ Parlamentsklub: Mindestlohn: Kickl: Katzian-Forderung ist eine einzige Selbstanklage, 05.08.2015

395   Neuhold, Thomas: FPÖ-Chef Strache fordert „Minuszuwanderung" in: Der Standard, 14.01.2017

396   Kleine Zeitung, 14.1.2017 in: Puls4: Sommergespräch mit Heinz-Christian Strache, 03.07.2017; auch: Jungwirth, Michael: spätes Neujahrstreffen der FPÖ in Salzburg in: Kleine Zeitung, 14.01.2017

397   Oberösterreichische Nachrichten: Die blaue Maifeier: in Lederhosen gegen „Aussackeln", 01.05.2017

398   Niederösterreichischer Landtag, Tagesordnung der Sitzung des Landtages von Niederösterreich am 15. Dezember 2016

399   Kurier: FPÖ-Chef Strache fordert Ende von NATO-Partnerschaft, 09.06.2017

400   Puls4: Sommergespräch mit Heinz-Christian Strache, 03.07.2017

401 FPÖ: HC Strache: „Eine politische Veränderung ist nur mit der FPÖ möglich!", 04.07.2017

402 Böhmer, Christian: FPÖ an SPÖ: „Mit uns gibt's keine Erbschaftssteuer" in: Kurier, 16.06.2017

403 Die Presse: FPÖ-Wirtschaftsprogramm richtet sich an „Leistungsträger", 23.08.2017

404 FPÖ Parlamentsklub: Mindestsicherung: FPÖ bedauert Abstimmungspanne, 07.07.2010

405 Kurier: FPÖ gegen Erbschafts-, Vermögens- und Maschinensteuer, 23.05.2017

406 Der Standard: FPÖ Oberösterreich geht Klimaschutz „auf den Keks", 23.11.2016

407 Lampl, Andreas: Wirtschaft durch die blaue Brille – das FPÖ-Programm in: Trend, 20/2017

408 Der Standard: FPÖ will Steuerfreigrenze auf 18.000 Euro anheben, 02.10.2014

409 Lampl, Andreas: Wirtschaft durch die blaue Brille – das FPÖ-Programm in: Trend, 20/2017

410 Kassegger, Axel: Weiter „Dahinwursteln" bis zum totalen „Absandeln"?, Teil IV in: Unzensuriert, 08.10.2015, abgerufen 28.07.2017

411 FPÖ: Handbuch, Wien 2013, S. 164

412 Unterberger, Andreas: Mut zu Sozialreformen heißt Mut, konkret zu werden, 22.08.2015

413 Die Presse: Die am schlechtesten bezahlten Jobs in Österreich, 13.01.2017

414 Fleißner, Walter: Radikale Kürzungen und die Vorbereitung auf Schwarz-Blau: Das Wirtschaftsprogramm der FPÖ in: Kontrast Blog, 26.05.2017

415 Kleine Zeitung: Pflegeregress: Was ist das eigentlich?, 29.06.2017

416 FPÖ Steiermark: NEIN zum Pflegeregress!, o.J.

417 John, Gerald/Mittelstaedt, Katharina: SPÖ und ÖVP schaffen Pflegeregress ab in: Der Standard, 29.06.2017

418 Böhmer, Christian: FPÖ an SPÖ: „Mit uns gibt's keine Erbschaftssteuer" in: Kurier, 16.06.2017

419 Behindertenarbeit.at: Nach 4 Jahren: Pflegeregress in Kärnten wieder eingeführt, 27.05.2012

420 Kramar-Schmid, Ulla/Nikbakhsh, Michael: FPÖ-Landesrat Christian Rakka vergab Aufträge von fast 400.000 Euro an sein Kanzlei-Umfeld in: Profil, 11.01.2014,

421 Müller, Walter/Steiner, Elisabeth: Kärnten schafft Pflegeregress ab, 09.04.2013,

422   Die Presse: Nationalrat: Breite Mehrheit für Pflegegeld-Reform, 08.07.2011

423   SN: Pflegegeld Neu: Zuckerbrot und Peitsche, 18.11.2014

424   Parlament: Pflegegeld: Abstimmungspanne erzwingt neuen Gesetzesbeschluss, 10.12.2014

425   Parlament: Antrag (1997/A(E)), Einführung weiterer Maßnahmen zur Entlastung pflegender Angehöriger, 18.06.2012

426   Parlament: Stenographisches Protokoll, Sitzung 04. und 05.06.2013, S. 42f

427   FPÖ: Handbuch, Wien 2013, S. 124

428   FSG: Antrag an die 167. VV der AK Wien: Sozialstaat stärken und progressiv weiterentwickeln, Stimmverhalten: schriftliche Auskunft der AK Wien, 20.07.2017

429   FPÖ: Handbuch, Wien 2013, S. 127

430   FPÖ: Impulsprogramm Wirtschaft, 2010, S. 10

431   Vergleiche insbes.: BMF: Ausgliederungen und Beteiligungen des Bundes, Oktober 2016

432   FPÖ: Handbuch, Wien 2013, S. 181

433   FPÖ: Das Parteiprogramm der Freiheitlichen Partei Österreichs. Mit Berücksichtigung der beschlossenen Änderungen von 27. ordentlichen Bundesparteitag der FPÖ am 23.04 2005 in Salzburg, S. 14

434   Walser, Harald, Facebook-Seite: Barbara Kolm will Trinkwasser privatisieren, Videoausschnitt aus „ORF Themenmontag", 28.3.2017

435   Entner, Birgit: „Warum halten wir noch an Kollektivverträgen fest?" in: VN, 18.08.2016

436   FPÖ: Parteiprogramm der FPÖ, 2011, S. 10

437   ORF: FPÖ-Wirtschaftsprogramm widmet sich „Fairness", 23.08.2017

438   FPÖ: Kassegger: Hohe Lohnnebenkosten stellen in einer globalisierten Welt einen großen Wettbewerbsnachteil dar, 08.07.2016

439   Unterberger, Andreas: Mut zu Sozialreformen heißt Mut, konkret zu werden, 22.08.2015

440   Hämmerle, Walter: Die Frau, die den Staat nicht mag in: Wiener Zeitung, 21.02.2014

441   FPÖ: Fairness. Freiheit. Fortschritt. Das freiheitliche Wirtschaftsprogramm, Wien 2017, S. 35

442   Lampl, Andreas: Wirtschaft durch die blaue Brille – das FPÖ-Programm in: Trend, 20/2017

443   ORF: FPÖ-Wirtschaftsprogramm widmet sich „Fairness", 23.08.2017

444   FPÖ: Parteiprogramm der FPÖ, 2011, S. 10

445   FPÖ: Handbuch, Wien 2013, S. 179

446 Parlamentskorrespondenz: Nationalrat stimmt Abgabenänderungsgesetz mit Koalitionsmehrheit zu, 24.02.2014

447 FPÖ Parlamentsklub: Podgorschek: Österreich braucht Mut zu Reformen statt rot-schwarzem Stillstand, 25.02.2014

448 Vergleiche: Der Standard: Haider spricht sich erneut für Flat-Tax aus, 10.08.2006

449 FPÖ: Strache: Traurige Spitzenposition Österreichs im Steuer-Ranking, 19.05.2005

450 ORF: Strache nennt Koalitionsbedingungen, 12.09.2013

451 Rudolph, Tilo: Österreich: Ende des Bankgeheimnisses für Ausländer und Österreicher in: Lohnsteuer Kompakt, 12.11.2015

452 FPÖ Parlamentsklub: FPÖ-Haider: Aufhebung des Bankgeheimnisses ist Vorbereitung zur Enteignung von Bankguthaben, 23.05.2013

453 Hämmerle, Walter: Die Frau, die den Staat nicht mag in: Wiener Zeitung, 21.02.2014

454 Parlament: Stenographisches Protokoll, Sitzung 07.07.2015, S. 85ff

455 ORF Ö1: Strache nennt Koalitionsbedingungen, 21.08.2013

456 FPÖ Parlamentsklub: FPÖ-Strache: Vermögenssteuern sind ungerecht und asozial, 13.12.2012

457 ORF: Strache nennt Koalitionsbedingungen, 12.09.2013

458 Puls4: Sommergespräch Strache, 03.07.2017, ca. Min. 50

459 Vienna.at: Strache (FPÖ) im Interview: „15.000 Flüchtlinge sind genug!", 11.09.2015

460 FPÖ: Impulsprogramm Wirtschaft, 2010, S. 2ff

461 FPÖ Parlamentsklub: FPÖ-Pisec: „SPÖ und ÖVP lehnen Senkung der Körperschaftssteuer ab", 06.07.2017

462 FPÖ Steiermark: Selbstständiger Antrag von Abgeordneten, 06.06.2016

463 Parlament: Stenographisches Protokoll, Sitzung 07.07.2015, S. 86,

464 RFW: RfW-BO Amann: Jede Steuererhöhungsmaßnahme schreit nach einem „General-Lohnsteuer-Boykott"!, 23.01.2012

465 FW: Fachthemen 2016-01: Menschlichkeit hat Vorrang

466 Parlamentskorrespondenz: Nationalrat beschließt Maßnahmen gegen Geldwäsche und Steuervermeidung, 29.06.2017

467 Parlamentskorrespondenz: Nationalrat stimmt Abgabenänderungsgesetz mit Koalitionsmehrheit zu, 24.02.2014

468 Parlament: Stenographisches Protokoll, Sitzung 24.02.2014, S. 108

469 WKO: Die Gruppenbesteuerung, 01.02.2016

470 Der Standard, FPÖ will statt „Schuldenbremse" eine „Subventionsbremse", 22.01.2012

471 Fritzl, Martin: FPÖ droht mit Steuer-Volksbegehren in: Die Presse, 05.08.2014

472 Unzensuriert: FPÖ-Steuerexperte Fuchs: Steuern senken heißt Arbeitsplätze schaffen, 21.09.2013

473 FW: 2015: Wirtschaftssünden der Bundesregierung, 12/2015

474 FPÖ: Handbuch, Wien 2013, S. 178

475 Der Standard: Freiheitlicher Parteitag mit Wiederwahl Straches im März, 20.01.2017

476 Hämmerle, Walter: Die Frau, die den Staat nicht mag in: Wiener Zeitung, 21.02.2014

477 Die Presse: „Pakt" für Unis: FPÖ überdenkt Nein zu Studiengebühren, 14.04.2010

478 Vergleiche: RFS Programm, o.J.,

479 FIPU: Korporierte FPÖ-PolitikerInnen, o.J.

480 FPÖ: FPÖ-Karlsböck: Freier Hochschulzugang muss bleiben, keine Studiengebühren durch die Hintertüre!, 16.02.2016

481 Neuhold, Clemens: Der Klassenkampf macht bei der FPÖ blau, 11.12.2016

482 Parlament: Antrag (1346/A(E)), 23.11.2010

483 Statista.com: Europäische Union: Preisniveauindex für Verbrauchsgüter und Dienstleistungen in den Mitgliedsstaaten im Jahr 2015, o.J.

484 Vergleiche: Stoppt die Rechten: Politik gegen die Menschen VII: Studierende sollen für FPÖ-Rassismus bestraft werden, 17.06.2010

485 AUGE/UG: Antrag an die 164. VV der AK Wien: Arbeit FAIRteilen, Stimmverhalten: schriftliche Auskunft der AK Wien, 20.07.2017

486 FPÖ: Handbuch, Wien 2013, S. 177

487 Kurier: FPÖ gegen Erbschafts-, Vermögens- und Maschinensteuer, 23.05.2017

488 Lampl, Andreas: Wirtschaft durch die blaue Brille – das FPÖ-Programm in: Trend, 20/2017

489 FPÖ: Handbuch, Wien 2013, S. 178

490 Vergleiche: Fleißner, Walter: Radikale Kürzungen und die Vorbereitung auf Schwarz-Blau: Das Wirtschaftsprogramm der FPÖ in: Kontrast Blog, 26.05.2017

491 FPÖ: Handbuch, Wien 2013, S. 177

492 Die Presse: Nationalrat: Budget 2017 beschlossen – höheres Defizit, 24.11.2016

493 RFW: Vertrauenskrise in die Politik verlangt nach Notgesetzgebung, 09.03.2009

494 FPÖ Wien: FP-Pawkowicz: Richtwert-System unzeitgemäß, 19.07.2017

495 FPÖ Wien: FP-Pawkowicz: Einheitliches Mietrecht überfällig!, 31.05.2017

496 Putschögl, Martin: Mietrecht mit blauer Note in: Der Standard, 28.05.2017

497 FPÖ OÖ: LHStv. Dr. Haimbuchner zu Mietrecht: Stillstand statt längst überfälliger Reform, 09.03.2017

498 FIPU: Korporierte FPÖ-PolitikerInnen, o.J.

499 FPÖ: FPÖ-Schrangl: Wo ist das neue Mietrecht?, 19.04.2016

500 FPÖ: FPÖ-Schrangl: Wo ist das neue Mietrecht?, 19.04.2016

501 FPÖ: FPÖ-Schrangl an Drozda: Zusätzliches Flickwerk im Mietrecht löst keine Probleme, 25.03.2017

502 FSG: Antrag an die 164. VV der AK Wien: Leistbares Wohnen in Wien, Stimmverhalten: schriftliche Auskunft der AK Wien, 20.07.2017

503 Entner, Birgit: „Warum halten wir noch an Kollektivverträgen fest?" in: VN, 18.08.2016

504 Parlament: Petition Bernhard Themessl, 21.10.2010

505 Vergleiche: Kampagne der Initiative Aufbruch, Frühjahr 2017

506 FPÖ: FPÖ-Schrangl: Geplante Mietrechtsreform erinnert an ehemalige Sowjet-Politik, 22.04.2016

507 FPÖ: FPÖ: Schrangl/Neubauer: Sozialisten erhöhen scheinbar den Druck bei Mietrecht, 23.06.2016

508 Puls4: Sommergespräch mit Heinz-Christian Strache, 03.07.2017

509 FPÖ: HC Strache: „Eine politische Veränderung ist nur mit der FPÖ möglich! [sic], 04.07.2017

510 Der Standard: Hofer: AMS soll Migranten keine Jobs vermitteln, 18.04.2016

511 FPÖ: Fairness. Freiheit. Fortschritt. Das freiheitliche Wirtschaftsprogramm, Wien 2017, S. 44

512 FPÖ: Handbuch, Wien 2013, S. 115

513 FPÖ: Handbuch, Wien 2013, S. 113

514 FPÖ: Handbuch, Wien 2013, S. 37

515 Oberösterreichische Nachrichten: Hunderttausende Österreicher arbeiten im Ausland, 17.02.2016

516 Parlament: Anfrage (3204/J), 15.10.2009

517 FPÖ: Handbuch, Wien 2013, S. 278

518 FPÖ: Handbuch, Wien 2013, S. 278

519 Der Standard: Hofer bekräftigt Willen zu EU-Ausstiegsreferendum, 02.07.2016

520 Pink, Oliver: Norbert Hofer: EU-Austritt wäre „Schaden für Österreich" in: Die Presse, 08.07.2016

521 FPÖ: Handbuch, Wien 2013, S. 277

522 Kurier: Norbert Hofer: „Für eine europäische Armee", 13.11.2016

523 Die Presse: Strache: Atomwaffen sollten Teil einer EU-Armee sein, 26.02.2017

524 Claus, Karl: Wie kann es mit Europa weitergehen?, 29.06.2016 in: Genius-Brief Juli-August 2016

525 Hofer, Norbert: Neugründung der EU als reine Wirtschaftsunion in: FW: Wirtschaft aktiv, 2/2016, S. 11

526 Parlament, Stenographisches Protokoll, Sitzung 31.03.2011, S. 113

527 Schaffer, Tom: FPÖ-Hübner: „Auf das EU-Parlament kann man verzichten" in: Kurier, 08.06.2017

528 Vergleiche: European Union: Development of European military capabilities, Mai 2010

529 Vergleiche: FPÖ: Handbuch, Wien 2013

530 Vergleiche: Heute: Strache will Euro teilen, oder zurück zum Schilling, 29.06.2016

531 Henkel, Hans Olaf: Mut zum Nord-Euro in: Atterseekreis: Mut zur Wahrheit, S. 119

532 FPÖ: Handbuch, Wien 2013, S. 276

533 Oswald, Günther: Für 69 Prozent der FPÖ-Wähler war Asylthema wichtig in: Der Standard, 11.10.2015

534 SORA: Wahltagsbefragung und Wählerstromanalyse Gemeinderatswahl Wien 2010, Oktober 2010

535 ATV: Wahltagsbefragung Oberösterreich, o.J.

536 SORA: Nationalratswahl 2013, o.J.

537 Narodoslawsky, Benedikt: Blausprech, Graz 2010, S. 190

538 Vergleiche: Picker, Ruth/Salfinger, Brigitte/Zeglovits Eva: Aufstieg und Fall der FPÖ aus der Perspektive der empirischen Wahlforschung: Eine Langzeitanalyse (1986–2004) in: Österreichische Zeitschrift für Politikwissenschaft, 33. Jg (2004), H. 3

539 Vergleiche: Bonvalot, Michael: „Refugees welcome" – So wurde am Wiener Westbahnhof geholfen in: Vice, 01.09.2015

540 Milne, Richard: True Finns split holds lesson for Europe's populists in: Financial Times, 16.06.2017

541 Kurier: 1 Prozent besitzt 34 Prozent des Vermögens, 01.02.2017

542 Trend: Die 100 reichsten Österreicher 2017, Trend 26-27/2017

543 Matzenberger, Michael: 1,5 Millionen Menschen in Österreich sind armutsgefährdet in: Der Standard, 02.05.2017

544 Matzenberger, Michael: 1,5 Millionen Menschen in Österreich sind armutsgefährdet in: Der Standard, 02.05.2017

545 Oxfam: On wealth, debt and inequality, 26.01.2015